新会计审计准则系列教程

会计学

KUAI JI XUE

■ 刘 菁 主 编

浙江人民出版社

新会计审计准则系列教程编辑委员会

总 序

在浙江人民出版社的大力支持下,我们决定出版一套能够反映当前国际会计发展趋势和我国会计改革最新成果以及新会计、审计准则精神的系列教程,主要供会计专业大学本科学生使用。全套教程共16种,题名为"新会计审计准则系列教程"。

出版这套教程,主要出于以下考虑:

第一,为了满足会计教学以及社会各界学习我国新会计、审计准则的需要。在世界经济全球化以及会计、审计准则国际趋同的历史背景下,我国于2006年2月发布了与国际准则实质性趋同的新会计、审计准则。新准则的发布,使得原有的会计、审计教材的内容需要作出全面的修改和更新,考虑到教学和社会的需要,我们力图组织编写一套体系完整、内容新颖、特色明显、质量上乘、适于应用的教材。

第二,为了推进教学改革、加强教材建设的需要。近年来,浙江财经学院会计学院发展迅猛,其会计学科成为浙江省唯一的会计类A类重点学科,同时会计专业亦被列为浙江省重点建设专业。学院具有一支由17名教授、35名副教授和20多名博士构成的会计、审计专业师资队伍,具备了开展教学改革研究和教材建设的实力。最近几年来,学院已经独立编写了20多种会计、审计教材,其中有10种教材被列为浙江省高等教育重点教材,所编写的"会计教育系列教材"在2005年曾荣获浙江省优秀教学成果奖二等奖。这一切均为编写本套教程提供了良好的基础。

第三,为了顺利实现科研成果转化,体现科研促进教学的需要。近年来,配合我国会计制度改革和会计准则的制定,我院重点开展了各国会计准则的比较研究,形成了研究特色,出版了一批具有较高质量的科研成果,使我院会计准则的研究在国内处于先进水平。尤其是在2006年2月我国新会计、审计准则发布后,我院及时推出了一套"中外会计审计准则研究与比较丛书",在社会上产生了较大的影响。科研工作的开展以及科研水平的提升，充实并更新了教师们课堂中的教学内容，促进了教学质量的提高。因此，我们试图利用出版本套教程的机会，进一步深化我们的研究，同时也希望将我们的研究成果体现到所编写的教材之中，努力实现以科研带动和促进教学，并以教学反哺科研的目标。

在出版本套教程的过程中，得到了浙江财经学院党委书记童本立教授，浙江省财政厅副厅长、浙江财经学院兼职教授罗石林同志，浙江省审计厅副厅长王广兵同志的关心和帮助，三位领导、专家并欣然担任本套教程顾问，在此表示诚挚的感谢。同时，得到了浙江人民出版社的支持，在此一并表示感谢。

为了保证本套教程的质量，我院组织了最强的师资力量共同参与编写，并列入了7种浙江省高等教育重点教材。我们希望本套教程能够受到读者的欢迎，并希望读者能够对教程的不足之处提出建议或批评，以便我们能够进一步提高教程的质量。

浙江财经学院会计学院院长、教授、经济学博士

汪祥耀

2007年5月于杭州

目 录

第一章
总　论

学习目标

通过本章学习，熟悉会计的产生和发展以及会计的一些基本概念；了解会计基本假设和会计核算基础；掌握会计质量信息的要求、会计对象和会计要素等。

第一节　会计的产生和发展

一、会计的产生

会计是经济发展到一定阶段的产物，经济越发展，对生产过程和分配过程的管理要求就越高，经济的发展推动了会计的发展。同时，会计发展了，就能更好地服务于经济，从而推动经济的进一步发展。

生产活动是人类赖以生存和发展的最基本的实践活动。生产活动的过程，同时也是消费的过程。在生产活动过程中，一定是先有投入，后有产出。记录生产过程的投入与产出，并加以比较，才能判断是否有经济效益，继续生产是否有意义，这样社会才会进步，经济才会发展。会计是为了适应社会生产实践和经济管理的客观需要而产生的，并随着生产的发展而发展。

原始社会，由于生产力水平极其低下，几乎没有剩余产品，人们只需要用极其简单的方法来接收和存储信息，比如在石头、树木上刻记符号，“结绳记事”、“书契”等，这些计算、记录方法只是生产职能的附带部分。随着生产力的发展和社会生产活动的日益复杂，社会分工和私有制以及剩余产品的出现，使人们认识到单凭简单的方法来管理生产活动已经不能适应客观需要，于是会计逐渐从生产职能中分离出来，成为独立的、专门的、特殊的职能。

二、会计的发展

随着社会经济的不断发展，会计经历了一个由简单到复杂、由低级到高级，不断发展和完善的过程；从简单地计算和记录财务收支，逐渐发展到利用货币计量综合地核算和监督经济的过程。无论在西方还是在中国，会计的发展分为古代会计、近代会计和现代会计三个阶段。

（一）西方会计的发展

古代会计的时间跨度标志是旧石器时代中晚期至封建社会末期。在此期间，会计所运用的主要技术方法包括原始计量记录方法、单式簿记法和初创形态复式记账方法。据考证，“在远古的印度公社中，已经有一个农业记账员，在那里，簿记已经独立成为一个公社的专职。由于这种分工，节约了时间、劳力和开支”。大约4000年前巴比伦人就开始在金属或瓦片上记录商业交易；公元前200年，罗马的国家档案中已经有将政府的收入、支出分设项目的记载，并在政府中设有会计官员。13世纪以后，随着商业的发展，意大利地中海沿岸的一些城市经济空前繁荣，单式记账已经不能适应经济发展的需要。1211年，在佛罗伦萨银行账簿中，分别以“借主”、“贷主”登记其债权、债务项目，这种记账方法属萌芽状态的复式记账法。

13—14世纪日益发展的商业和金融业要求不断改进会计记账方法，14世纪初，热那亚应用的账簿又有所扩展，除债权、债务记录以外，还包括了商品、现金等项目，并采用左右对照记录的形式。15世纪初的威尼斯商人又将其簿记的记账内容扩展到损益与资本，进一步奠定了借贷记账法的基础。1494年，意大利数学家卢卡·帕乔利(Luca Paciolo)的《算术、几何及比例概要》系统地介绍了借贷复式记账方法，并把复式簿记传播到世界各地。在16世纪至17世纪，德国、荷兰、法国等先后继承与发展了意大利的复式簿记实务与理论，最终在欧洲造就了“卢卡·帕乔利时代”。从会计产生到19世纪中期，在漫长的岁月里，对会计的基本要求，仍然是记账、算账，反映财产的增减变化和财务收支，保护业主财产安全，防止盗窃。人们往往把会计单纯地看作一种经济管理的工具，会计长期处于“簿记”时代。

从英国产业革命完成以后，到第二次世界大战前，随着自由资本主义向垄断资本主义过渡，社会化大生产和劳动分工、专业化的发展，导致企业组织的大联合，资本趋向集中，已超过独资或合资的范围，股份公司代替了原来独资、合伙等组织形式，成为社会化大生产最有代表性的经营组织。股份公司的出现，使企业经营权和所有权发生了分离,公司的股东一般不直接参与或控制企业的生产经营活动,而是推选董事会作为代表,由董事会聘请经理人员来管理企业。这样,企业的经营者就有责任向股东、债权人、证券交易机构、政府管理机构、潜在投资人提供真实、准确的财务报告,反映公司经营状况,公开说明自身的经济实力。为了使外界阅读人能够看懂财务报表,报表的编制原则、所应用的会计术语和会计方法就必须是社会通行的、为一般人所接受的,传统会计中那种各行其是的做法已无法适应需要了。为此,会计界逐渐形成了一套有关财务报表的规范和准则,称为“公认会计原则”。此外,要使报表阅读人能够信任企业的财务报表,则要求有与公司管理当局没有利益关系的第三方来验证企业的财务报表是否确实遵循了公认会计原则。为了适应这种需要,1854 年在英国爱丁堡首创了执业会计师制度,使会计工作从只服务于某一会计主体扩展到可以为所有的会计主体和所有的报表阅读人服务。随后,世界上许多国家都制定了本国的会计准则,规范了本国的会计行为。但 20 世纪以来,跨国公司和国际资本市场迅速发展,各国的会计准则有统一协调的必要,于是 1973 年 6 月,由美国、澳大利亚、加拿大、法国等国的会计职业团体发起组成会计准则的国际组织——国际会计准则委员会,形成了会计国际化的大趋势。

20 世纪 50 年代后,由于信息论、控制论、系统论、行为科学和电子计算机等引入会计,使会计控制成为会计工作的重要内容。会计控制通过建立健全自己的信息系统,完成计量、记录和分类编报经济信息的任务,并以全面预算控制为准绳对经济信息进行审核、分析和评价,提出修改决策方案的意见及改进工作的具体措施。为了适应这一需要,必须实现计量、记录、分类及编报的电算化和预测、分析、决策的电控化。随着现代社会经济的发展,传统财务会计已暴露出它的不足。于是,现代会计就在传统财务会计的基础上,通过变革而逐步形成了。

(二) 我国会计的发展

同世界上许多国家一样,我国的会计发展经历了原始记录计量、单式簿记和复式簿记三个主要阶段。据我国历史记载,早在 3000 多年以前西周奴隶社会,就出现了“会计”一词。《周礼·天官》篇中指出:“会计,以参互考日成,以月要考月成,以岁会考岁成。”“参互”为十日成事之文书,相当于旬报。“月要”为一月成事之文书,相当于月报。“岁会”则是一年成事之文书,相当于年报。在这个时期,由于生产力不断发展,奴隶主收支日益频繁,因而西周王朝还设立了专门管理钱粮赋税的官员——“司会”和单独的会计部门,掌管王朝全部会计账簿,定期对周王朝的收入和支出实行“月要”、“岁会”,进行会计监督,考核王朝大小官吏管理地方的情况和他们经手的财务收支。早期的会计是比较简单的，只是对财产物资的收支活动进行实物数量的记录和计算，与统计和其他核算是混在一起的，属于古代会计时期。

我国会计全面发展的时期可以说是唐、宋两代。在这个阶段，官厅会计有了比较健全的组织机构，如宋代的“会计司”；有了比较严格的财计制度，如记账制度、审计制度、财物保管、出纳制度；会计账簿和会计报表的设置也日益完备，由流水账（日记账）和誊清账（总清账）组成的账簿体系已初步形成。特别重要的是创建和运用了“四柱结算法”，即“旧管”、“新收”、“开除”、“实在”，其含义分别相当于近代会计中的“期初结存”、“本期收入”、“本期支出”、“期末结存”。四柱之间的结算关系可用会计方程式表示为“旧管＋新收＝开除＋实在”。在四柱中，每一柱都反映着经济活动的一个方面，各柱相互衔接形成的平衡公式，既可检查日常记账的正确性，又可系统、全面和综合地反映经济活动的全貌。我国宋朝官府办理钱粮报销或移交手续时，一般都运用“四柱结算法”，编制会计报表称为“四柱清册”。这是我国古代会计的一个杰出成就，它为我国通行多年的收付记账法奠定了理论基础。明、清两代，会计工作者又在“四柱结算法”原理的启发下，设计了“龙门账”。它把全部经济业务划分为“进”、“缴”、“存”、“该”四大类。所谓“进”指全部收入，“缴”指全部支出，“存”指全部资产，“该”指全部负债。四者之间的关系可用会计方程式表示为“进－缴＝存－该”。年度终了，一方面可以根据有关“进”与“缴”两类账目的记录编制“进缴表”，计算差额，决定盈亏；另一方面还应根据有关“存”与“该”两类账目的记录编制“存该表”，计算差额，决定盈亏。两方面计算决定的盈亏数额应该相等。这种双轨计算盈亏并核对账目的方法人们把它叫作“合龙门”，“龙门账”因此而得名。“龙门账”中的“进缴表”相当于近代会计中的“损益表”，“存该表”相当于近代会计中的“资产负债表”。

随后，随着封建经济的发展和资本主义经济的萌芽，中国的民间会计也有了一定的发展。在此期间，不仅以“四柱结算法”为核心的中式会计的方法体系建立完善，而且账房组织制度已经形成。在民间商业界出现了“四脚账”，又称“天地合”。这种账要求对日常发生的一切账项，既要登记它的来账方面，又要登记它的去账方面，借以全面反映同一账项的来龙去脉。直到随着资本主义经济输入中国，资本主义会计模式也随之输入，古老的中式会计才逐渐被西式会计所代替。

新中国成立后，我国又全面引进苏联的会计模式，建立了适应高度计划经济体制的会计制度。1966年至1976年10年间,由于“文化大革命”,一度不重视会计核算,放弃了会计监督,使国民经济遭受了严重的影响。1978年后,改革开放使现代会计新的理论与方法被引进和利用。1981年我国建立了注册会计师制度,1985年颁布《中华人民共和国会计法》,1999年10月31日修订了的会计法,并于2000年7月1日起施行,加强了会计的法制建设。为了适应我国社会主义市场经济的需要,1993年7月1日我国实施了《企业会计准则》,1997年颁布了《企业具体会计准则》,2000年底颁布了《企业会计制度》,突破了原有的会计核算模式,建立了新的会计核算体系。2006年财政部颁布了新的《企业会计准则》,新准则在充分借鉴国际会计准则的基础上充分考虑我国国情,较好地处理了国际化与中国特色的关系。它标志着我国已建立起与我国社会主义相适应,与国际财务报告准则充分协调,可合理实施的会计准则体系。

三、会计的概念和职能

(一) 会计的概念

从会计的产生和发展过程,我们不难看出,会计在经济管理方面的作用日益显著。随着经济的发展和经济管理内容的变化,会计的概念也在实践中得以不断充实和完善。目前,会计理论界对会计含义和功能的理解有几种观点,即信息系统论、决策有用论、管理工具论、管理活动论和艺术论等。综而述之,会计是经济管理活动的重要组成部分,它是以会计的相关法律为准绳,以货币作为主要计量单位,借助会计的专门方法,对特定主体的经济活动过程及其结果进行全面、综合、连续、系统的核算与监督,为会计信息使用者提供相关经济决策信息,旨在提高经济效益的一种经济管理活动。

(二) 会计的职能

会计职能,是指会计在经济管理过程中本身所具有的功能。会计的职能按照其发展变化状况,可以分为基本职能和扩展职能。其中基本职能包括核算职能和监督职能。

1. 会计核算职能。也称反映职能,是会计最基本的职能,是指会计通过运用货币作为主要的计量单位,对经济活动进行确认、记录、计量,将资料系统化和汇总,形成一套系统、完整的会计信息资料,用以及时地反映经济活动的过程和成果。传统的会计核算,主要是对已经发生的经济活动进行事后的记录、核算、分析,从而反映经济活动的现实状况及历史状况,这是会计核算的基础工作。但是,随着商品经济的发展,市场竞争日趋激烈,主体经营规模不断扩大,经济活动日益复杂化，经营管理需要加强预见性。为此，会计要在事后、事中核算的同时进一步发展到事前核算、分析和预测经济前景，为经营管理决策提供更多的经济信息，这样才能更好地发挥会计的管理功能。

2. 会计监督职能。也称控制职能，是为了保证经济活动按照经济规律和有关规定的要求，达到维护财经纪律，保护财产安全，防止和减少损失浪费的预期目标而进行的监督。会计监督主要通过专门的方法，对企事业单位经济业务的合法性、合理性进行审查。会计监督包括对经济活动进行事前、事中和事后的监督。事前监督，是在经济活动开始前进行的监督，即审查未来的经济活动是否符合有关法令、政策的规定，是否符合商品经济规律的要求，在经济上是否可行；事中监督，是对正在发生的经济活动过程及取得的核算资料进行的审查，以此纠正经济活动进程中的偏差及失误，促使有关部门合理组织经济活动，保证其按照预定的目的及规定的要求进行，发挥控制经济活动进程的作用；事后监督，是对已经发生的经济活动以及相应的核算资料进行的审查、分析。因此，会计监督与其他各种监督相比较，是一种更为有效的实质性的监督。

必须指出，会计的两个基本职能是在任何社会形态下都应当具备的，它们之间是相辅相成的。会计核算是实行会计监督的前提和基础，如果没有可靠的会计核算资料，会计监督就会失去客观的依据；反之，没有严格的会计监督，会计核算就会失去其必要性。

随着社会的发展，会计职能在原有的基本职能的基础上，发展为包括预测、决策、控制和分析在内的新职能。会计预测，是指根据已有的会计信息和其他信息资料，对客观经济过程及其发展趋势进行预先估计、判断和推测，找出预定目标，作为下一个会计期间经济活动的指南；会计决策，是指在会计预测的基础上，按照一定的目标从若干方案中选择最优方案的过程；会计控制，是指通过会计工作对经济活动所进行的干预或施加的影响，使之符合经济运动规律的要求和符合国家经济方针、政策、制度的规定，保证资金和财产的完整并使其不断增值，达到宏观与微观经济效益的统一；会计分析，是指以会计核算资料为基础，结合其他有关资料运用专门的方法，对经济活动过程和财务成果进行分析，以肯定成绩，发现问题，找出原因，总结经验，提出措施，便于改进经济管理工作。

四、财务报告的目标

财务会计作为对外报告会计信息，其目的是为了在企业管理层和外部信息使用者之间存在信息不对称的情况下，通过向外部会计信息使用者提供有用的信息,帮助财务报告使用者作出相关决策。承担这一信息载体和功能的便是企业编制的财务报告,它是财务会计确认和计量的最终成果,是沟通企业管理层与外部信息使用者之间的桥梁和纽带。财务报告的目标定位十分重要,它决定着财务报告应当向谁提供有用的会计信息,应当保护谁的经济利益,决定着财务报告所要求会计信息的质量要求,决定着会计要素的确认与计量原则,是财务会计系统的核心与灵魂。基本准则规定,财务报告的目标是向财务报告使用者提供与企业财务状况、经营成果和现金流量等有关的会计信息,反映企业管理层受托责任履行情况,有助于财务报告使用者作出经济决策。财务报告使用者主要包括投资者、债权人、政府及其有关部门和社会公众等。概括而言,我国企业财务报告的目标是向财务报告使用者提供决策有用的信息,满足投资者决策的要求。

如果企业在财务报告中提供的会计信息与投资者的决策无关,那么财务报告就失去了其编制的意义。根据投资者决策有用目标,财务报告所提供的信息应当如实反映企业所拥有或者控制的经济资源、对经济资源的要求权以及经济资源及其要求权的变化情况;如实反映企业的各项收入、费用、利得和损失的金额及其变动情况;如实反映企业各项经营活动、投资活动和筹资活动等所形成的现金流入和现金流出情况等,从而有助于现在的或者潜在的投资者正确、合理地评价企业的资产质量、偿债能力、盈利能力和营运效率等;有助于投资者根据相关会计信息作出理性的投资决策;有助于投资者评估与投资有关的未来现金流量的金额、时间和风险等。

除了投资者之外,企业财务报告的使用者还有债权人、政府及其有关部门、社会公众等。比如,债权人需要会计信息来评估企业的偿债能力;政府及其有关部门需要会计信息来监管企业的经济活动、制定税收政策、进行税收征管和国民经济统计等;社会公众也需要有关企业发展前景及其能力、经营效益等方面的信息。应当讲,许多使用者的信息需求是共同的。由于投资者是企业资本的主要提供者,通常情况下,如果财务报告能够满足这一群体的会计信息需求,也可以满足其他使用者的大部分信息需求。

现代企业制度所有权和经营权相分离,在信息不对称的情况下,企业投资者和债权人等需要及时或者经常性地了解企业管理层保管、使用资产的情况,以便于评价企业管理层的责任情况和业绩情况,并决定是否需要调整投资或者信贷政策,是否需要加强企业内部控制和其他制度建设,是否需要更换管理层等。因此,财务报告也应当反映企业管理层受托责任的履行情况,以有助于评价企业的经营管理责任和资源使用的有效性。

五、会计法规

目前,我国的会计法规体系是以《中华人民共和国会计法》(以下简称《会计法》)为核心,以国家统一会计制度为主体的内容比较完整的体系,它包括会计法律、会计行政法规、会计规章三个层次。

1. 会计法律。是指由国家最高权力机关——全国人民代表大会及其常务委员会制定的会计法律规范。它是调整我国经济生活中会计关系的法律总规范,是会计法律制度体系中最高层次的法律规范,是制定其他各层次会计法规的依据,是会计工作的基本法。我国目前的会计法律层次只有《会计法》。现行的《会计法》是在1985年1月21日第六届人大常委会第九次会议通过、根据1993年12月29日第八届全国人大常委会第五次会议《关于修改〈中华人民共和国会计法〉的决定》修正的基础上,于1999年10月31日第九届全国人大常委会第十二次会议制定并于2000年7月1日实施的。修订后重新发布的《会计法》由七章五十二条组成。

2. 会计行政法规。是指由国家最高行政机关——国务院制定的会计法律规范。它是调整经济生活中某些方面会计关系的法律规范,是对会计法律的具体或某个方面的补充。会计行政法规必须依据《会计法》由国务院制定发布或者国务院有关部门拟订经国务院批准发布。

在我国现行的会计法规中,《企业财务会计报告条例》、《总会计师条例》等属于会计行政法规。《企业财务会计报告条例》是国务院于2000年6月21日发布并于2001年1月1日起实施的。它分为总则、财务会计报告的构成、财务会计报告的编制、财务会计报告的对外提供、法律责任、附则六章共四十六条。《总会计师条例》是国务院于1990年12月31日发布的。它共分为五章二十三条,主要对总会计师的职责、总会计师的权限、任免与奖惩等作出规定。

3. 会计部门规章。是指国家主管会计工作的行政部门——财政部以及其他相关部委制定的会计方面的法律规范。制定会计部门规章必须依据会计法律和会计行政法规的规定。

在我国现行的会计法律中,由国务院财政部门制定的会计部门规章称为"国家统一的会计制度"。它包括国家统一的会计核算制度、国家统一的会计监督制度、国家统一的会计机构和会计人员管理制度、国家统一的会计工作管理制度等,如财政部颁布的《企业会计制度》、《金融企业会计制度》、《小企业会计制度》、《会计基础工作规范》和《企业会计准则》等。

第二节 会计基本假设和会计核算基础

一、会计基本假设

会计基本假设是企业会计确认、计量和报告的前提，是对会计核算所处时间、空间环境等作出的合理设定。我国财政部公布并实施的《企业会计准则——基本准则》中，明确规定了四项会计假设，即会计主体、持续经营、会计分期、货币计量。

（一）会计主体

会计主体，是指会计核算工作服务的对象——特定单位或组织，或者说是会计人员进行确认、计量和报告的空间范围。组织核算工作首先应明确为谁核算的问题，这是因为会计的各种要素（如资产、负债、收入、费用等）都是同特定的经济实体，即会计主体相联系的，一切核算工作都是站在特定会计主体立场上进行的。如果主体不明确，资产和负债就难以界定，收入和费用便无法衡量，以划清经济责任为准绳而建立的各种会计核算方法的应用便无从谈起。因此，在会计核算中必须将该主体所有者的财务活动、其他经济实体的财务活动、内部职工的财务活动与该主体自身的财务活动严格区分开来，会计核算的对象仅是该主体自身的财务活动。会计主体不同于法律主体，一般来说，法律主体必然是会计主体，但会计主体未必是法律主体。

（二）持续经营

会计主体假设是财务会计最基本的假设，持续经营假设是会计主体假设的延续和引申。尽管市场经济条件下竞争异常激烈，停业、破产不可能完全避免，但为了划定会计核算的时间范围，同时也给日常会计处理提供一个稳定的基础，会计假定在可以预见的将来，企业将会按当前的规模和状态继续经营下去，不会停业，也不会大规模削减业务，在这一假设下，会计确认、计量和报告应当以企业持续、正常的生产经营活动为前提。有了持续经营假设，会计中许多业务处理才有了依据，如债权、债务的处理，财产的计价，费用的分摊，收益的确认等。

（三）会计分期

会计分期这一前提是从持续经营基本前提引申出来的，也可以说是持续经营的客观要求。企业的经营活动从时间上来看是持续不断的，但会计为了确定损益和编制财务报表，定期为使用者提供信息，就必须将持续不断的经营过程划分成若干期间。会计期间一般按照日历时间划分,分为年、季、月。会计期间的划分是一种人为的划分,实际的经济活动周期可能与这个期间不一致,有的经济活动可以持续在多个会计期间。

会计期间划分的长短会影响损益的确定,一般来说,会计期间划分越短,反映经济活动的会计信息质量就越不可靠。当然,会计期间的划分也不可能太长,太长了会影响会计信息使用者及时使用会计信息,因此必须恰当地划分会计期间。会计年度是基本的会计期间,我国采用的是公历年制的会计年度,即以每年的公历1月1日至12月31日作为一个会计年度;半年度、季度和月度的起讫时间也一律以公历的起讫日期为准。

(四) 货币计量

货币计量是指会计主体在进行会计确认、计量和报告时以货币作为统一的计量单位,将会计主体的财产物资转化为货币进行反映。用货币来反映一切经济业务是会计核算的基本特征,因而也是会计核算的一个重要前提条件。选择货币作为共同尺度,以数量形式反映会计实体的经营状况及经营成果,是商品经济发展的产物。会计计量是会计核算的关键环节,是会计记录和会计报告的前提,货币则是会计计量的统一尺度。企业经济活动中凡是能够用这一尺度计量的,就可以进行会计反映,凡是不能用这一尺度计量的,则不必进行会计核算。这个前提一般含有币值不变假设,它明确了会计核算的计量尺度。

二、会计核算基础

企业会计的确认、计量和报告应当以权责发生制为基础。权责发生制要求,凡是当期已经实现的收入和已经发生或应当负担的费用,无论款项是否收付,都应当作为当期的收入和费用,计入利润表;凡是不属于当期的收入和费用,即使款项已在当期收付,也不应当作为当期的收入和费用。

相对应于权责发生制,收付实现制是目前我国行政单位会计所采用的会计基础,它是以收到或支付的现金作为确认收入和费用的依据。事业单位会计除经营业务可以采用权责发生制外,其他业务也采用收付实现制。

【例1—1】 东海股份有限公司(以下简称东海公司)本月发生下列经济业务:

1. 以银行存款支付上月水电费6000元。

2. 以银行存款支付本季度的短期借款利息6300元(其中前两个月已预提4200元)。

3. 收到购货单位预付货款50000元,存入银行。

4. 预提设备维修费8000元。

5. 计提固定资产折旧35600元。

6. 分摊本月应负担的房屋租金1000元及财产保险费400元。

7. 以银行存款支付下季度房租费8775元。

8. 收回上月应收账款7500元。

9. 本月实现销售收入55000元,货款尚未收到。

要求:计算本月收入与费用,说明权责发生制与收付实现制对盈亏的影响。

表1—1 **权责发生制与收付实现制对盈亏的影响** 单位:元

经济业务	权责发生制		收付实现制	
	收 入	费 用	收 入	费 用
1				6000
2		2100		6300
3			50000	
4		8000		
5		35600		
6		1400		
7				8775
8			7500	
9	55000			
合 计	55000	47100	57500	21075
利 润	55000－47100＝7900		57500－21075＝36425	

权责发生制与收付实现制最本质的区别在于确定收入与费用的入账时间不同。前者以收入或费用的实现或发生的时间作为确认时间,后者则以收入或费用的收到或支付货币资金的时间作为确认时间。采用收付实现制,由于本期实际收到、支付的款项都必须在本期作为收入或费用入账,因此,会计账簿日常记录的收入和费用与收付实现制确定本期收入和费用的要求是完全一致的,因而不需于期末进行账项调整。收付实现制会计处理手续十分简便,但按此方法确定的各会计期间的经营成果是不准确的、不真实的,也是不合理的。权责发生制是按归属期来确定各会计期间的收入和费用,因而,前期没有收到货币款项的应计收入和没有支付货币款项的应计费用是在会计账簿日常记录的基础上于期末

进行账项调整来计算求得的，这样做虽然手续较为复杂，但只有这样处理才能正确确定各个会计期间的收入、费用和利润，为会计信息使用者提供正确的、有用的会计信息。

第三节　会计信息质量的要求

会计信息质量要求是对企业财务报告中所提供会计信息质量的基本要求，是使财务报告中所提供会计信息对使用者决策有用应具备的基本特征。我国《企业会计准则——基本准则》规定了会计信息质量要求。会计信息质量包括可靠性、相关性、可理解性、可比性、实质重于形式、重要性、谨慎性和及时性等。

一、可靠性

可靠性是指企业应当以实际发生的交易或者事项为依据进行会计确认、计量和报告，如实反映符合确认和计量要求的各项会计要素及其他相关信息，保证会计信息真实可靠，内容完整。

会计信息是会计核算的最终产品，提供会计信息是为了满足会计信息使用者的决策需要，真实的会计信息是进行科学决策的基础。因此，会计信息应做到内容真实、数据准确、资料可靠。其中，真实是指会计反映的结果应当与企业实际的财务状况和经营成果相一致，而不能受主观意志的左右。企业的会计记录和会计报告都不允许弄虚作假，隐瞒谎报。准确是指对于经济业务的记录和报告，必须根据审核无误的原始凭证编制记账凭证，采用特定的专门方法进行记账、算账、报账，保证所提供的会计信息数字准确、项目完整、手续齐备、资料可靠。可靠是指会计信息应经得起复核和验证，以核实其是否真实，凡是过去已发生的经济业务，都应当有合理合法的凭证可供事后检查。

如果企业的会计核算不是以实际发生的交易或事项为依据，不能如实地反映企业经济活动，无法满足会计信息使用者了解企业情况的需要，会计工作也就失去了存在的意义，甚至会误导会计信息使用者，导致决策失败。

二、相关性

相关性，又称有用性，是指企业提供的会计信息应当能够反映企业财务状况、经营成果和现金流量，满足会计信息使用者的需要。这就要求企业提供的会计信息应当与财务会计报告使用者的经济决策需要有关，有助于财务会计报告使用者对企业过去、现在或未来作出评价或者预测。

会计信息的价值,关键是看其与使用者的决策需要是否相关,只有相关的会计信息才有价值。相关的会计信息有助于财务报告使用者评价过去的决策,证实或修正某些预测,从而具有反馈价值。所以,相关性要求企业在收集、加工、处理、传递会计信息过程中,考虑会计的使用者对会计信息需要的不同特点,兼顾不同的使用者对会计信息的不同需要,确保企业内外各方对会计信息的相关需要。对于特定用途的信息,不一定都能通过财务报告来提供,需采用其他形式加以提供。

三、可理解性

可理解性,是指企业提供的会计信息应当清晰明了,便于财务报告使用者的理解和使用。提供会计信息的目的在于使用,会计信息的使用者只有准确地把握会计信息的内容,才能更好地对信息加以利用。所以,会计记录和财务报告应当清晰明了地反映企业的财务状况和经营成果,以利于会计信息的使用者准确地掌握和运用。

为使会计信息清晰明了,在日常会计核算中,会计凭证的填制、会计账簿的登记必须做到依据合法;记账凭证和账簿记录中的账户对应关系必须正确,文字摘要简洁达意,相关项目填写完整;会计报表中有关项目钩稽关系清楚,填报完整,数字准确。

对于某些复杂的信息,如交易本身较为复杂,但其对使用者的经济决策是相关的,就应当在财务报告中予以披露。企业对报表重要项目的说明,应当与资产负债表、利润表、现金流量表和所有者权益变动表等报表中列示的项目相互参照,采用文字和数字描述相结合的方式进行披露。如果企业的会计核算和编制的财务报告不能做到清晰明了、便于理解和利用,就不符合可理解性的要求,不能满足会计信息使用者的决策需要。

四、可比性

企业提供的会计信息应当具有可比性。从横向上来看,不同的企业可能处于不同行业、不同地区,经济业务发生于不同时点,为了保证会计信息能够满足决策的需要,就应当采用规定的会计政策和处理方法,确保会计信息口径一致,以便于对不同企业,尤其是同一行业中不同企业的财务状况、经营成果和现金流量等会计信息的相互比较和分析,对企业社会地位的判断,对企业会计报表的汇总,从而为国家进行宏观调控,为投资者及其他利益相关者作出正确的决策提供必要的依据。横向可比要求在制定会计准则和会计制度时,尽量减少会计处理方法的可选择性范围。在编制财务报告时,应按国家统一规定的会计指标编报。从纵向上来看,同一企业不同时期发生的相同或者相似的交易或事项,应当采用一致的会计政策,便于会计信息使用者对企业前后各期会计信息进行比较和分析,合理预测企业的发展趋势,并为企业制订科学合理的发展规划提供可靠依据。纵向可比要求企业不同时期尽量采用一致的会计政策,会计政策不得随意变更,确需变更的,应当在附注中说明,以消除会计信息使用者可能产生的误解。

会计处理方法的统一是保证会计信息可比的基础。如果对于相同或者相似的交易或事项,不同的企业或者同一企业在不同的会计期间采用不同的会计政策,将不利于财务会计报告使用者对会计信息的理解,不利于会计信息作用的发挥。

五、实质重于形式

实质重于形式要求企业应当按照交易或事项的经济实质进行会计确认、计量和报告,不应仅以交易或事项的法律形式为依据。

在实际工作中,交易或事项的外在法律形式并不总能完全真实地反映其实质内容。因此,在会计核算的过程中,当遇到一些经济实质与法律形式不吻合的业务或事项时,应以其经济实质作为确认、计量和报告的依据,而不能仅仅根据它们的法律形式进行核算和反映。例如,融资租入固定资产在租期未满之前,从法律形式上看,承租企业并不拥有其所有权。由于其租期长(接近于该资产的使用寿命),且租赁期内承租企业有权支配该项资产并从中受益,从经济实质上讲,与该项固定资产相关的收益和风险已经转移给承租企业,承租企业能行使对该固定资产的控制并从中获取未来的经济利益。因此,对融资租入固定资产通常将其视为自有固定资产进行管理。

如果企业的会计核算仅仅按照交易或事项的法律形式进行,而其法律形式又没有反映其经济实质和经济现实,那么,其最终结果将不仅不会有利于会计信息使用者作出决策,反而会误导会计信息使用者。

六、重要性

重要性原则要求企业在会计核算过程中,应当区别交易或事项的重要程度,进而采用不同的核算方法。对资产、负债、损益等有较大影响,并进而影响财务报告使用者据以作出合理判断的重要会计事项，必须按照规定的会计方法和程序进行处理，分别核算，分项反映，力求准确，并在财务报告中予以充分、准确地披露；对于次要的会计事项，在不影响会计信息真实性和不至于误导财务报告使用者作出正确判断的前提下，可适当简化处理、合并反映。重要性的应用需要依赖职业判断，企业应当根据其所处环境和实际情况，从项目的性质和金额的大小两方面来判断其重要性。

坚持重要性，必须在保证会计报表和会计信息质量的前提下进行，兼顾全面性和重要性。企业的经济业务纷繁复杂，要将所有零散的经济数据全部转化成为会计报表中详细罗列的指标，不但会增加核算成本，而且还会冲淡重点，有损会计信息的使用价值，甚至影响决策。所以，重要性原则与会计信息的成本效益直接相关。坚持重要性原则，就能够使提供会计信息的收益大于成本；反之，就会使提供会计信息的成本大于收益。

七、谨慎性

谨慎性，又称保守性或稳健性，它要求企业对交易或者事项进行会计确认、计量和报告时应当保持应有的谨慎，不高估资产或者收益，也不低估负债或者费用。

在市场经济环境下，企业的经营活动充满着风险和不确定性，谨慎性原则就是针对这些不确定因素而提出的。企业在面临不确定性的环境下，会计人员在作出职业判断时应保持必要的谨慎，既不高估资产或收益，也不低估负债或费用。例如，企业在销售商品时产生各种应收款项，由于债务人的偿债能力和偿债意愿各不相同，总有一些债务人无力或无意偿还债务，从而造成一些应收账款无法收回而形成坏账。而企业在确认应收账款时已经确认相应的销售收入，进而增加了利润。为了保证所确认利润的可靠性，在期末需要按照一定的方法预计可能发生的坏账损失，作为费用计入当期利润。按现行规定，除对应收计提坏账准备外，还对存货、无形资产、固定资产、在建工程、长期股权投资等不良资产计提减值准备，计入当期损益。

但是，会计核算中贯彻谨慎性原则，并不意味着企业可以漫无边际随意地使用减值准备，也不允许企业设置秘密准备。滥用谨慎性原则，将会歪曲其财务状况和经营成果，影响会计核算的可靠性，应按照会计差错更正的要求进行相应的会计处理。

八、及时性

及时性要求企业对已经发生的交易或者事项，应当及时进行会计确认、计量和报告，不得提前或者延后，以便会计信息及时被利用。

会计信息的价值在于帮助会计信息使用者作出正确决策，因此具有时效性。即使是可靠、可比、相关的会计信息，如果不能及时提供，对会计信息使用者也是毫无意义的。特别是在市场经济条件下，市场瞬息万变，企业竞争日趋激烈，各方面对会计信息的及时性要求越来越高，强调及时性更有其现实意义。

要使会计信息满足及时性的要求，企业就需要及时收集会计信息，即在经济业务发生以后，及时收集整理各种原始单据，及时加工处理会计信息，在国家统一会计制度规定的时限内编制出财务报告，及时将编制的财务报告传递给会计信息使用者。如果企业的会计核算不能及时进行，会计信息不能及时提供，就无助于经济决策，就不符合及时性的要求。

第四节 会计对象和会计要素

会计对象，是指会计核算和监督的内容。在市场经济条件下可概括为一个会计主体社会再生产过程中的资金活动。但这个资金活动是一个过程，因此需要对会计对象进一步分类。会计要素，是指按照交易或事项的经济特征所作的基本分类。

我国《企业会计准则——基本准则》规定，会计要素主要包括企业经济活动中的资产、负债、所有者权益、收入、费用、利润六个要素。这六大会计要素可以划分为反映财务状况的会计要素和反映经济成果的会计要素两大类。其中，资产、负债和所有者权益是反映会计主体特定时点财务状况的要素，所以又称为静态的会计要素；收入、费用和利润是反映会计主体在某一个会计期间经济成果的要素，所以又称为动态的会计要素。

一、资产

（一）资产的概念和特征

资产是指企业过去的交易或者事项形成的，由企业拥有或者控制的，预期会给企业带来经济利益的资源。资产具有以下基本特征：

第一，资产是由企业过去的交易或事项所形成的，是现实的资产，而不是预期的资产。只有过去发生的交易或事项才能增加或减少企业的资产,不能根据未来发生的交易或事项确认资产。如已经购入的设备形成了企业的固定资产,但尚未履行的生产采购计划则不会形成资产。

第二,资产是企业拥有或控制的经济资源。企业资产除了包括所有权属于企业的经济资源外,还包括所有权不属于企业,但企业能够控制使用,并获得经济利益的经济资源,如融资租入的资产。

第三,资产能给企业带来预期的经济利益。这是资产的本质特征,不能为企业带来经济利益就不能确认为资产。

符合上述资产特征,在同时满足以下条件时,确认为资产:(1) 与该资源有关的经济利益很可能流入企业;(2) 该资源的成本或者价值能够可靠地计量。

(二) 资产的内容

资产按其流动性,即变现能力,可分为流动资产和非流动资产两大类,如图1—1 所示。

1. 流动资产。是指可以在一年内或者超过一年的一个营业周期内变现或者耗用的资产。流动资产主要包括现金及银行存款,交易性金融资产,应收账款及预付账款,坏账准备,存货等。

现金及银行存款是指在企业库存的现金以及存放在银行或其他金融机构,可自由提取、使用的各种性质的存款。它们是流动性最强的资产。

交易性金融资产,主要是指企业为了近期内出售而持有的金融资产。通常情况下,企业以赚取差价为目的从二级市场购入的股票、债券和基金等为交易性金融资产。

应收账款是指企业因销售商品产品、提供劳务等经营活动应收取的款项,是对客户的要求权。

坏账准备是指企业应收款项等发生减值时计提的减值准备。

存货是指企业在日常活动中持有以备出售的产成品或商品,处在生产过程中的产品,在生产过程或提供劳务过程中耗用的材料和物料等。

2. 非流动资产。是指超过一年或者超过一年的一个营业周期才可以变现或者耗用的资产,通常包括可供出售金融资产、持有至到期投资、长期应收款、长期股权投资、投资性房地产、固定资产、在建工程、无形资产、长期待摊费用等。

可供出售的金融资产是指初始确认时即被指定为可供出售的非衍生金融资产。

持有至到期投资是指到期日固定回收金额固定或可确定,且企业有明确意图和能力持有至到期的非衍生金融资产。

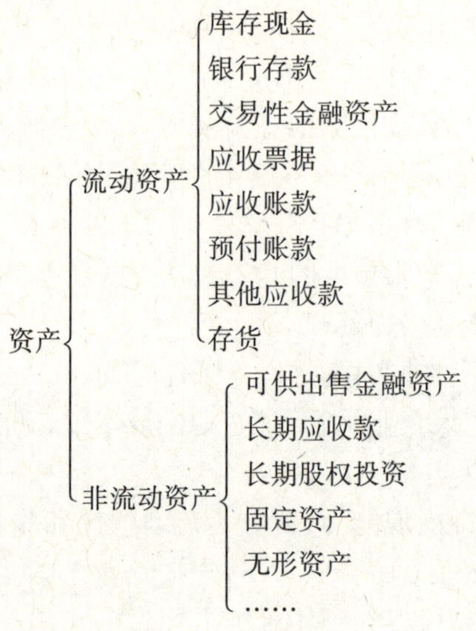

图 1—1 资产的内容

二、负债

(一) 负债的概念和特征

负债是指企业过去的交易或者事项形成的、预期会导致经济利益流出企业的现时义务。负债具有以下基本特征:

第一,负债是过去已经发生的交易或事项。

第二,负债是企业的现时义务。现时义务是指企业在现行条件下已承担的义务。未来发生的交易或者事项形成的义务,不属于现时义务,不应当确认为负债。

第三,负债的清偿预期会导致经济利益流出企业。

将一项义务确认为负债,需要符合负债的定义,并满足以下条件:(1) 与该义务有关的经济利益很可能流出企业;(2) 未来流出的经济利益的金额能够可靠地计量。

(二) 负债的内容

负债按其流动性,可分为流动负债和非流动负债两大类,如图 1—2 所示。

1. 流动负债。是指在一年或超过一年的一个营业周期内偿还的债务,包括短期贷款、交易性金融负债、应付票据、应付账款、预收账款、应付职工薪酬、应交税费、应付股利、其他应付款项等。

短期贷款是指企业向银行或其他金融机构等借入的期限在一年以下(含一年)的各种借款。

交易性金融负债是指满足下列条件之一的金融负债:(1) 取得该金融负债的目的主要是为了近期内回购;(2) 属于进行集中管理的可辨认金融工具组合的一部分,且有客观证据表明企业近期采用短期获利方式对该组合进行管理;(3) 属于衍生工具。

应付票据是指企业购买材料、商品和接受劳务供应等而开出、承兑的商业汇票,包括银行承兑汇票和商业承兑汇票。

应付职工薪酬是指企业为获得职工提供的服务而应付给职工各种形式的报酬,职工薪酬包括职工在职期间和离职后提供给职工的全部货币性和非货币性福利。企业提供给职工配偶、子女或其他被赡养人的福利等,也属于职工薪酬。

应交税费是指企业按照税法规定计算应缴纳的各种税费,包括增值税、消费税、营业税、所得税、资源税、土地增值税、城市维护建设税、房产税、土地使用税、车船使用税、教育费附加、矿产资源补偿费等。

应付股利是指企业经股东大会或类似机构审议批准分配的现金股利或利润。企业股东大会或类似机构审议批准的利润分配方案、宣告分派的现金股利或利润,在实际支付前,形成企业的负债。

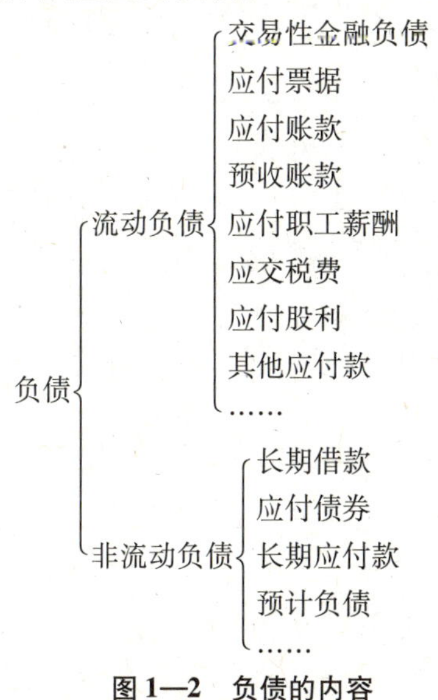

图1—2 负债的内容

2. 非流动负债。除流动负债条件以外的负债，都属于非流动负债，通常指偿还期在一年或超过一年的一个营业周期以上的债务，包括长期借款、应付债券、长期应付款、预计负债。

长期借款是指企业从银行或其他金融机构借入的、期限在一年以上（不含一年）的各项借款。

应付债券是指企业为筹集（长期）资金而发行的有价证券。

长期应付款是指企业除长期借款和应付债券以外的其他各种长期应付款，包括应付融资租入固定资产的租赁费、以分期付款方式购入固定资产发生的应付账款、采用补偿贸易方式引进国外设备发生的应付账款等。

预计负债是指与或有事项相关的义务，在同时满足下列条件时确认为负债：(1) 该业务是企业承担的现时义务；(2) 履行该业务很可能导致经济利益流出企业；(3) 该业务的金额能够可靠地计量。或有事项，是指过去的交易或事项形成的、其结果须由某些未来事项的发生或不发生才能决定的不确定事项，主要包括对外提供担保、未决诉讼、产品质量保证、重组义务、亏损性合同以及固定资产和矿区权益弃置义务等产生的负债。

三、所有者权益

（一）所有者权益的概念和特征

所有者权益是指企业资产扣除负债后由所有者享有的剩余权益。在我国，股份制公司的所有者权益称为股东权益。所有者权益是所有者对企业资产的剩余索取权。所有者权益具有以下基本特征：

第一，在正常的经营情况下，企业不需要偿还所有者投资。

第二，所有者权益的增减变动受到所有者增资或减资以及留存收益等因素的影响。

第三，当企业清算时，企业在清偿全部债务后，剩余资产才能够用于偿还所有者。

第四，所有者以其在企业享有的所有权益的份额，参与企业的利润分配。

由于所有者权益体现的是所有者在企业中的剩余权益。因此，所有者权益的确认主要依赖于其他会计要素，尤其是资产和负债的确认；所有者权益金额的确定也主要取决于资产和负债的计量。

（二）所有者权益的内容

所有者权益按其构成的内容，可分为四部分，如图 1—3 所示。

1. 实收资本。是指所有者实际投入企业的各种财产物资。

2. 资本公积。是指直接计入所有者权益的利得和损失。利得是指不应计入当期损益、会导致所有者权益增加、与所有者投入资本无关的经济利益的流入。损失是指由企业非日常活动所发生、会导致所有者权益减少、与所有者分配利润无关的经济利益的流出。

3. 盈余公积。是指按国家规定从税后利润中提取的公积金、公益金等。

4. 未分配利润。是指企业留于以后年度分配的利润或待分配的利润。

所有者权益：
- 实收资本
- 资本公积
- 盈余公积
- 未分配利润

图1—3 所有者权益的内容

四、收入

（一）收入的概念和特征

收入是指企业在日常活动中形成、会导致所有者权益增加、与所有者投入资本无关的经济利益的总流入。其中，日常活动是指企业为完成其经营目标所从事的经常性活动以及与之相关的其他活动。例如，工业企业制造并销售产品、商业企业销售商品、保险公司签发保单、咨询公司提供咨询服务、软件企业为客户开发软件、安装公司提供安装服务、商业银行对外贷款、租赁公司出租资产等，均属于企业为完成其经营目标所从事的经常性活动，由此产生的经济利益的总流入构成收入。工业企业转让无形资产使用权、出售原材料、对外投资（收取利息收入、股利收入）等，属于与经常性活动相关的其他活动，由此产生的经济利益的总流入也构成收入。收入具有以下基本特征：

第一，收入应该是企业在日常经营活动中产生的，而不是从偶发的交易或事项中产生的。

第二，收入应当会导致经济利益的流入，该流入不包括所有者投入的资本，也不包括第三方或客户代收的款项。

第三，收入的增加能导致企业所有者权益的增加。不会导致所有者权益增加的经济利益流入不符合收入的定义，不能确认为收入。

收入的确认除了应当符合定义以外，还要同时满足以下条件：(1) 与收入相关的经济利益很可能流入企业；(2) 与收入相关的经济利益的金额能够可靠地计量;(3) 经济利益流入企业结果会导致企业资产的增加或负债的减少。

(二) 收入的内容

按照日常活动在企业所处的地位,收入可分为主营业务收入和其他业务收入。

主营业务收入是指企业销售商品、提供劳务等主营业务所实现的收入,即企业为完成其经营目标而从事的日常活动中的主要项目实现的收入。

其他业务收入是指企业除主营业务以外的其他经营活动实现的收入,包括出租固定资产、出租无形资产、出租包装物和商品、销售材料等实现的收入。

五、费用

(一) 费用的概念和特征

费用是指企业在日常活动中发生、会导致所有者权益减少、与向所有者分配利润无关的经济利益的总流出。费用具有以下基本特征:

第一,费用应当是企业在日常活动中发生的经济利益的流出,而不是从偶发的交易或事项中发生的经济利益的流出。有些交易或事项虽然也能使企业发生经济利益的流出,但由于不属于企业的日常经营活动,所以其经济利益的流出不属于费用,如制造业出售固定资产净损失。

第二,费用应当会导致经济利益的流出,该流出不包括向所有者分配的利润。费用的发生通常会引起资产的减少或负债的增加,费用实质上是企业的一种经济利益的流出。

第三,费用的发生最终会导致企业所有者权益的减少。企业的资金流入会增加企业的所有者权益;相反,资金流出会减少企业的所有者权益,即形成企业的费用。费用的确认除了应符合定义以外,还要同时满足以下条件:(1) 相关的经济利益很可能从企业流出,导致企业资产减少或者负债增加;(2) 经济利益流出的金额能够可靠地计量。

(二) 费用的内容

费用有多种表现形式,但其本质是资产的转化形式,是企业资产的消耗。费用与收入是相对的概念,也可以说是企业为取得收入而付出的代价。费用按经济用途分类,可分为生产费用和期间费用。

1. 生产费用。是指只能予以对象化为产品成本的费用。具体又可分为直接费用和间接费用两类。

直接费用是指直接为生产产品或者提供劳务等所发生的费用,包括直接材料费、直接人工费和其他直接费用。这些费用于发生时直接计入生产成本。

间接费用是指直接为生产产品或提供劳务等发生的应由几种或者全部产品负担的费用,需按一定的标准分配计入产品成本。

2. 期间费用。是指与特定商品、劳务无直接关系,不能予以对象化,而在发生期间全额计入当期损益的费用。它包括管理费用,财务费用和销售费用。

管理费用是指企业为组织和管理企业生产经营所发生的费用,包括筹建期间发生的开办费、董事会和行政管理人员职工薪酬、物料消耗、低值易耗品摊销、办公费、工会经费、咨询费、诉讼费、业务招待费、房产税、车船使用税、土地使用税、印花税、技术转让费等。

财务费用是指企业为筹集生产经营所需资金等而发生的费用,包括利息支出、汇兑差额以及相关的手续费,还包括企业发生的现金折扣或收到的现金折扣等。

销售费用是指企业在销售商品和材料、提供劳务的过程中发生的各种费用,包括保险费、包装费、展览费、广告费、商品维修费、运输费、装卸费以及为销售本企业商品而专设的销售机构发生的职工薪酬、业务费、折旧费等。

六、利润

利润是指企业在一定会计期间内生产经营活动的成果,包括收入减去费用后的净额、直接计入当期利润的利得和损失。其中,收入减去费用后的净额,即营业利润是企业销售产品、提供劳务以及让渡资产使用权等发生的收入与费用的差额,反映企业日常活动的业绩;直接计入当期利润的利得和损失主要包括营业外收支、公允价值变动损益、资产减值损失等,反映企业非日常活动的业绩。

从利润报告的结构看,利润由营业利润、利润总额、净利润三个部分构成。

1. 营业利润。是指营业收入减去营业成本和营业税金及附加,再减去销售费用、管理费用、财务费用和资产减值损失,加上公允价值变动损益、投资收益后的金额。

2. 利润总额。是指营业利润加上营业外收入,减去营业外支出后的金额。

3. 净利润。是指企业实现的利润总额减去所得税后的金额。

思考题

1. 如何理解会计的概念及职能?

2. 企业财务报告的目标是什么?

3. 会计信息应具备哪些质量要求?

4. 如何理解会计基本假设?

5. 会计要素有哪些?

练习题

一、单项选择题

1. 在选择会计方法和程序时要考虑经济业务的性质和规模,这体现了(　　)的要求。

A. 客观性　　B. 相关性　　C. 明晰性　　D. 重要性

2. 权责发生制是建立在(　　)基本前提的基础之上的。

A. 会计主体　　B. 持续经营　　C. 会计分期　　D. 货币计量

3. 在企业会计核算中,(　　)前提是企业选择会计处理方法的基础。

A. 会计主体　　B. 持续经营　　C. 会计分期　　D. 货币计量

4. 即使商品的所有权已经转移给买方,如果卖方仍对该商品实施控制则不能确认收入,这体现了(　　)的要求。

A. 客观性　　B. 可比性

C. 实质重于形式　　D. 重要性

5. 企业在进行会计核算时,不多计资产或收益,也不少计负债或费用,这体现了(　　)的要求。

A. 可比性　　B. 谨慎性　　C. 客观性　　D. 重要性

二、多项选择题

1. 下列各项收入中,属于营业收入的有(　　)。

A. 销售原材料的收入　　B. 罚款收入

C. 转让无形资产使用权的收入　　D. 转让无形资产所有权的收入

2. 对于资产,下列叙述正确的有(　　)。

A. 资产是由于过去交易或事项所产生的

B. 资产就是企业的财产

C. 资产是企业拥有或控制的

D. 资产预期能够给企业带来经济利益

3. 下列事项中不会引起所有者权益变动的有(　　)。

A. 用盈余公积弥补亏损　　B. 用资本公积转增实收资本
C. 宣告发放现金股利　　D. 宣告发放股票股利

4. 下列属于收入会计要素核算范围的有(　　)。
A. 销售商品收入　　B. 提供劳务收入
C. 让渡资产使用权收入　　D. 出售无形资产收益

5. 下列各项支出中,属于资本性支出的有(　　)。
A. 融资租入固定资产的安装调试费　　B. 购入固定资产所支付的增值税
C. 固定资产的日常修理费　　D. 自创专利权的注册费

三、实务题

根据下列经济业务,分别按权责发生制和收付实现制计算某企业 7 月份的收入和费用。

1. 销售产品 4000 元,货款存入银行;
2. 销售产品 10000 元,货款尚未收到;
3. 预付 7—12 月的租金 6000 元;
4. 本月应计提银行借款利息 1000 元;
5. 收到上月应收的销货款 5000 元;
6. 收到购货单位预付货款 8000 元,下月交货。

单位:元

业务号	权责发生制		收付实现制	
	收　入	费　用	收　入	费　用
1				
2				
3				
4				
5				
6				
合　计				

第二章
会计核算方法

学习目标

通过本章学习,掌握复式记账的原理及借贷记账法;学会填制和审核会计凭证,登记会计账簿;了解各种账务处理的程序。

第一节　记账方法

一、会计核算方法

会计的基本方法是用来核算和监督会计对象的技术和手段。会计的基本方法包括会计核算方法、会计分析方法、会计检查方法、会计预测以及决策和控制方法。其中,会计核算方法是最基本的方法。会计核算方法是对会计对象及其具体内容进行连续、系统、全面、综合地分类、记录、计算、报告等所应用的方法,主要包括设置账户、复式记账、填制和审核凭证、登记账簿、成本计算、财产清查和编制财务报告等。

(一) 设置账户

设置账户是对会计对象进行归类、核算和控制的一种专门方法。会计对象的内容复杂多样,要对会计对象进行核算和监督,就需要对其进行科学分类,以取得各种所需的会计指标。账户是对会计对象的具体内容进行分类,是记录会计对象的工具。设置账户是会计核算最基本的方法。

(二) 复式记账

复式记账是对每一项经济业务都以相等的金额在两个或两个以上相互联系的账户中同时登记的一种记账方法。复式记账既能相互联系地反映经济业务的全貌,又便于试算平衡、核对账簿记录是否正确。

（三）填制和审核凭证

填制和审核会计凭证是指经济业务发生后，借助设置的会计科目和账户、复式记账方法，按照有关要求，进行会计凭证填制，并经有关人员审核，保证会计记录真实、正确、合理、合法的一种专门方法。填制和审核凭证对保证经济业务的合理合法，提高会计信息质量起着重要作用。

（四）登记账簿

账簿是用来全面、连续、系统地记录各项经济业务的簿籍，也是保存会计数据资料的重要工具。登记账簿是运用复式记账原理，根据审核无误的会计凭证，在账簿上连续、完整、系统地记录经济业务的一种专门方法。

（五）成本计算

成本计算是按一定的成本对象，对生产经营过程中所发生的各种成本费用进行归集，以确定各成本对象的总成本和单位成本的一种专门方法。准确计算成本不仅为产品劳务定价、生产耗费补偿提供依据，而且可以掌握成本构成情况，考核成本计划的完成情况。

（六）财产清查

财产清查是对各项财产物资、货币资金进行实物盘点，对各项往来款项进行核对，以查明其实有数的一种专门方法。为了保证会计信息的真实性和正确性，必须定期或不定期地进行财产清查。

（七）编制财务报告

编制财务报告是会计核算的一种专门方法，是企业对外提供会计信息的主要形式。通过编制财务报告，能对分散在账簿中的日常核算资料进行综合、分析、加工、整理，以便向财务报告信息使用者提供所需的会计信息。编制财务报告是以会计报表为中心进行的，会计报表是财务报告的主要的、基本的形式，它记载着企业的绝大部分财务信息。

上述七种记账方法构成了完整的科学的会计核算方法体系，如图 2—1 所示。它们之间相互联系，密切配合。一般来讲，日常发生的各项经济业务，首先要以合法的凭证为依据，按规定的账户对经济业务进行分类，应用复式记账的方法在有关的账簿中进行登记。对于生产经营过程中发生的各项费用，应进行成本计算，并定期进行财产清查，在账实相符的基础上，根据账簿记录编制会计报表和财务报告，提供会计信息，从而实现会计的目标。

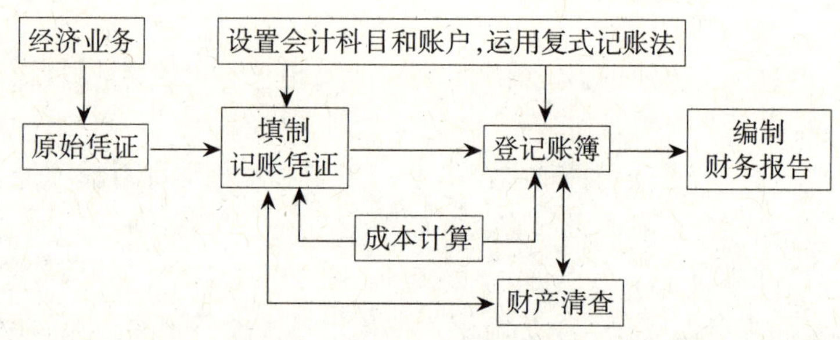

图 2—1　会计核算方法体系

二、会计科目与账户

(一) 会计科目的设置与分类

会计科目是为了进行会计核算而对会计对象进行分类的标志或项目。设置会计科目是根据会计对象的具体内容和经济管理的要求，事先规定进行分类核算的标志或项目的一种专门方法。在设置会计科目时，一般是将具有相同内容的归为一类，并给予一个名称标志，这个标志就是会计科目。会计科目的分类如下：

1. 按会计科目所反映的经济内容分类。会计科目所反映的经济内容就是会计要素的内容。因此，会计科目按经济内容分类，可以分为资产类、负债类、所有者权益类、成本类和损益类，如表 2—1 所示。①

2. 按会计科目所反映的经济内容的详细程度划分。为了既总括又详细地反映各项会计要素的增减变动情况，既要设置总分类科目（简称总账科目，也称一级科目），又要设置明细分类科目（简称明细科目）。总分类科目是总括地反映各项会计要素的科目；明细分类科目是详细地反映各项会计要素的科目。有的总分类科目由于其所反映的经济内容比较广泛，还有必要在二级科目下设三级科目，甚至四级科目。

表 2—1　　主要会计科目的名称和编号

序号	编号	会计科目名称	序号	编号	会计科目名称
一、资产类			49	2205	预收账款
1	1001	库存现金	50	2211	应付职工薪酬

---

① 该表会计科目分类参照 2006 年的《企业会计准则》。

续表

序号	编号	会计科目名称	序号	编号	会计科目名称
2	1002	银行存款	51	2203	预收账款
3	1015	其他货币资金	52	2221	应交税费
4	1101	交易性金融资产	53	2231	应付股利
5	1121	应收票据	54	2232	应付利息
6	1122	应收账款	55	2241	其他应付款
7	1123	预付账款	56	2314	代理业务负债
8	1131	应收股利	57	2401	递延收益
9	1132	应收利息	58	2501	长期借款
10	1231	其他应收款	59	2502	应付债券
11	1241	坏账准备	60	2701	长期应付款
12	1321	代理业务资产	61	2702	未确认融资费用
13	1401	材料采购	62	2711	专项应付款
14	1402	在途物资	63	2801	预计负债
15	1403	原材料	64	2901	递延所得税负债
16	1404	材料成本差异	三、共同类		
17	1405	库存商品	65	3101	衍生工具
18	1406	发出商品	66	3201	套期工具
19	1407	商品进销差价	69	3202	被套期项目
20	1408	委托加工物资	四、所有者权益类		
21	1411	周转材料	70	4001	实收资本
22	1421	消耗性生物资产	71	4002	资本公积
23	1471	存货跌价准备	72	4101	盈余公积
24	1501	持有至到期投资	73	4103	本年利润
25	1502	持有至到期投资减值准备	74	4104	利润分配
26	1503	可供出售金融资产	75	4201	库存股
27	1511	长期股权投资	五、成本类		
28	1512	长期股权投资减值准备	76	5001	生产成本
29	1521	投资性房地产	77	5101	制造费用

续表

序号	编号	会计科目名称	序号	编号	会计科目名称
30	1531	长期应收款	78	5201	劳务成本
31	1532	未实现融资收益	79	5301	研发支出
32	1601	固定资产	六、损益类		
33	1602	累计折旧	80	6001	主营业务收入
34	1603	固定资产减值准备	81	6051	其他业务收入
35	1604	在建工程	82	6101	公允价值变动损益
36	1605	工程物资	83	6111	投资收益
37	1606	固定资产清理	84	6301	营业外收入
38	1701	无形资产	85	6401	主营业务成本
39	1702	累计摊销	86	6402	其他业务成本
40	1703	无形资产减值准备	87	6405	营业税金及附加
41	1711	商誉	88	6601	销售费用
42	1801	长期待摊费用	89	6602	管理费用
43	1811	递延所得税资产	90	6603	财务费用
44	1901	待处理财产损溢	91	6604	勘探费用
二、负债类			92	6701	资产减值损失
45	2001	短期借款	93	6711	营业外支出
46	2101	交易性金融负债	94	6801	所得税费用
47	2201	应付票据	95	6901	以前年度损益调整
48	2202	应付账款			

（二）账户及其结构

账户是根据会计科目开设的，它是分类连续记录各项经济业务，反映各项会计要素增减变化情况及其结果的一种手段。

会计科目和账户在会计学中是两个不同的概念，两者既有联系又有区别。会计科目是按经济内容来设置的，账户也是按相同的经济内容来记录各个会计要素的增减变动情况和结果的，从这一点说，会计科目和账户是相同的。但是会计科目不存在结构问题，而账户则必须有一定的结构，从这一点说，会计科目和账户是不同的。

为了正确地记录和反映各项经济业务所引起的各个会计要素的增减变动及

其结果,账户不但要有明确的核算内容,而且要有一定的结构。经济活动所引起的各个会计要素的变动是复杂的。但是,从其数量方面看,不外乎增加和减少两种情况。为了反映各个会计要素的变动情况,账户必须有分别反映各个会计要素增加数和减少数两个部分。同时,为了反映其增减变动的结果,账户还必须有反映各个会计要素结余数的部分。账户规定了左右两方,其中一方记录经济内容的增加金额,另一方记录减少金额。账户基本结构如图 2—2 所示。

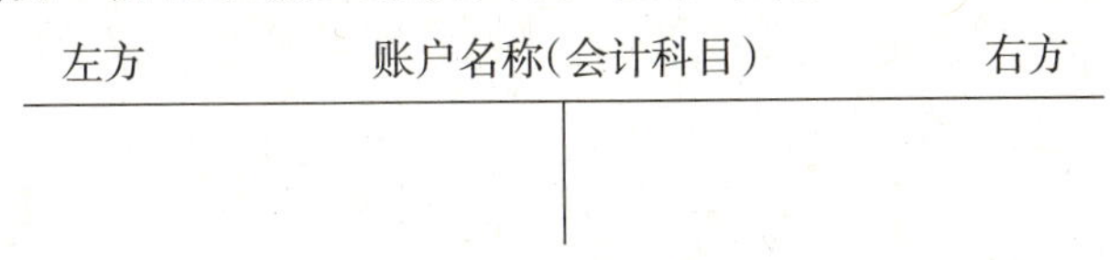

图 2—2　账户基本结构

除账户基本结构外,为了反映经济业务发生的时间、记账的依据以及经济业务的主要内容,还需要分别列示“日期”、“凭证号数”和“摘要”。

三、复式记账法

为了对会计要素进行核算与监督,会计主体对发生的所有经济业务均需按会计科目开设账户,采用一定的记账方法在账户中如实地、全面地进行记录,以反映各项业务的发生情况以及变化结果。记账方法分为单式记账法和复式记账法。

单式记账法是对每一项经济业务所引起的会计要素的增减变动,除收到应收账款或偿付应付账款业务在两个或两个以上账户中登记外,其他经济业务只在一个账户中登记或不作登记的一种记账方法。例如,用银行存款购买材料,单式记账法只记“银行存款”账户,不记“原材料”账户;赊购原材料,只记“应付账款”账户,不记“原材料”账户;收到应收账款或偿付应付账款,则同时登记“现金”或“银行存款”账户和“应收账款”或“应付账款”账户。对于诸如固定资产折旧、原材料领用等,则不予登记。采用单式记账法,手续简便,但由于单式记账法没有一套完整的账户体系,账户之间没有相互对应的关系,不能全面反映经济活动的来龙去脉,也不便于检查账户记录的正确性。因此,它只是一种很不完整、不科学的记账方法,现在已很少采用。

复式记账法是指对每一笔经济业务用相等金额在两个或两个以上相关账户中进行登记的记账方法。

采用复式记账方法,需设置全面、完整的账户体系,对于每一项经济业务都要在相互联系的两个或两个以上的账户中进行登记,并通过账户之间的对应关系,全面、清晰地反映经济业务的全貌。例如,某企业收到应收账款 20 万元存入银行。这笔经济业务涉及“银行存款”和“应收账款”两个相对应的账户。处理这笔经济业务时就要在这两个账户中都登记20万元。同一笔经济业务作了双重记录后，就能清楚地反映银行存款增加20万元的原因是收回了欠款，而且不影响资产和权益的平衡关系，说明会计记录没有错误。因此，复式记账法是一种科学的记账方法。它不但能全面反映经济活动的来龙去脉，还可以检查一定时期所发生的全部经济业务的账户记录的正确性，防止差错。

复式记账法主要有增减记账法、收付记账法和借贷记账法三种。增减记账法是以“增”、“减”为记账符号来反映经济业务的一种复式记账方法。它是中国特有的一种方法。20世纪60年代起至90年代，我国很多企业采用增减记账法。收付记账法是以“收”、“付”为记账符号来反映经济业务的一种复式记账方法，分为现金收付记账法、资金收付记账法和钱物收付记账法三种，它曾广泛应用于行政事业单位和银行。目前，所有企事业及行政单位均采用借贷记账法。以下我们只讨论借贷记账法。

（一）借贷记账法的产生

借贷记账法是指以“借”、“贷”为记账符号，反映各项会计要素增减变动情况的一种复式记账法。

借贷记账法从其产生到基本定型，经历了将近一个世纪的时间。据已经发现的史料来看，借贷记账法起源于13世纪的意大利。当时意大利的商品经济已发展到相当程度，加上海陆交通比较发达，是国际、国内贸易中心。由于商品交换的需要，在这些地方出现了一种从事货币借贷业务和兑换各种不同货币的“银钱”行业，也就是银行的前身，这些银钱行业还为商人办理转账结算。他们对于各个有银钱往来的客户，分别开设往来账户，每个账户有两个记账部位，一个部位记“他应当给我的”（即债权），另一个部位记“我应当给他的”（即债务）。这两个部位相当于账户的借方和贷方。如果两个往来客户之间要办理转账结算，那就在付款人的账户上记入借方，在收款人的账户上记入贷方。这种账户从银钱业对债权、债务的结算来看，最初是具有借、贷的本义的。当时的这种记账方法，虽然有了复式记账的雏形，但账簿的记载，仍是以文字叙述为主，并没有形成以数字平衡为基础的账户结构。而且复式记账的使用基本上只限于债权、债务的结算。这种复式记账方法，于1211年首先出现在佛罗伦萨，因此会计学者称之为佛罗伦萨式记账法。后来，在意大利的热那亚出现了一种更为先进的复式记账法，记账的对象已从债权、债务扩大到商品、现金，而且账户的格式已分为左右两方，分别表示借方和贷方。账户的记录也从以文字叙述为主改为数字平衡为主，每个账户都要结出余额，并把借方和贷方列在相反的方向，求得账户两方在数字上的平衡。这时借、贷的本意已经失去，剩下的只是一种记账符号而已。这种记账方法以1340年在热那亚使用过的账簿为代表，因此称其为热那亚式。热那亚式虽比佛罗伦萨式有了明显的进步，但是当时还没有计算损益和反映企业资本的账户，因此全部账户的数字平衡还无法完全做到。到15世纪时，在威尼斯开始出现了更为完备的账户设置，既增设了计算损益和反映企业资本的账户，而且还进行了全部账户余额的试算平衡。1494年，卢卡·帕乔利著书介绍了这种记账方法，并从理论上作了论述，借贷记账法从此就基本定型了。此后几百年，世界各国对会计理论和方法的研究虽有不少重大的进展，但借贷记账法的基本原理，却沿用至今。

（二）借贷记账法的账户结构

借贷记账法是指以“借”、“贷”为记账符号，反映各项会计要素增减变动情况的一种复式记账法。“借”和“贷”只是分别代表账户的“左”、“右”两个方向，即左方称作“借方”，右方称作“贷方”。“借”和“贷”已失去了它本来的含义，在不同类型的账户中，分别表示增加或减少。

1. 资产类账户。习惯上以资产类账户的借方来登记期初余额和本期增加额，而以账户的贷方来登记本期减少额。在正常情况下，资产类账户的期初余额与本期增加额之和总是大于本期减少额，因此，资产类账户的期末余额往往在借方，如图2—3所示。

借方　　资产类账户　　贷方

借方	贷方
期初余额　××× 增加额　×××	减少额　×××
本期发生额　××× 期末余额　×××	本期发生额　×××

图2—3　资产类账户结构

期末余额（借方）= 期初余额（借方）+ 本期增加额（本期借方发生额）− 本期减少额（本期贷方发生额）

2. 负债和所有者权益类账户。习惯上在负债和所有者权益类账户的贷方登记期初余额和本期增加额，而在账户的借方登记本期减少额。在正常情况下负债和所有者权益类账户的期初余额和本期增加额之和总是大于本期减少额，故负债和所有者权益类账户的余额一般在贷方。负债和所有者权益类账户的结构如图2—4所示。

借方	负债和所有者权益类账户 贷方
	期初余额 ×××
减少额 ×××	增加额 ×××
本期发生额 ×××	本期发生额 ×××
	期末余额 ×××

图 2—4 负债和所有者权益类账户结构

期末余额(贷方)=期初余额(贷方)+本期增加额(本期贷方发生额)-本期减少额(本期借方发生额)

3. 费用、成本类账户。企业在生产经营中会发生各种耗费,在费用、成本尚未补偿以前,可以将其看作一种资产。因此,费用、成本类账户的结构与资产类账户的结构基本相同,账户的借方记录费用、成本的增加额,账户的贷方记录费用、成本的转销(或减少)额。其中成本类账户如果有余额,则表现为借方余额。费用类账户本期借方发生额合计全额转入利润账户,该类账户通常期末没有余额。费用、成本类账户结构如图 2—5 所示。

借方 费用、成本类账户	贷方
期初余额 ×××	
增加额 ×××	转出额 ×××
本期发生额 ×××	本期发生额 ×××

图 2—5 费用、成本类账户结构

4. 收入、利润类账户。收入的取得使企业所有者权益增加,因此,可将收入类账户看作是权益类账户,其结构与所有者权益类账户的结构基本相同,账户的贷方记录收入的增加额,账户的借方记录收入的转销(或减少)额。其中收入类账户本期贷方发生额合计全额转入利润账户,该类账户通常期末没有余额。当收入大于费用时,利润类账户余额在贷方,为企业当期实现的利润;当收入小于费用时,利润类账户余额在借方,为企业当期发生的亏损。收入、利润类账户的结构如图 2—6 所示。

借方	收入、利润类账户 贷方
	期初余额 ×××
转出额 ×××	增加额 ×××
本期发生额 ×××	本期发生额 ×××

图 2—6 收入、利润类账户结构

根据会计等式，利润最终归所有者所有，在会计年度结束后，通常将利润账户年末余额转入所有者权益类账户，利润类账户年末一般无余额。

（三）借贷记账法的记账规则

借贷记账法的记账规则是“有借必有贷，借贷必相等”，其主要特征为：

第一，在借贷记账法下，根据复式记账的原理，对于任何一笔经济业务，必须以相等的金额，在两个或两个以上的相互联系的账户中进行登记。

第二，所记入的账户可以是等式同一方向，也可以是不同方向。但对每一项经济业务都应作借、贷相反的记录。具体地说，如果在一个账户中记借方，必须同时在另一个或几个账户中记贷方；或者在一个账户中记贷方，必须同时在另一个或几个账户中记借方。

第三，所记入两个或两个以上账户的金额，借方和贷方必须相等。本期发生的全部交易或事项在进行正常的处理后，记入所有账户借方的发生金额应等于记入所有账户贷方的发生额合计。

（四）会计分录

会计分录是指对每项经济业务列示其应借记和应贷记账户及其金额的一种记录。一笔完整的会计分录主要包括三个要素：记账符号、账户名称和金额。在运用借贷记账法编制会计分录时，首先确定经济业务发生后所影响的账户，其名称和所属类别；其次确定这些账户的金额变动方向，是增加还是减少；最后根据账户的性质（即所属类别），确定应记入账户的是借方还是贷方。

会计分录可分为简单会计分录和复合会计分录。简单会计分录是指一项经济业务发生后，只在相互联系的两个账户中进行登记，即“一借一贷”会计分录。复合会计分录是指一项经济业务发生后，需要在三个或者三个以上相互联系的账户中进行登记，即“多借一贷”、“一借多贷”和“多借多贷”会计分录。但不允许将几项不同的经济业务合并编制复合会计分录。

【例2—1】　东海公司收到华新集团的追加投资5000000元，款项存入银行，编制会计分录如下：

借：银行存款　　5000000

　贷：实收资本　　5000000

【例2—2】　东海公司以银行存款200000元偿还短期借款，编制会计分录如下：

借：短期借款　　200000

　贷：银行存款　　200000

【例 2—3】 东海公司购进固定资产 150000 元，其中用银行存款支付 130000 元，尚有 20000 元未支付，编制会计分录如下：

借：固定资产　　　　150000

　贷：银行存款　　　　130000

　　　应付账款　　　　20000

（五）试算平衡

试算平衡是根据"资产＝负债＋所有者权益"的平衡关系，按照记账规则的要求，通过计算一定时期所有账户借、贷方发生额或期末余额来检查账户记录是否正确的一种方法。

经济业务发生后，按照借贷记账法的记账规则记账，借贷双方的发生额必然是相等的。这不仅表现在每一笔会计分录的借贷发生额相等，而且表现在一定会计期间所有账户的借方发生额合计数与贷方发生额合计数必然相等。同理，所有账户的借方期末余额合计数与贷方期末余额合计数也必然相等。这种相等关系用公式表示如下：

全部账户借方本期发生额合计＝全部账户贷方本期发生额合计

全部账户借方余额合计＝全部账户贷方余额合计

试算平衡一般是通过编制试算平衡表来进行。试算平衡表分为两种：一种是将本期发生额和期末余额分别编制试算平衡表；另一种是将本期发生额和期末余额合并在一张表上进行试算平衡。

应该指出的是，通过试算平衡表来检查账簿记录是否正确并不是绝对的，也就是说，如果借贷不平衡，可以肯定记录或计算有错误。但是如果借贷平衡，并不能肯定记账没有错误，因为有些错误并不影响借贷双方平衡。如在有关账户中重记或漏记某些经济业务，或者将借贷记账方向记反，就不能通过试算平衡发现错误。

第二节　会计凭证

一、会计凭证的意义和种类

（一）会计凭证的意义

会计凭证是记录经济业务，明确经济责任，登记账簿的书面依据。填制和审核会计凭证对于保证会计核算工作质量，发挥会计在经济管理中的作用有着重要意义。

1. 会计凭证是反映经济业务、记账的原始依据。会计凭证记录了经济业务发生时的原始信息,是反映企业经营活动的原始资料。企业在登记账簿和编制报表时,必须保证每一笔经济业务都有真实、合法的会计凭证作为依据,确保会计记录的真实性和正确性。

2. 会计凭证是审核经济业务、监督经济活动的手段。记账前必须对会计凭证进行逐笔审查,检查经济业务发生时是否符合有关的政策、法律、法规或者企业自身的制度、预算等规定,充分发挥会计的监督作用,确保经济业务能够做到合法、合理。

3. 会计凭证是加强经济责任制的重要手段。由于每一项经济业务填制或取得适当的会计凭证,并且在填制和审核过程中,相关人员签字、盖章,有利于明确相关人员在经济业务中的责任,促使经办人员对经济业务的合法性、真实性负责。会计凭证作为具有法律效力的重要经济档案,具有较强的可验证性,可促使相关人员严格遵守各项规定,提高责任感。

(二) 会计凭证的种类

在实际工作中,会计凭证按其填制的程序和用途可分为原始凭证和记账凭证。

1. 原始凭证。是指经济业务发生时取得或填制的,用以证明经济业务已发生或完成情况的书面证明。

(1) 原始凭证按其来源可分为外来原始凭证和自制原始凭证。

外来原始凭证是指经济业务发生时从外单位取得的原始凭证。如购货时取得的发票(如表2—2、表2—3所示),付款时取得的收据或结算凭证等。

自制原始凭证是本单位业务经办人员填制的原始凭证。如入库材料的收料单(如表2—4所示)、发出材料的领料单(如表2—5、表2—6所示)、各种费用分配表等。

表 2—2 增值税专用发票

开票日期： 发票联 №

购货单位 名称			纳税人登记																		
			开户银行及账号																		
货物及应税劳务名称	数量	单价	金额									税率	金额								
			百	十	万	千	百	十	元	角	分		百	十	万	千	百	十	元	角	分
合计																					
价税合计（大写）	仟 佰 拾 万 仟 佰 拾 元 角 分																				
名称			纳税人登记																		
地址、电话			开户银行及账号																		
备注																					

第二联 发票联购货方记账

收款人： 开票单位：（未盖章无效）

表 2—3 普通发票

购货单位： 年 月 日

货物名称	规格	单位	数量	单价	金额								
					百	十	万	千	百	十	元	角	分
金额（大写）	万 仟 佰 拾 元 角 分												
备注													

②付款方报销凭证

开票单位： 收款人： 开票人：

表 2—4 **收料单**

发票编号： 凭证编号：

供货单位： 年 月 日 收料仓库：

材料名称	规格	单位	数量	单价	金额										
					亿	千	百	十	万	千	百	十	元	角	分
仓库保管员		备注													
收料人															

第二联 财务科核算

表 2—5 **领料单**

领用部门： 年 月 日 领单编号：

产品名称及用途			工程编号											
材料名称	规格	单位	数量		单价	总价								
			请领	实发		百	十	万	千	百	十	元	角	分

发料部门	审核员	发料员	领用部门	主管	领料	备注	

第二联 财务科核算

表2—6　　　　　　　　　　限额领料单

用　途:　　　　　　　　　　年　月　日　　　　　　　　发料仓库:

材料类别	材料编号	材料名称	计量单位	单价	全月领用限额	全月实领									
						数量	金额								
							百	十	万	千	百	十	元	角	分

供应部门负责人:(签章)　　　　　　　　生产计划部门负责人:(签章)

领料日期	请领		实发			限额结余
	数量	领料单位负责人	数量	发料人	领料人	
合计						

(2) 原始凭证按其填制手续不同可分为一次凭证、累计凭证和汇总凭证。

一次凭证是指在经济业务发生或完成时一次填制完成的凭证。外来原始凭证和大部分自制原始凭证都是一次凭证。

累计凭证是指在一定时期内连续记载同类经济业务的原始凭证,如限额领料单。

汇总凭证,又称原始凭证汇总表,是指根据一定时期内若干张反映同类经济业务的原始凭证汇总编制而成的原始凭证,如收料凭证汇总表、领料凭证汇总表等。

2. 记账凭证。是指根据原始凭证或原始凭证汇总表编制的,用以确定会计分录,作为记账依据的会计凭证。

(1) 记账凭证按其用途可分为专用凭证和通用凭证。

专用凭证是指专门用于某一类经济业务的凭证。它具体可按经济业务是否涉及现金和银行存款的收付分为收款凭证（如表 2—7 所示）、付款凭证（如表 2—8 所示）和转账凭证（如表 2—9 所示）。

通用凭证是指全部经济业务通用的一种记账凭证（如表 2—10 所示）。

表 2—7　　**收款凭证**

收字第　号

借方科目：　　年　月　日　　附件共　张

摘　要	贷方科目		金　额										✓
	总账科目	明细科目	千	百	十	万	千	百	十	元	角	分	
	合　计												

会计主管：　　记账：　　出纳：　　复核：　　制单：

表 2—8　　**付款凭证**

付字第　号

贷方科目：　　年　月　口　　附件共　张

摘　要	借方科目		金　额										✓
	总账科目	明细科目	千	百	十	万	千	百	十	元	角	分	
	合　计												

会计主管：　　记账：　　出纳：　　复核：　　制单：

表 2—9 **转账凭证**

转字第　号

年　月　日　　附件共　张

摘　　要	总账科目	明细科目	借　方　金　额										✓	贷　方　金　额										✓
			千	百	十	万	千	百	十	元	角	分		千	百	十	万	千	百	十	元	角	分	
合　　计																								

会计主管：　　记账：　　出纳：　　复核：　　制单：

表 2—10 **记账凭证**

年　月　日　　附件共　张

摘　　要	总账科目	明细科目	借　方　金　额										✓	贷　方　金　额										✓
			千	百	十	万	千	百	十	元	角	分		千	百	十	万	千	百	十	元	角	分	
合　　计																								

会计主管：　　记账：　　出纳：　　复核：　　制单：

（2）记账凭证按其填制方法可分为单式记账凭证和复式记账凭证。

单式记账凭证，又称单项记账凭证，是指把一项经济业务所涉及的会计科目，分别按其每个科目的借方和贷方填制的记账凭证，即分别填制借项凭证和贷项凭证，并用不同颜色表示，以示区别。

复式记账凭证，又称多项记账凭证，是指把一项经济业务所涉及的会计科目,集中填制在一张记账凭证上的凭证。上面介绍的专用和通用的记账凭证都是复式记账凭证。

二、会计凭证的填制和审核

(一) 原始凭证的填制和审核

1. 原始凭证的基本内容。企业所发生的经济业务是复杂多样的,不同的经济业务取得或填制的原始凭证的内容和格式也不尽相同。但无论什么样的原始凭证,都必须具备下列基本内容:

(1) 原始凭证的名称;

(2) 填制和接受凭证的单位名称;

(3) 填制凭证的日期和编号;

(4) 经济业务的基本内容(包括实物的数量、单价、金额等);

(5) 填制单位和经手人的签字或盖章。此外,有些原始凭证为了满足计划、统计或其他业务部门的需要,还应列入有关的计划任务书、合同号码、预算项目等;

(6) 接受凭证单位的名称。

会计主体自行设计的原始凭证在满足基本要求的基础上,要结合自身的业务特点和管理要求,适当增减相关的项目和内容。

2. 原始凭证的填制要求。

(1) 记录要真实。原始凭证上所填制的日期、经济业务内容、数量、金额等必须与经济业务的实际情况完全一致,不能弄虚作假,并由经办人员盖章,对凭证的真实性负责。

(2) 内容要完整。原始凭证中规定的项目,必须逐项填写齐全,不可遗漏和简略。

(3) 书写要规范。原始凭证中的数字和文字说明必须填写清楚、准确,不得随意涂改、刮擦或挖补等。如书写有误,要作废重填。应在有误的原始凭证上加盖作废章,与存根一起保存,不得撕毁。

(4) 填制及时。根据业务发生的时间,严格按规定填制凭证,以便于及时地反映经济业务。

3. 原始凭证的审核。

(1) 合法性和合理性审核。合法性和合理性审核是审核原始凭证所记录的内容是否符合国家的政策、法令、制度和其他规定。同时还要审核凭证所反映的经济业务内容是否符合计划、合同和预算的规定,是否符合审批权限和手续,是否符合增收节支的原则。

(2) 审核原始凭证的真实性。审核原始凭证包括两个方面:一是凭证本身是否真实,是否伪造或是来源不正当;另一方面审核业务内容是否真实。

(3) 审核原始凭证的完整性和正确性。审核原始凭证所记录的经济业务内容是否完整,手续是否齐全;审核原始凭证中摘要和有关数量、单价和金额等数字的填写是否清楚、正确,数字大小写金额是否一致等。

(二) 记账凭证的填制和审核

1. 记账凭证的基本内容。

(1) 填制单位的名称;

(2) 记账凭证的名称;

(3) 凭证填制的日期和编号;

(4) 经济业务的内容摘要;

(5) 应借、应贷会计科目的名称(包括一级科目、明细科目)和金额;

(6) 所附原始凭证的张数;

(7) 会计主管、记账、复核、出纳、制证等有关人员的签名或盖章。

2. 记账凭证的填制要求和方法。

(1) 摘要简明。为了便于登记账簿和日后分析检查经济业务,记账凭证摘要栏的填写要简明扼要,含义清楚。如对于收、付款业务,应写明收、付款单位的名称,款项用途,结算凭证或支票号码;购入材料,应写明供应单位的名称、材料品种、规格、数量、计量单位等。

(2) 记账凭证要连续编号。按照经济业务发生的顺序,对不同的记账凭证进行连续的编号。同一笔经济业务如果涉及两张以上记账凭证,应采用分数编号,如$2\frac{1}{2}$、$2\frac{2}{2}$。

(3) 会计科目运用正确。记账凭证中会计科目的运用要正确,科目之间的对应关系要清楚。填制凭证时要写清会计科目之间的对应关系及二级科目、明细科目,不得简写或只填编号。

(4) 借贷金额相等。记账凭证中的借方金额应等于贷方金额,明细科目金额合计等于总账科目金额。

(5) 附件数量完整。除结账和更正错误的记账凭证以外,其他记账凭证都必须附有原始凭证。所附的原始凭证必须完整,还要在记账凭证上注明所附原始凭证的张数，以便于核对。

3．记账凭证的填制方法。

（1）收款凭证和付款凭证的填制。收款凭证是用来反映现金和银行存款收入的记账凭证。它是根据有关现金和存款收入业务的原始凭证编制的。付款凭证是用来反映现金和银行存款付出的记账凭证。它是根据有关现金和存款付出业务的原始凭证编制的。为了避免重复，对于涉及现金和银行存款划转业务的，一律编制付款凭证。

（2）转账凭证的填制。转账凭证是用来反映转账业务的记账凭证。它是根据转账经济业务（即不涉及现金和银行存款的业务）的原始凭证编制的。

4．记账凭证的审核。

（1）审核记账凭证是否与所附的原始凭证相一致，即记账凭证是否附有原始凭证，记录的内容与所附原始凭证内容是否相符，原始凭证的张数与记账凭证所列张数是否一致。

（2）审核记账凭证上填写的应借应贷科目和金额是否正确，科目之间的对应关系是否清楚。

（3）审核记账凭证有关项目是否填写齐全，是否有有关人员的签名或盖章等。

第三节　会计账簿

一、账簿的意义和种类

（一）设置和登记账簿的意义

账簿是指以会计凭证为依据，序时和分类登记全部经济业务的簿籍。它是由具有一定专门格式并连接在一起的账页组成的。账簿是会计核算必不可少的工具，登记账簿是会计核算的一种专门方法，科学设置账簿对于完成会计核算工作具有十分重要的意义。

1．账簿是对凭证资料的总结。会计凭证的填制，可以反映每项经济业务的完成情况，但凭证是零散的，不能分类反映经济业务的完成情况。而账簿既能提供总括的核算资料，又能提供详细的明细分类资料；既能提供分类核算资料，又能提供序时核算资料，这对于全面系统地反映企业经济业务，为企业日常管理提供会计信息具有重要作用。

2. 账簿是考核企业经营情况的重要依据。根据账簿记录结果，计算财务指标，为考核企业经营成果、分析预测未来经营活动提供数据资料，有利于提高企业经营管理水平。

3. 账簿是为编制财务报告提供资料的主要来源。企业定期编制资产负债表、利润表、现金流量表等会计报表的各项数据来源于账簿记录。企业分析财务状况也以账簿记录的数据为依据。从这个意义上讲，账簿的设置和登记是否准确、真实、齐全，直接影响财务报告的质量。

（二）账簿的种类

会计账簿按用途分类，一般可分为序时账簿、分类账簿和备查账簿。

1. 序时账簿。又称日记账，它是对各项经济业务按照发生时间的先后顺序进行登记的账簿。按其记录内容的不同，日记账分为普通日记账和特种日记账。

普通日记账是用来序时记录和反映经济业务并确定会计分录的账簿，所以又称分录簿。

特种日记账是用来序时记录和反映某一类经济业务的发生和完成情况的账簿。它是从普通日记账中分离出来单独设置，以集中反映大量重复发生的同类经济业务的序时账簿。目前企业特种日记账主要有现金日记账和银行存款日记账。

2. 分类账簿。是分类登记经济业务的账簿。按其分类的概括程度不同，分类账簿分为总分类账和明细分类账。

总分类账简称总账，是按一级科目设置，用来连续记录和反映全部经济业务的账簿。

明细分类账简称明细账，是用来连续记录和反映某一类经济业务的账簿。

3. 备查账簿。是对某些未能在日记账和分类账中记录的经济事项进行补充登记的账簿。

会计账簿按外表形式分类，还可以分为订本式账簿、活页式账簿和卡片式账簿。订本式账簿是在未启用以前就把账页固定地装在一起的账簿。活页式账簿和卡片式账簿恰巧与订本式账簿相反，它们是不固定地装在一起，可以随时抽取和存放。

会计账簿还可按格式不同分类，分为三栏式账簿、数量金额式账簿和多栏式账簿，以满足企业经济业务记录的不同需要。

二、日记账的设置和登记方法

（一）普通日记账的设置和登记方法

普通日记账是根据日常发生的经济业务逐日逐笔地进行登记的账簿。它是把每笔经济业务所涉及的借、贷方科目都列入日记账内。其设置一般分为“借方金额”和“贷方金额”两栏，这种账簿不结余额。

普通日记账的优点是可以全面反映企业所有经济业务的发生和完成情况，缺点是整个记录不分主次，不能按类别反映经济业务，并且是将全部经济业务记入一本日记账，不利于分工协作，且逐日逐笔登记总账工作量较大。目前已很少被采用。

（二）特种日记账的设置和登记方法

1. 现金日记账。是记录和反映库存现金收付业务的一种特种日记账，一般采用订本式账簿。按其账页格式不同，可分为三栏式现金日记账和多栏式现金日记账。

（1）三栏式现金日记账。是指在同一账页内设置现金的收入、付出和结余三个金额栏分别反映现金的收入、付出和结余的现金日记账。其账页格式如表2—11所示。

表2—11　　三栏式现金日记账

2007年		凭证号数	摘　要	对方科目	收入	付出	结余
月	日						
5	1		期初余额				1300
	3	现付1	预付职工差旅费	其他应收款		500	800
		现付2	支付办公费	管理费用		400	400
		现收1	出售材料收入	其他业务收入	200		600
		银付5	从银行提取现金	银行存款	800		1400
		现收2	退回出差余款	其他应收款	120		1520
5	3		本日合计		1120	900	1520

三栏式现金日记账是由出纳人员根据审核无误的现金收款凭证和付款凭证逐日逐笔按顺序登记。登记时应填明日期、凭证号数、摘要、对方科目、收入金额和付出金额。对于从银行提取现金的业务，由于只填制银行存款付款凭证，而不填制现金收款凭证，所以现金的收入数应根据银行存款付款凭证登记。每日收

付款项登记完毕，应分别计算收入金额和付出金额的合计数，并结出每日余额，再将每日账面余额与库存现金数额相核对，以保证账实相符。

(2) 多栏式现金日记账。是指在账页的现金收入金额栏和付出金额栏分别按对方科目设置专栏反映现金收付的日记账。通过多栏式现金日记账收入各专栏反映现金收入的来源，通过多栏式现金日记账付出各专栏反映现金的用途。其账页格式如表2—12所示。

表2—12　　　　多栏式现金日记账

2007年		凭证号数	摘　要	收入金额				付出金额			结余
				应贷对方科目				应借对方科目			
月	日			其他业务收入	银行存款	其他应收款	合计	其他应收款	管理费用	合计	
5	1		期初余额								1300
	3	现付1	预付职工差旅费					500		500	800
		现付2	支付办公费						400	400	400
		现收1	出售材料收入	200			200				600
		银付5	从银行提取现金		800		800				1400
		现收2	退回出差余款			120	120				1520
	3		本日合计	200	800	120	1120	500	400	900	1520

多栏式现金日记账是由出纳人员根据审核无误的现金收款凭证和付款凭证逐日逐笔按顺序登记现金收入金额和现金支出金额，将其对应科目的金额登入“应贷对方科目”栏或“应借对方科目”栏。每日收付款项登记完毕，应分别计算收入金额和付出金额的合计数，并结出每日余额。月终结出多栏式现金日记账的对应账户栏以及现金收入和付出总额（银行存款专栏的合计数除外），作为登记各有关总账的依据。

在实际工作中，采用多栏式现金日记账往往会涉及较多的对应科目，需要设置较多的专栏。因此，可以将现金收入和付出分别反映在两本账簿中，即“现金收入日记账”和“现金付出日记账”，并按现金收入和付出的对应科目设置专栏进行登记。

2. 银行存款日记账。是记录和反映银行存款收付业务的一种特种日记账。一般采用订本式账簿。按其账页格式不同，可分为三栏式银行存款日记账和多栏式银行存款日记账。

（1）三栏式银行存款日记账。与三栏式现金日记账格式基本相同。但由于银行存款收付业务的结算方式不同,使用的凭证也就不同,编号也不同。因此,三栏式银行存款日记账增设了"结算凭证"一栏,分别注明结算凭证的种类及编号。其中,"种类"登记结算凭证的种类,如"现金支票"、"转账支票"、"普通支票"等;"编号"登记结算凭证的号码,这样便于和银行对账。三栏式银行存款日记账格式如表2—13所示。

表2—13　　三栏式银行存款日记账

2007年		凭证号数	摘　要	结算凭证		对方科目	收入	付出	结存
月	日			种类	编号				
5	1		期初余额						28000
	5	银付1	支付材料费	转支	010	材料采购		2500	25500
		现付1	将现金存入银行			库存现金	1500		27000
		银收1	销售产品收入	托收	024	主营业务收入	20000		47000
		银付2	购入固定资产	转支	015	固定资产		7000	40000
	5		本日合计				21500	9500	40000

三栏式银行存款日记账的登记方法与三栏式现金日记账登记方法基本相同。由出纳员根据审核无误的银行收款、付款凭证以及有关现金付款凭证,逐日逐笔按顺序登记。每日登记完毕后,应分别结算出银行存款收入、付出和本日结存,以便定期与银行送来的对账单逐笔核对。

（2）多栏式银行存款日记账。是将银行存款收入栏和付出栏分别按照对应科目设置若干专栏,收入栏按贷方科目设置专栏,付出栏按借方科目设置专栏,其格式同多栏式现金日记账相似,不再列示。多栏式银行存款日记账也可以采用两本账,即多栏式银行存款收入日记账和多栏式银行存款支出日记账,分别反映银行存款收入和银行存款支出。

多栏式银行存款日记账的登记方法与多栏式现金日记账的登记方法相似,在此不再赘述。

三、分类账簿的设置和登记方法

（一）总分类账簿的设置和登记方法

总分类账簿是按照总分类科目设置的账簿,一般采用订本式账簿。每个账户应视其经济内容的多少预留出若干空白账页，以登记一定时期内涉及该账户的所有经济业务及其发生的增减变动。由于总分类账簿能够全面、系统地反映全部经济活动情况，并为编制会计报表提供资料，所以每个单位都要设置总分类账簿。

总分类账簿的格式一般采用三栏式，即借方、贷方和余额三个栏，其格式如表2—14所示。总分类账可以根据各种记账凭证逐笔登记，也可根据汇总记账凭证或科目汇总表汇总登记，还可以根据多栏式现金日记账、银行存款日记账逐笔或定期登记，这主要取决于每个单位所采用的会计账务处理程序。总分类账的具体登记方法将在本章第五节中讲述。

表2—14　　应收账款总分类账

2007年		凭证号数	摘　要	借 方	贷 方	借或贷	余 额
月	日						
5	1		期初余额			借	21300
	2	转字1	赊销产品	4600		借	25900
	10	银收字2	收回前欠货款		5000	借	20900
	21	转字7	赊销产品	2000		借	22900
	22	转字12	发生坏账损失		3500	借	19400
5	31		本月发生额及月末余额	6600	8500	借	19400

（二）明细分类账簿的设置和登记方法

明细分类账簿是按照二级或明细科目设置的账簿，一般采用活页式账簿。各单位应结合自己的经济业务特点和经营管理要求，在总分类账的基础上设置若干明细分类账，作为总分类账的必要补充。明细分类账按账页格式不同，可分为三栏式、数量金额式和多栏式。

1. 三栏式明细分类账簿。三栏式明细分类账簿的账页格式与三栏式总分类账簿的账页格式相同，即只设有借方、贷方和余额三个栏。它适用于仅需金额核算的明细分类账簿，如“应收账款”、“应付账款”、“其他应收款”等科目的明细账。

2. 数量金额式明细分类账簿。是在借方（收入）、贷方（发出）和余额（结存）栏下再设数量、单价和金额三个小栏，用来登记既要进行金额核算，又要进行实物数量核算的各种财产物资的明细账，如“原材料”、“库存商品”等明细账，其格式如表2—15所示。

表 2—15　　原材料明细分类账

材料编号：　　存放地点：　　名称和规格：

年		凭证号数	摘要	收入			发出			结存		
月	日			数量	单价	金额	数量	单价	金额	数量	单价	金额

3. 多栏式明细分类账簿。是根据经济业务的特点和经营管理的需要，在一张账页上按明细项目分设若干专栏，用来登记明细项目多、借贷方向单一且无需数量核算的收入、费用、利润等业务，如“生产成本”、“制造费用”、“管理费用”、“主营业务收入”、“本年利润”等明细账。

多栏式明细分类账一般都是单方向登记，即平时只在借方或贷方登记。如成本、费用类明细分类账，平时只在借方登记，而收入类明细分类账，平时只在贷方登记，当发生冲减成本费用、冲减收入及月末结转分配业务时，可以用红字登记，予以冲减，如表 2—16 所示。多栏式明细分类账也可以双向登记，如本年利润、利润分配明细账等，按利润构成项目分借、贷方设专栏进行登记。

表 2—16　　生产成本明细账

年		凭证号数	摘　要	借　方			
月	日			直接材料	直接人工	制造费用	合　计

明细分类账簿的登记方法应根据各个单位业务量的大小和经营管理上的需要，以及记录的经济业务内容而定，可以直接根据原始凭证、记账凭证逐笔登记，也可以根据汇总原始凭证逐日、定期汇总登记。一般来说，固定资产、债权债务等明细账应当逐笔登记；商品、材料物资明细账，如业务发生不是很多，可以逐笔登记，如业务发生较多，为了简化记账工作，也可以汇总登记；收入、费用等明细账，可以逐笔登记，也可以汇总登记。

四、登记账簿的规则

账簿作为重要的会计档案和会计信息主要储存工具，必须按规定的方法，依据审核无误的记账凭证进行登记。

1. 准确完整。登记会计账簿时,应当将会计凭证、编号、业务内容摘要、金额和其他有关资料逐项记入账内,做到数字准确、摘要清楚、登记及时、字迹工整。

2. 注明记账符号。登记完毕后,要在记账凭证上签名或盖章,并注明已经登账的符号("✓"),表示已经记账。

3. 书写留空。账簿中书写的文字或数字上面要留有适当的空距,不要写满格,一般应占格距的1/2。

4. 正常记账使用蓝黑墨水,特殊记账使用红色墨水。按有关规定,下列情况用红字记录:冲销错误记录;不设借贷等栏的多栏式账页中登记减少数;在三栏式账户的余额栏前,如未印明余额方向,在余额栏内登记负数余额;会计制度中规定用红字登记的其他记录。

5. 顺序连续登记。各种账簿按页次顺序连续登记,不得跳行、隔页。如果发生跳行、隔页,应当将空行、空页划线注销,或注明"此行空白"或"此页空白"字样,并由记账人员签名或盖章。

6. 结出余额。凡需要结出余额的账户,结出余额后,应当在"借或贷"等栏内写明"借"或"贷"等字样。没有余额的账户,应当在"借或贷"等栏内写"平"字,并在余额栏内用"0"表示。

7. 过次承前。每一账页登记结转下页时,应当结出本月合计数及余额,写在本页最后一行和下页第一行有关栏内,并在摘要栏内注明"过次页"和"承前页"字样;也可以将本页合计数及金额只写在下页第一行有关栏内,并在摘要栏内注明"承前页"字样。

8. 账簿记录发生错误,不准涂改、挖补、刮擦或者用药水消除字迹,不准重新抄写,应按规定的更正方法进行更正。

(1) 划线更正法。在结账以前发现账簿记录有文字和数字错误,而其所依据的记账凭证没有错误,即纯属记账时文字或数字笔误,采用划线更正法。更正的方法是:先在错误的文字和数字上划一条红色横线,表示注销。然后在划线上方用蓝色字迹写上正确的文字和数字,并在划线处加盖更正人图章,以明确责任。需要注意的是:当数字发生错误时,必须将整笔数字全部划去,不能只划去其中的几个错误数字。例如,将8920元误记为9820元,更正时必须将9820全部用红线划去,在上方用蓝字改为8920元,不能只划掉98两个数字。

(2) 补充登记法。在记账以后发现记账凭证中会计科目正确,只是所记金额小于应记金额,采用补充登记法。更正的方法是:用蓝字填制与原错误的记账凭证相同,但金额为少记部分的记账凭证,据以登记入账,以补足原来少记的金额。

【例 2—4】 企业以银行存款 4000 元偿还所欠购货款。在填制记账凭证时,误记金额为 400 元,少记 3600 元,并已入账。

其错误分录为:

借:应付账款　400

　贷:银行存款　400

更正时,用蓝字填制一张金额为 3600 元的记账凭证并登记入账:

借:应付账款　3600

　贷:银行存款　3600

(3) 红字更正法。在记账以后发现原记账凭证中会计科目用错或所记金额大于应记金额,采用红字更正法。更正的方法是:先用红字金额填制一张与错误记账凭证内容完全相同的记账凭证,在账簿摘要栏内写明"冲销某月某日某号凭证",用红字登记入账,冲销原有错误的账簿记录;再用蓝字重新填制一张正确的记账凭证,在账簿摘要栏内写明"更正某月某日某号凭证",用蓝字登记入账。

【例 2—5】 企业接受投资人投入款项 10000 元,已存入银行。在填制记账凭证时,误记入资本公积账户,并据以登记入账。

其错误分录为:

借:银行存款　10000

　贷:资本公积　10000

用红字金额填制一张与错误记账凭证完全相同的记账凭证,并据以登记入账。入账后,表明已全部冲销原有错误记录。

借:银行存款　[10000]

　贷:资本公积　[10000]

用蓝字填制一张正确的记账凭证,并据以登记入账。

借:银行存款　10000

　贷:实收资本　10000

当记账后发现原记账凭证中应借、应贷会计科目和记账方向并无错误,但所记金额大于应记金额,更正时,可将多记的金额用红字填制一张与原错误记账凭证相同的记账凭证,在其摘要栏内写明"冲销某月某日某号凭证多记金额",并据以用红字登记入账，以冲销多计的金额。

【例 2—6】 生产车间计提 8 月份固定资产折旧费用 8200 元，在填制记账凭证时，误记金额为 8800 元，并已入账。

其错误分录为：

借：制造费用　　8800

　贷：累计折旧　　8800

将多记的 600 元用红字填制一张与错误分录相同的记账凭证，并用红字入账，以冲销多计的金额。

借：制造费用　　600

　贷：累计折旧　　600

五、对账和结账

（一）对账

对账就是对账簿记录所进行的核对工作，包括：账证核对、账账核对、账实核对。

1. 账证核对。是指各种账簿（包括总分类账、明细分类账和现金、银行存款日记账）的记录与有关记账凭证及其所附的原始凭证的核对。

2. 账账核对。是指总账与所属明细账核对、分类账与出纳核对、会计账与保管账核对等。

3. 账实核对。是指现金、银行存款的账面余额与各项财产物资的实存数额核对。

（二）结账

结账是指在将本期发生的经济业务全部登记入账的基础上，结算出每个账户的本期发生额和期末余额，并将期末余额结转至下期的一种方法。通过结账，能够全面、系统地反映一定时期内发生的经济活动所引起的资产、负债及所有者权益等方面的增减变动情况及其结果；可以合理确定各期间的经营成果，并且有利于企业定期编制会计报表。

结账工作一般在会计期末进行，主要采用划线法，即期末结出每个账户的本期发生额和期末余额后，加划线标记，并将期末余额结转下期。按照结算时期的不同，可以有月结、季结和年结之分。

1. 月结。每月结账时，在各账户本月份最后一笔记录下面划一条通栏红线,表示本月结束;然后,在红线下结算出本月借、贷方发生额和月末余额。如果没有余额,在余额栏内注明“平”字或“0”符号。同时,在摘要栏内注明“本月合计”或“×月份发生额和月末余额”字样;最后,再在下面划一条通栏红线,表示完成月结工作。

2. 季结。季末的结账方法与月结基本相同。季结时,在各账户本季度最后一个月的月结下面(需按月结出累计发生额的,应在“本季累计”下面)划一条通栏红线,表示本季结束;然后,在红线下结算出本季借、贷方发生额和季末余额,同时,在摘要栏内注明“本季合计”或“×季度发生额及余额”字样;最后,再在下面划一条通栏红线,表示完成季结工作。

3. 年结。办理年结时,首先在12月份月结下面(办理季结的,应在第四季度的季结下面)划一条通栏红线,表示年度终了;然后,在红线下结算出全年12个月份的月结发生额合计或4个季度季结发生额合计和年末余额,如果没有余额,在余额栏内注明“平”字或“0”符号。同时,在摘要栏内注明“本年合计”或“×年度发生额及余额”字样,为使借贷双方合计数平衡,应将上年结转过来的年初借(贷)方余额抄至“年度发生额”或“本年合计”下一行的借(贷)方栏内,并在摘要栏内注明“年初余额”字样,再将年末借(贷)方余额抄至下一行的贷(借)方栏内,并在摘要栏内注明“结转下年”字样;最后计算出借贷双方合计数(应该相等),并在摘要栏内注明“合计”字样,再在合计数下面划通栏双红线,表示封账,完成年结工作。结账方法如表2—17所示。

表2—17　　应收账款总分类账

2006年		凭证号数	摘　要	借　方	贷　方	借或贷	余　额
月	日						
1	1	略	年初余额			借	1600000
	5				50000	借	1550000
	10				40000	借	1510000
	20			100000		借	1610000
1	31		1月份发生额及余额	100000	90000	借	1610000
2	1		月初余额			借	1610000
	5			200000		借	1810000
	10			50000		借	1860000
	25				100000	借	1760000

续表

2006年		凭证号数	摘　　要	借　　方	贷　　方	借或贷	余　　额
月	日						
2	28		2月份发生额及余额	250000	100000	借	1760000
3	1		月初余额			借	1760000
	略		略	略	略		略
	31		略	略	略		略
3	31		3月份发生额及余额	290000	50000	借	2000000
3	31		第一季度发生额及余额	640000	240000	借	2000000
	略		略	略	略		略
12	31		略	略	略		略
12	31		第四季度发生额及余额	略	略		略
12	31		年度发生额及余额	1900000	800000	借	2700000
12	31		年初余额	1600000			
			结转下年		2700000		
			合计	3500000	3500000		

注:虚线表示单红线,实线表示双红线。

第四节　财务报告

一、编制财务报告的意义

财务报告是指企业对外提供的、反映企业某一特定日期的财务状况和某一会计期间的经营成果及现金流量等会计信息的文件。财务报告包括会计报表、附注和其他应当在财务报告中披露的相关信息和资料。

(一) 会计报表的种类

会计报表是反映企业财务状况、经营成果和现金流量的书面文件,体现了会计工作的最终成果,是企业向利益相关者提供财务信息的主要手段。它包括资产负债表、利润表、所有者权益变动表和现金流量表等报表。其中资产负债表是指反映企业在某一特定日期的财务状况的会计报表。利润表是指反映企业在某一会计期间的经营成果的会计报表。现金流量表是指以现金为基础编制的财务状况变动表,反映企业一定期间内现金的流入和流出,表明企业获得现金的能力。所有者权益变动表是指反映构成所有者权益各组成部分当期的增减变动情况的会计报表。附注是指对在会计报表中列示项目所作的进一步说明,以及对未能在这些报表中列示项目的说明等。

(二) 编制财务报告的意义

1. 为利益相关者进行科学、有效的决策提供重要的信息。利益相关者利用财务报表提供的资料,分析该公司的盈利能力、财务状况、资金周转情况和企业的发展状况等,作为选择投资对象的重要依据,这样有利于利益相关者进行科学、有效的决策,以获取较高的收益。值得注意的是,在现代生产经营活动中,证券市场成为企业筹融资与投资者投资的重要途径。在证券市场筹融资的企业,必须提供反映企业经营状况的财务报表,它是证券投资者了解在证券市场筹融资的企业的重要资料。

2. 为考核企业经营管理者受托责任履行情况提供重要的信息。随着市场经济的发展,企业的资产所有者与资产经营管理者相分离,即企业的经营管理者受企业所有者的委托而管理企业。这样,企业的所有者就要定期地考核企业经营管理者的受托责任履行情况,而受托责任履行的好坏是通过企业的经营成果、财务状况、现金流量情况来反映的。因此,财务报告就成为考核企业经营管理者受托责任履行情况的重要资料。

3. 为企业管理人员加强和改善企业生产经营管理,制定正确的经营战略决策提供重要的信息。企业管理人员通过财务报表可以系统地了解企业的生产经营情况,对财务报表提供的信息进行分析,就能够发现企业生产经营活动中存在的问题,从而采取相应的措施,改善企业的经营管理。企业管理人员对同行业竞争对手的财务报表进行分析,有利于企业正确认识自己在市场竞争中的优势和弱点,从而制定出正确的市场竞争策略与经营战略。

二、会计报表的种类

(一) 按反映的经济内容分类

会计报表按反映的经济内容不同,可分为反映财务状况的报表、反映经营成果的报表和反映费用成本的报表。其中反映财务状况的报表是总括反映企业财务状况及其变动情况的报表,如资产负债表、现金流量表和所有者权益变动表等。反映经营成果的报表是用来总括反映企业在一定期间内的经营过程中收入、费用和财务成果的报表,如利润表等。反映费用成本的报表是总括反映企业生产经营过程中各项费用和成本情况的报表,如制造费用表、主要产品单位成本表、期间费用表等。

（二）按编报时间分类

会计报表按编报时间分类,可分为月份报表、季度报表、半年度报表和年度报表。其中,月报、季报、半年报统称为中期报告。月报是指在每月月末编报的以一个月为会计核算期间的财务报表。

月报的财务报表要求简明扼要,能及时地反映企业的主要情况与主要问题,一般包括资产负债表与利润表。季报是指在每季度末编报的、以一个季度为会计核算期间的财务报表。在报表提供信息的详细程度方面,季报介于年报与月报之间,一般包括资产负债表和利润表。半年度财务报表,即中期财务报表,是指在每年6月末编报的以半年为会计核算期间的财务报表。在报表提供信息的详细程度方面半年度财务报表介于年报与月报之间。它为股份制公司中期预分配股利提供重要依据,一般包括资产负债表、利润表和现金流量表等。

年报,又称为年度决算报告,是在年末编报的整个会计核算期间的财务报表。年报要求编报的财务报表种类更齐全,揭示的信息更详细,能全面地反映全年经营活动的成果、现金流动情况与年终的财务状况。

月度财务报表应当于月度终了后6天内对外提供;季度财务报表应当于季度终了后15天内对外提供;半年度财务报表应当于年度中期结束后60天内对外提供;年度财务报表应当于年度终了后4个月内对外提供。

（三）按编制单位分类

会计报表按编制单位分类,可分为单位会计报表、汇总会计报表和合并会计报表。其中单位会计报表是指由企业在自身会计核算基础上编制的会计报表,主要反映企业自身的财务状况、经营成果和现金流量情况。汇总会计报表是由企业主管部门或上级机关根据所属单位报送的会计报表,连同本单位会计报表汇总编制的汇总会计报表。合并会计报表是指反映母公司及其全部子公司形成的企业集团整体财务状况、经营成果和现金流量的财务报表。

三、财务报告的列报要求

1. 企业应当以持续经营为基础,根据实际发生的交易和事项,按照《企业会计准则——基本准则》和其他各项会计准则的规定进行确认和计量,在此基础上编制财务报表。以持续经营为基础编制财务报表不再合理的,企业应当采用其他基础编制财务报表,并在附注中披露这一事实。但企业不应以附注披露代替确认和计量。

2. 财务报表项目的列报应当在各个会计期间保持一致,不得随意变更,但下列情况除外:(1) 会计准则要求改变财务报表项目的列报。(2) 企业经营业务的性质发生重大变化后,变更财务报表项目的列报能够提供更可靠、更相关的会计信息。

3. 性质或者功能不同的项目,应当在财务报表中单独列报,但不具有重要性的项目除外。性质或功能类似的项目,其所属类别具有重要性的,应当按其类别在财务报表中单独列报。重要性是指财务报表某项目的省略或错报会影响使用者据此作出经济决策的,该项目具有重要性。重要性应当根据企业所处环境,从项目的性质和金额大小两方面予以判断。

4. 财务报表中的资产项目和负债项目的金额,收入项目和费用项目的金额不得互相抵消,但其他会计准则另有规定的除外。资产项目按扣除减值准备后的净额列示,不属于抵消。非日常活动产生的损益,以收入扣减费用后的净额列示,不属于抵消。

5. 当期财务报表的列报,至少应当提供所有列报项目与可比会计期间的比较数据,以及与理解当期财务报表相关的说明,但其他会计准则另有规定的除外。根据会计准则的规定,财务报表项目的列报发生变更的,应当对上期比较数据按照当期的列报要求进行调整,并在附注中披露调整的原因和性质,以及调整的各项目金额。对上期比较数据进行调整不切实可行的,应当在附注中披露不能调整的原因。不切实可行是指企业在作出所有合理努力后仍然无法采用某项规定。

第五节 账务处理程序

一、账务处理程序的意义和种类

账务处理程序,也叫会计核算程序或会计核算形式,是指会计凭证、账簿组织、记账程序和记账方法相互结合的步骤和方法。账簿组织是指账簿的种类、格式和各种账簿之间的相互关系。记账程序是指运用一定的记账方法,从填制、审核会计凭证,登记账簿直到编制会计报表的工作程序。

科学、合理的会计账务处理程序可以使会计核算的各环节有机结合、密切配合,能够规范会计核算组织工作,有效提高会计工作的效率,充分体现会计在经济管理中的重要作用。

我国会计核算工作在长期的会计实践中常用的账务处理程序主要有以下几种：

1. 记账凭证账务处理程序；
2. 科目汇总表账务处理程序；
3. 汇总记账凭证账务处理程序；
4. 日记总账账务处理程序；
5. 多栏式日记账账务处理程序。

二、记账凭证账务处理程序

（一）记账凭证账务处理程序的主要特点

记账凭证账务处理程序是根据原始凭证（或原始凭证汇总表）填制记账凭证，根据记账凭证直接登记总分类账的一种账务处理程序。记账凭证账务处理程序最大的特点是直接根据记账凭证登记总分类账，在记账凭证和总分类账之间没有其他的中间环节。因此记账凭证账务处理程序最显著的优点是简明直观，易于理解。

（二）记账凭证账务处理程序的步骤

在记账凭证账务处理程序下，企业可以选择使用两类记账凭证，一类是通用凭证，所有的经济业务均编制此种凭证；另一类是专用凭证，根据不同的业务性质分别编制收款凭证、付款凭证和转账凭证。同时，在这种账务处理程序下，企业还应设置现金日记账、银行存款日记账、明细分类账和总分类账。其中现金日记账、银行存款日记账和总分类账可以选择三栏式订本账，明细账根据需要可以选择三栏式、数量金额式和多栏式。

记账凭证账务处理程序如下：

1. 根据原始凭证或原始凭证汇总表编制记账凭证。
2. 根据收款凭证和付款凭证逐日逐笔登记现金日记账和银行存款日记账。
3. 根据原始凭证、原始凭证汇总表、记账凭证逐笔登记各种明细账。
4. 根据记账凭证逐笔登记总分类账。
5. 月末，将现金日记账、银行存款日记账、各明细账的余额的合计数，分别与相关总分类账账户的余额进行核对。
6. 根据总分类账和明细分类账编制会计报表。

记账凭证账务处理程序和核算程序如图 2—7 所示。

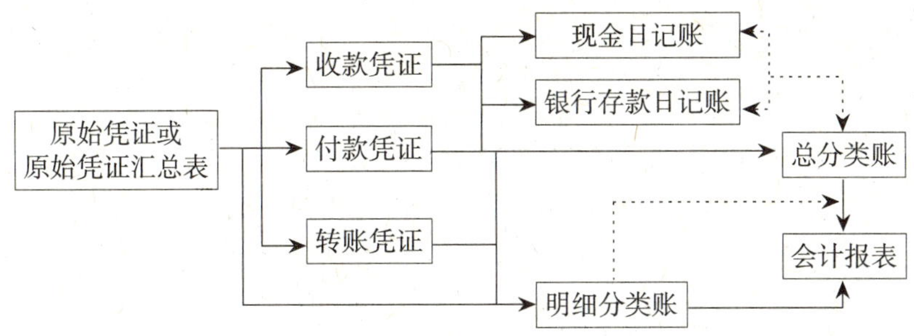

图2—7　记账凭证账务处理程序

三、科目汇总表账务处理程序

（一）科目汇总表账务处理程序的主要特点

科目汇总表账务处理程序也是从记账凭证会计处理程序发展出来的一种账务处理程序，是根据原始凭证（或原始凭证汇总表）填制记账凭证，根据记账凭证定期编制科目汇总表，据以登记总分类账的一种账务处理程序。其主要特点是按记账凭证先定期进行汇总，编制科目汇总表。然后根据科目汇总表登记总分类账，在总分类账和记账凭证之间增加了科目汇总表这一环节。科目汇总表账务处理程序的优点是按照科目汇总表登记总分类账，减少了总分类账的登记工作量，手续也比较简便，同时，科目汇总表还能起到试算平衡的作用。

（二）科目汇总表账务处理程序的步骤

通常情况下，科目汇总表上的科目排列顺序应该与总分类账上的科目排列顺序相同，科目汇总表账务处理程序如下：

1. 根据各种原始凭证编制原始凭证汇总表。

2. 根据原始凭证、原始凭证汇总表编制记账凭证。为了便于编制科目汇总表，记账凭证中的科目对应关系最好与一个借方科目和一个贷方科目相对应。转账凭证最好一式两份，以便分别归类汇总借方科目和贷方科目的本期发生额。

3. 根据收、付款凭证登记现金日记账和银行存款日记账。现金日记账和银行存款日记账通常采用收入、付出、结余三栏式日记账簿。

4. 根据原始凭证、原始凭证汇总表和各种记账凭证登记各种明细账。明细账的格式根据各单位的实际情况及管理上的要求可分别采用三栏式、数量金额式和多栏式。

5. 根据各种记账凭证汇总编制科目汇总表。编制的时间间隔可以是10

天,也可以是 15 天或者一个月。科目汇总表的格式如表 2—18 所示。

表 2—18 科目汇总表

年 月 日 至 月 日 第 号

会计科目	账 页	本期发生额		记账凭证起讫号数
		借方	贷方	
合 计				

6. 定期或月终根据科目汇总表登记总账。

7. 月终,按照对账的要求,将现金日记账、银行存款日记账和各种明细账与总分类账进行核对。

8. 根据总分类账和明细分类账编制会计报表。

科目汇总表账务处理程序如图 2—8 所示。

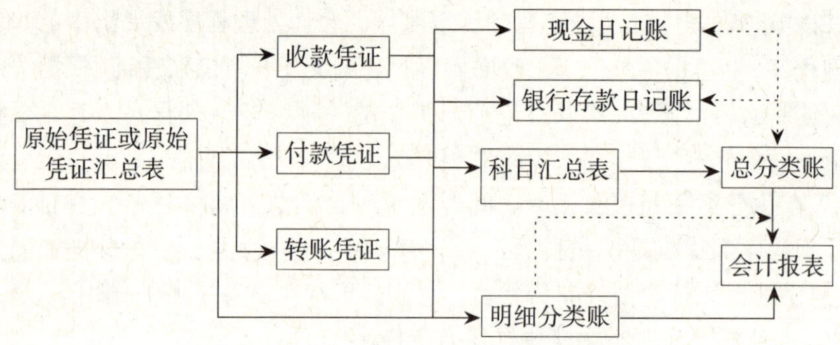

图 2—8 科目汇总表账务处理程序

四、汇总记账凭证账务处理程序

(一) 汇总记账凭证账务处理程序的主要特点

汇总记账凭证账务处理程序也是从记账凭证会计账务处理程序发展出来的一种账务处理程序,是定期将所有记账凭证汇总编制成汇总记账凭证,然后再根据汇总记账凭证登记总分类账的核算组织程序。其优点是:可以将日常发生的大量记账凭证分散在平时整理,通过汇总归类,月末一次记入总分类账,在一定程度上简化了总分类账的记账工作量,为及时编制会计报表提供了方便。汇总记账凭证是按照科目的对应关系归类汇总编制,能够明确地反映账户之间的对应关系,便于经常分析检查经济活动发生的情况。

（二）汇总记账凭证账务处理程序的步骤

汇总记账凭证账务处理程序与科目汇总表账务处理程序基本相同，但每隔一定期间要编制汇总记账凭证。汇总记账凭证可分为汇总收款凭证、汇总付款凭证和汇总转账凭证三种，并分别根据收款、付款和转账三种记账凭证填制。汇总收款凭证按照“现金”、“银行存款”账户的借方设置，其编制过程通过定期将收款凭证中与借方对应的贷方账户进行归类汇总来完成。汇总付款凭证按“现金”、“银行存款”账户的贷方设置，其编制过程通过定期将付款凭证中与贷方账户对应的借方账户进行归类汇总来完成。汇总转账凭证通常按照每一贷方账户设置，将与该贷方账户对应的借方账户进行归类汇总来完成。

汇总记账凭证账务处理程序如下：

1. 根据各种原始凭证编制原始凭证汇总表。

2. 根据原始凭证、原始凭证汇总表编制记账凭证。为了便于编制汇总记账凭证，要求收款凭证按一个借方科目与一个或几个贷方科目相对应编制，付款凭证按一个贷方科目与一个或几个借方科目相对应编制，转账凭证按一贷一借或一贷多借的科目相对应编制。

3. 根据收、付款凭证登记现金日记账和银行存款日记账。现金日记账和银行存款日记账通常采用收入、付出、结余三栏式日记账簿。

4. 根据原始凭证、原始凭证汇总表和各种记账凭证登记各种明细账。明细账的格式根据各单位的实际情况及管理上的要求可分别采用三栏式、数量金额式和多栏式。

5. 根据各种记账凭证编制汇总收款凭证、汇总付款凭证和汇总转账凭证。汇总收款凭证、汇总付款凭证和汇总转账凭证的常用格式如表2—19、2—20、2—21所示。

6. 定期或月终根据汇总记账凭证登记总账。

7. 月终，按照对账的要求，将现金日记账、银行存款日记账和各种明细账与总分类账进行核对。

8. 根据总分类账和明细分类账编制会计报表。

表 2—19

汇总收款凭证

借方科目:现金　　　　年　月　　　　汇总第　　号

贷方科目	金额				总账页数	
	1—10 日 收款凭证 第　号至第　号	11—20 日 收款凭证 第　号至第　号	21—30 日 收款凭证 第　号至第　号	合计	借方	贷方
合计						

表 2—20

汇总付款凭证

贷方科目:银行存款　　　　年　月　　　　汇付第　　号

借方科目	金额				总账页数	
	1—10 日 付款凭证 第　号至第　号	11—20 日 付款凭证 第　号至第　号	21—30 日 付款凭证 第　号至第　号	合计	借方	贷方
合计						

表 2—21

汇总转账凭证

贷方科目:　　　　年　月　　　　汇转第　　号

借方科目	金额				总账页数	
	1—10 日 转账凭证 第　号至第　号	11—20 日 转账凭证 第　号至第　号	21—30 日 转账凭证 第　号至第　号	合计	借方	贷方
合计						

汇总记账凭证账务处理程序的核算程序如图 2—9 所示。

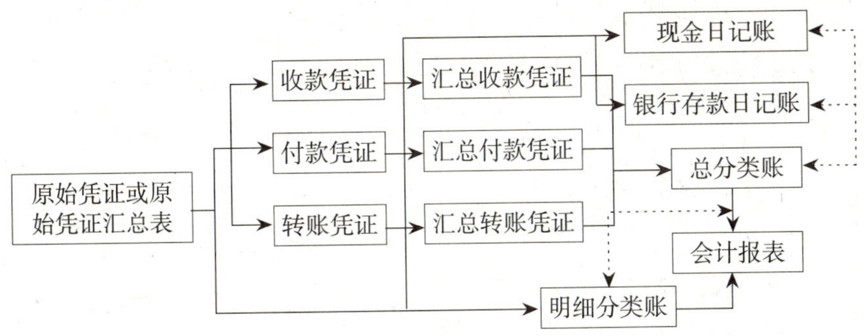

图 2—9 汇总记账凭证账务处理程序

综上所述,这几类账务处理程序的基本模式并没有太大差别,其主要区别在于登记总分类账的依据和方法不同。

思考题

1. 举例说明什么是复式记账?
2. 借贷记账法的记账规则是什么?简述其主要特征。
3. 简述会计凭证的分类。
4. 简述会计报表的种类。
5. 试述不同的账务处理程序的主要区别及每种财务处理程序的特点和优缺点。

练习题

一、单项选择题

1. 预付账款属于会计要素中的(　　)。

A. 资产　B. 负债　C. 费用　D. 所有者权益

2. 下列经济业务发生不会使会计等式两边总额发生变化的是(　　)。

A. 收到应收账款存入银行　B. 从银行取得借款存入银行

C. 收到投资者投入的固定资产　D. 以银行存款偿还应付账款

3. 下列经济业务发生,使资产和权益项目同时增加的是(　　)。

A. 生产产品领用材料　B. 以现金发放应付工资

C. 收到购货单位预付的购货款存入银行　D. 以资本公积转增资本

4. 下列会计科目中属于所有者权益类的科目是(　　)。

A. 应交税费　　B. 应收账款

C. 应付股利　　D. 利润分配

5. 下列会计科目中属于损益类的科目是(　　)。

A. 应收账款　　B. 主营业务收入

C. 生产成本　　D. 应付职工薪酬

二、多项选择题

1. “发料凭证汇总表”属于(　　)。

A. 汇总记账凭证　　B. 外来原始凭证

C. 汇总原始凭证　　D. 自制记账凭证

2. 对于现金和银行存款之间划转业务所填制的付款凭证,应(　　)。

A. 据以登记银行存款日记账

B. 据以登记现金日记账

C. 不登记现金日记账和银行存款日记账

D. 据以同时登记现金日记账和银行存款日记账

3. 按(　　)划分,记账凭证划分为收款凭证、付款凭证和转账凭证。

A. 凭证的来源　　B. 凭证填制的手续

C. 反映的经济内容　　D. 所包含的会计科目

4. “库存商品”明细账的格式一般采用(　　)。

A. 三栏式　　B. 数量金额式

C. 多栏式　　D. 横线登记式

5. 发现记账凭证所用账户正确,但所填金额大于或小于应记金额,并已入账,应采用的更正方法是(　　)。

A. 红字更正法　　B. 补充登记法

C. 划线更正法　　D. 平行登记法

三、实务题

某企业本月发生下列经济业务:

1. 从银行提取现金500元,以备零星开支。

2. 以银行存款购买材料一批,货款5500元,材料已验收入库。

3. 以银行存款归还前欠江河公司的货款3000元。

4. 收到其他单位投入的资本20000元,存入银行。

5. 收到伟业商厦归还的货款4500元,存入银行。

6. 采购员李刚出差,预借差旅费1500元,以现金付讫。

7. 生产车间生产产品领用材料12000元。

8. 向银行贷款30000元,存入银行。

9. 采购员李刚出差回来,报销差旅费1420元,余款80元归还。

10. 以银行存款偿还短期借款15000元。

要求:根据上述经济业务,编制有关会计分录。

第三章 货币资金

学习目标

货币资金是指企业在生产经营过程中以货币形态存在的那部分流动资产，包括库存现金、银行存款和其他货币资金。通过本章学习，了解现金管理的内容和银行结算办法；掌握库存现金、银行存款和其他货币资金的核算方法。

第一节 库存现金

库存现金是指存放在企业财会部门由出纳员保管作为零星之用的货币资金，包括人民币现金、美元现钞、港元现钞及其他外币现钞。

一、库存现金管理的有关规定

（一）现金的收付范围

根据现金管理制度，企业只有在下列情况下才能收受现金：

1. 剩余差旅费和归还备用金等个人的交款；
2. 对个人或不能转账的集体单位的销售收入；
3. 不足转账起点的小额收款。

企业与各单位和职工之间的经济往来中，只有在下列情况下才能使用现金：

1. 支付给个人的工资、津贴、奖金、劳动保护费、福利费、探亲路费、劳务报酬等开支；
2. 向个人收购农副产品和其他物资的价款；
3. 出差人员随身携带的差旅费；
4. 结算起点以下的(1000 元)零星支出；
5. 其他符合规定的支出。

企业必须严格遵循国家关于现金管理的规定,除以上现金收付范围,均不得使用现金,应从银行办理转账结算。

(二) 现金的库存限额

企业现金的库存限额通常由开户银行根据企业日常零星开支来核定。现金的库存限额一般为3天至5天的日常零星开支;边远地区和交通不便地区的现金库存限额可以多于5天,但不能超过15天的日常零星开支。企业每日现金超过部分应及时送存银行。企业如需增加或减少库存现金数额,应向开户银行提出申请,由开户银行核定。

(三) 现金的其他规定

有现金收入的单位,除批准者外,不得坐支现金;不得以个人储蓄方式将企业现金存入银行及其他金融机构;不得用银行账户代其他单位和个人存入或支取现金;不能用不符合制度的凭证顶替库存现金,即不得“白条顶库”;不得谎报用途套取现金;不得保留账外公款,私设“小金库”等。

会计部门对证明企业发生的一切现金收付业务的原始凭证都应进行认真的审核,并据以填制现金收、付款凭证,出纳人员在收付现金后,还应在原始凭证上加盖“现金收讫”或“现金付讫”的戳记,以表示款项已经收付完毕,然后才可据以登记有关账簿。

二、库存现金的核算

(一) 库存现金的总分类核算

企业为了核算库存现金的收入、付出和结余情况,应设置“库存现金”科目。其借方核算库存现金的增加数,贷方核算库存现金的减少数,期末借方余额表示库存现金的实有数。如果企业收支的现金有外币等,应在“库存现金”科目下设置“人民币”、“美元”、“日元”等明细科目,进行明细核算。

【例3—1】 东海公司本月发生下列业务,编制会计分录如下:

1. 从银行提取现金200元备用。

借:库存现金　　200

　贷:银行存款　　200

2. 用现金160元支付购买的办公用品。

借:管理费用——办公费　　160

　贷:库存现金　　160

3. 供销科交来销售零星材料收入240元。

借:库存现金　　240

　贷:其他业务收入　　240

4. 将材料销售收入240元存入银行。

借:银行存款　　240

　贷:库存现金　　240

（二）库存现金的序时核算

库存现金的序时核算是通过设置现金日记账进行的。为了加强对库存现金的管理,随时掌握库存现金收付的动态和库存余额,保证库存现金的安全,企业应设置“库存现金日记账”,按照库存现金业务发生的先后顺序逐笔序时登记。每日终了,应计算全日的现金收入合计数、现金支出合计数和结余数,并将结余数与实际库存数进行核对,做到账实相符。月终“库存现金日记账”的余额必须与“库存现金”总账余额核对相符。

（三）库存现金清查的核算

库存现金的清查是指对库存现金的盘点与核对,包括出纳人员每日终了进行的现金账款核对和清查小组进行的定期或不定期的现金盘点、核对。库存现金的清查一般采用实地盘点法。清查小组清查时,出纳人员必须在场,清查内容主要是检查是否有挪用现金、白条顶库、超限额留用现金的情况,以及有关账款是否相符等。对于库存现金清查的结果,应编制库存现金盘点报告单,注明库存现金溢缺的金额,并由出纳人员和清查人员签字盖章。如果有挪用现金、白条顶库的情况,应及时予以纠正;对于超限额留用的现金要及时送存银行;如果有账款不符情况,应及时查明原因,并将短款或长款计入“待处理财产损溢”科目。查明原因后,再分别情况处理:属于记账差错的应及时予以更正;无法查明原因的长款应计入“营业外收入”科目,无法查明原因或由出纳人员失职造成的短款应由出纳人员赔偿。

【例3—2】 东海公司在现金清查中发现库存现金比账面余额多58元。此现金长款无法查明原因,经批准转作营业外收入,编制会计分录如下:

借:库存现金　　58

　贷:待处理财产损溢　　58

借:待处理财产损溢　　58

　贷:营业外收入　　58

假如在现金清查中发现库存现金比账面余额少30元。经查找,此现金短缺属于出纳人员的责任,应由出纳人员赔偿。收到出纳人员的赔款30元,编制会计分录如下：

借：待处理财产损溢　　30

　贷：库存现金　　30

借：其他应收款——×××　　30

　贷：待处理财产损溢　　30

借：库存现金　　30

　贷：其他应收款——×××　　30

第二节　银行存款

银行存款是企业存放在银行或其他金融机构的货币资金。企业收入的一切款项应按规定及时解交银行；一切支出，除按规定可以用现金支付的以外，均应通过银行办理转账结算。因此，企业必须在银行开立账户，将超出库存现金限额以外的货币资金存入银行，并根据有关规定，办理取款和转账结算业务。企业办理银行结算业务时，必须遵守银行结算纪律，不准出租、出借银行账户；不准签发空头支票和远期支票；不准套取银行信用，以维护经济秩序，保证结算业务正常进行。

一、银行结算方式的种类

根据中国人民银行有关结算办法规定，目前企业发生的货币资金收付业务可以采用支票、银行本票、商业汇票、委托收款、银行汇票、汇兑、托收承付、信用卡、信用证等结算方式。

（一）支票结算

支票是出票人签发的，委托办理支票存款业务的银行在见票时无条件支付确定的金额给收款人或者持票人的票据。单位和个人的各种款项结算，均可以使用支票。

支票上印有“现金”字样的为现金支票，现金支票只能用于支取现金。支票上印有“转账”字样的为转账支票，转账支票只能用于转账。支票上未印有“现金”或“转账”字样的为普通支票，普通支票可以用于支取现金，也可以用于转账。在普通支票左上角划两条平行线的，为划线支票，划线支票只能用于转账，不得支取现金。

签发支票必须记载下列事项：表明“支票”的字样、无条件支付的委托、确定的金额、付款人名称、出票日期、持票人签章。欠缺记载上述事项之一的，支票无效。支票的付款人为支票上记载的出票人开户银行。支票金额、收款人名称可以由出票人补记，未补记前不得背书转让和提示付款。签发支票应使用碳素墨水填写，中国人民银行另有规定的除外。

企业不得签发空头支票，不得签发与其预留银行签章不符的支票。出票人签发空头支票、签章与预留银行签章不符的支票，银行应予以退票，并按票面金额处以5%但不低于1000元的罚款；持票人有权要求出票人赔偿支票金额2%的赔偿金。

支票的提示付款期自出票日起10日内，超过提示付款期限提示付款的，持票人开户银行不予受理，付款人不予付款。支票可以背书转让，但现金支票不得背书转让。

要素填写齐全的支票允许挂失止付。

（二）银行本票结算

银行本票是银行签发的，承诺自己在见票时无条件支付确定的金额给收款人或者持票人的票据。单位和个人在同一票据交换区域需要支付的各种款项，均可以使用银行本票。

银行本票可以用于转账，注明“现金”字样的银行本票可以用于支取现金。银行本票分为不定额本票和定额本票两种。定额本票面额为1000元、5000元、10000元和50000元。

签发银行本票必须记载下列事项：标明“银行本票”的字样、无条件支付的承诺、确定的金额、收款人名称、出票日期、出票人签章。欠缺记载上述事项之一的银行本票无效。

企业使用银行本票，应向银行填写“银行本票申请书”，填明收款人名称、支付金额、申请日期等事项并签章。“银行本票申请书”申请人或收款人为单位的，不得申请签发现金银行本票。出票银行受理银行本票申请书，收款后签发银行本票，在本票上签章后交给申请人。申请人应将银行本票交付给本票上记明的收款人。收款人可以将银行本票背书转让给被背书人。

银行本票的提示付款期限自出票日起最长不得超过2个月。在有效付款期限内，银行见票付款。持票人超过付款期限提示付款的，银行不予受理。

申请人因银行本票超过提示付款期限或其他原因要求退款时，应将银行本票提交到出票银行，申请人为单位的，应出具该单位的证明；申请人为个人的，应出具本人的身份证件。出票银行对于在本行开立存款账户的申请人，只能将款项转入原申请人账户；对于现金银行本票和未在本行开立存款账户的申请人，才能退付现金。

银行本票遗失，只有现金银行本票才能到银行办理挂失止付手续，转账支票只能凭人民法院出具的其享有票据权力的证明，向出票银行请求付款或退款。

（三）商业汇票结算

商业汇票是出票人签发的，委托付款人在指定日期无条件支付确定的金额给收款人或者持票人的票据。

商业汇票的付款期限，最长不得超过6个月。定日付款的汇票期限自出票日起计算，并在汇票上记载具体到期日；出票后定期付款的汇票付款期限自出票日起按月计算；见票定期付款的汇票付款期限自承兑或拒绝承兑日起按月计算，并在汇票上记载。商业汇票的提示付款期限为自汇票到期日起10日内。符合条件的商业汇票的持票人，可以持未到期的商业汇票连同贴现凭证向银行申请贴现。

根据承兑人不同，商业汇票分为商业承兑汇票和银行承兑汇票。根据票据是否带息，分为带息商业汇票和不带息商业汇票。

1. 商业承兑汇票结算。商业承兑汇票是指由付款人签发并承兑，或由收款人签发交由付款人承兑的票据。商业承兑汇票的付款人收到开户银行的付款通知，应在当日通知银行付款。付款人在接到通知日的次日起3日内（遇法定休假日顺延）未通知银行付款的，视同付款人承诺付款，银行将于付款人接到通知日的次日起第4日（遇法定休假日顺延）将票款划给付款人。付款人提前接到由其承兑的商业汇票，应通知银行于汇票到期日付款。付款人存款账户不足支付的，银行将填制付款人未付票款通知书，连同商业承兑汇票邮寄至持票人开户银行转交给持票人。

2. 银行承兑汇票结算。银行承兑汇票是指由在承兑银行开立存款账户的存款人签发，由承兑银行承兑的票据。企业申请使用银行承兑汇票时，应向其承兑银行按票面金额的5‰交纳手续费。银行承兑汇票的出票人应于汇票到期前将票款足额交存其开户银行。银行承兑汇票的出票人于汇票到期前未能足额交存票款时，承兑银行除凭票向出票人无条件付款外，对出票人尚未支付的汇票金额按照每天5‰计收利息。

（四）委托收款结算

委托收款是收款人委托银行向付款人收取款项的结算方式。单位和个人凭已承兑商业汇票、债券、存单等付款人债务证明办理同城或异地款项的收取。

委托收款结算款项的划回方式，分邮寄和电报两种，由收款人选用。收款人办理委托收款应向银行提交委托收款凭证和有关债务证明。银行接到寄来的委托收款凭证及债务证明，审查无误后办理付款。其中，以银行为付款人的，银行应当日将款项主动支付给收款人；以单位为付款人的，银行应及时通知付款人。付款人应于接到通知的当日书面通知银行付款，付款人在接到通知日的次日起3日内未通知银行付款的，视同付款人同意付款，银行将于付款人接到通知的次日起第4日上午银行开始营业时将款项划给收款人。付款人账户不足支付的，付款人开户银行将通过被委托银行向收款人发出未付款项通知书。如果付款人审查债务证明后，对收款人委托收取的款项需要拒绝付款的，可以办理拒绝付款。

采用委托收款的收款单位，对于托收款项应在收到银行的收账通知时，根据收账通知编制收款凭证；付款单位在收到银行转来的委托收款凭证后，应于规定的付款期满后的次日，根据委托收款凭证的付款通知联和有关原始凭证编制付款凭证。如拒绝付款，属于全部拒付的，不作账务处理，属于部分拒付的，企业应在付款期内出具部分拒付理由书，并退回收款单位，根据银行盖章退回的拒付理由书第一联编制部分付款凭证。

（五）银行汇票结算

银行汇票是指由出票银行签发的，由其见票时按照实际结算金额无条件支付给收款人或者持票人的票据。单位和个人款项的结算均可使用银行汇票。

银行汇票可以用于转账，填明“现金”字样的银行汇票也可以用于支取现金。汇款单位（申请人）使用银行汇票，应向出票银行填写“银行汇票申请书”，填明收款人名称、汇票金额、申请人名称、申请日期等事项并签章，签章为预留银行的签章。出票银行受理银行汇票申请书，收妥款项后签发银行汇票，并用压数机印出票面金额，将银行汇票和解讫通知一并交付给汇票上记明的收款人。收款人受理申请人交付的银行汇票时，应在出票金额以内，根据实际需要的款项办理结算，并将实际结算的金额和多余金额准确、清晰地填入银行汇票和解讫通知的有关栏内，到银行办理款项入账手续。收款人可以将银行汇票背书转让给被背书人。银行汇票的背书转让以不超过出票金额的实际结算金额为准。未填写实际结算金额或实际结算金额超过出票金额的银行汇票不得背书转让。

银行汇票的提示付款期限为自出票日起1个月，持票人超过付款期限提示付款的，银行将不予受理。持票人向银行提示付款时，必须同时提交银行汇票和解讫通知，缺少任何一联，银行不予受理。

银行汇票遗失，失票人可以凭人民法院出具的其享有票据权利的证明，向出票银行请求付款或退款。

（六）汇兑结算

汇兑是汇款人委托银行将其款项支付给收款人的结算方式。单位和个人各种款项的结算均可使用汇兑结算方式。

汇兑分为信汇、电汇两种，由汇款人选择使用。汇兑凭证上记载收款人为个人的，收款人需要到汇入银行领取汇款，汇款人应在汇兑凭证上注明“留行待取”字样。汇款人和收款人均为个人，需要在汇入银行支取现金的，应在信、电汇凭证的“汇款金额”大写栏，先填写“现金”字样，后填写汇款金额。

汇入银行对于收款人拒绝接受的款项，应立即办理退汇。汇入银行对于向收款人发出取款通知，经过两个月无法交付的汇款，应主动办理退汇。

（七）托收承付结算

托收承付是根据购销合同由收款人发货后委托银行向异地付款人收取款项，由付款人向银行承认付款的结算方式。

办理托收承付结算的款项，必须是商品交易，以及因商品交易而产生的劳务供应的款项。代销、寄销、赊销商品款项，不得办托收承付结算。收款人办理托收，必须具有商品确已发运的证件（包括铁路、航运、公路等运输部门签发的订单、订单副本和邮局包裹回执）及其他有效证件。

托收承付结算每笔的金额起点为 1 万元。托收承付结算款项的划回方法，分邮寄和电报两种，由收款人选用。

付款人开户银行收到托收凭证及其附件后，应当及时通知付款人，付款人应在承付期内审查核对，安排资金。承付货款分为验单付款和验货付款两种。

验单付款的承付期为 3 天，从付款人开户银行发出通知的次日算起（承付期内遇法定休假日顺延）。付款人在承付期内未向银行表示拒绝付款，银行即视为承付，并在承付期满的次日（法定休假日顺延）上午银行开始营业时，将款项从付款人账户内付出，划给收款人。

验货付款的承付期为 10 天，从运输部门向付款人发出提货通知的次日算起。对收付双方在合同中明确规定，并在托收凭证上注明验货付款期限的银行将按此期限办理。付款人收到提货通知后，应立即向银行交验提货通知。付款人在银行发出承付通知的次日起 10 天内未收到提货通知的，应在第 10 天将货物尚未到达的情况通知银行。在第 10 天付款人没有通知银行的，银行视作已经验货，于 10 天期满的次日上午银行开始营业时将款项划给收款人；在第 10 天付款人通知银行货物未到,而以后收到提货通知没有及时送交银行,银行仍按 10 天期满的次日作为划款的日期,并按超过的天数,计扣逾期付款赔偿金。

对于下列情况,付款人可以在承付期内向银行提出全部或部分拒绝付款:(1) 没有签订购销合同或购销合同未订明托收承付结算方式的款项;(2) 未经双方事先达成协议,收款人提前交货或因逾期交货付款人不再需要该项货物的款项;(3) 未按合同规定的到货地址发货的款项;(4) 代销、寄销、赊销商品的款项;(5) 验单付款,发现所到货物的品种、规格、数量、价格与合同规定不符,或货物已到,经查验货物与合同规定或发货清单不符的款项;(6) 验货付款,经查验货物与合同规定或与发货清单不符的款项;(7) 货款已经支付或计算错误的款项。付款人提出拒绝付款时,必须填写“拒绝付款理由书”并签章。

付款人开户银行对付款人逾期支付的款项,根据逾期付款金额和逾期天数,按每天 5‱计算逾期付款赔偿金。逾期的付款天数从承付期满日算起。银行审查拒绝付款期间不算作付款人逾期付款,但对无理的拒绝付款而增加银行审查时间的,从承付期满日起计算逾期付款赔偿金。赔偿金由银行定期扣付,每月计算一次,于次月 3 日内单独划给收款人。赔偿金的扣付列为企业销货收入扣款顺序的首位,付款人账户余额不足支付时,应排列在工资之前,并对该账户采取“只收不付”的控制办法,直至足额扣付赔偿金后才准办理其他款项的支付,由此产生的经济后果由付款人自负。

(八) 信用卡结算

信用卡结算方式是商业银行向个人和单位发行的、凭以向特约单位购物、消费或向银行存取现金的一种结算方式。信用卡按使用对象分为单位卡和个人卡;按信誉等级分为金卡和普通卡。

凡是在中国境内金融机构开立基本存款账户的单位均可申领单位卡。申领信用卡按规定填制申请表,连同有关资料一并送交发卡银行。符合条件并按银行要求交存一定金额的备用金后,银行为申领人开立信用卡存款账户,并发给信用卡。持卡人可持信用卡在特约单位购物、消费,但单位卡不得用于 10 万元以上的商品交易、劳务供应款项的结算,不得支取现金。特约单位在每日终了,应将当日受理的信用卡购单汇总,计算手续费和购物消费金额,并填写汇(总)计单和进账单,连同签购单一并送交收单银行办理进账。

(九) 信用证结算

信用证结算方式是国际结算的一种主要方式。信用证是指开证银行依照申请人申请开出的,凭符合信用证条款的单据支付的付款承诺,并明确规定该信用证为不可撤销、不可转让的跟单信用证。采用这种方式，对销货方来说，由于开证银行负第一性付款责任，安全收回货款有了保障；对购货方来说，由于货款的支付是以取得符合信用证规定的货运单据为条件，避免了预付货款的风险。这种结算方式常用于国际贸易结算，所以这里不再讲述。

采用信用证结算方式，收款单位收到信用证后，即备货装运，签发有关发票账单，连同运输单据和信用证，送交银行。银行根据收到的有关发票账单和信用证向收款单位划转款项。

二、银行存款的核算

（一）银行存款的总分类核算

企业为了核算银行存款的收支和结存情况，应设置“银行存款”科目。其借方核算存入数额，贷方核算支出数额，期末借方余额表示实际存款数额。

【例3—3】 东海公司本月发生下列业务，编制会计分录如下：

1. 从银行提取现金300000元，备发工资。

借：库存现金　　300000
　贷：银行存款　　300000

2. 收到某单位预付账款600000元，存入银行。

借：银行存款　　600000
　贷：预收账款　　600000

3. 企业购入不需要安装的固定资产8000元，以银行存款支付。

借：固定资产　　8000
　贷：银行存款　　8000

（二）银行存款的序时核算

银行存款的序时核算是通过设置银行存款日记账进行的，企业应按开户银行、存款种类等，分别设置“银行存款日记账”，由出纳人员根据收、付款凭证及所附的原始凭证，按照业务的发生顺序逐笔登记，每日终了应加计收付总数。银行存款日记账的余额，必须及时与银行的对账单核对相符，必须与总账的余额相一致，做到账账相符，以保证核算的正确、真实。

为了防止银行存款发生差错，企业出纳人员应将月底“银行存款日记账”上的结存余额和银行送来的对账单上所列存款余额进行核对。如有不符，除记账错误外，还可能由于结算凭证在企业和银行之间传递需要一定的时间，往往会发生一些一方已经入账，而另一方尚未收到有关凭证，以致没有入账的收付款项，通常称为“未达账项”。未达账项有以下几种情况：第一，企业已收款入账，而银行尚未入账；第二，企业已付款入账，而银行尚未入账；第三，银行已收款入账，而企业尚未入账；第四，银行已付款入账，而企业尚未入账。为了检查企业与银行账目是否错漏，查明银行存款的实有数，应当先排除未达账项的影响。为此，月末对账时，可编制银行存款余额调节表来调整未达账项，如表3—1所示。

【例3—4】 东海公司2007年3月31日银行存款日记账的余额为14390元，银行对账单余额为15870元，经逐笔核对后，发现未达账项有：

1. 银行按照规定，划付利息420元、电话费300元，企业尚未入账。

2. 银行已收到企业托收款项2000元，企业尚未收到收款通知。

3. 企业支付材料运杂费，开出转账支票一张1500元，企业已入账，而银行尚未划拨转账。

4. 企业送存转账支票一张1300元，银行尚未办理转账。

表3—1 **银行存款余额调节表**

200×年3月31日

项　　目	金　额	项　　目	金　额
企业银行存款日记账余额	14390	银行对账单余额	15870
减：银行已付，企业未付		减：企业已付，银行未付	
1. 划付利息	420	1. 开出支票	1500
2. 划付电话费	300		
加：银行已收，企业未收		加：企业已收，银行未收	
1. 收到托收款	2000	1. 存入转账支票	1300
调节后的余额	15670	调节后的余额	15670

银行存款调节后的余额就是当日的实际存款余额。企业对于因未接到结算凭证而没有入账的经济业务，不需追补登记，待收到银行转来结算凭证后再入账。如经过调整后，双方余额仍然不符，则应进一步查明原因，及时更正。

第三节　其他货币资金

其他货币资金是指除现金和银行存款以外的货币资金，包括企业的外埠存款、银行汇票存款、银行本票存款和在途货币资金等各种其他货币资金。

企业为了核算其他货币资金的增减变动和结存情况，应设置“其他货币资金”科目。该科目借方核算其他货币资金的增加数，贷方核算减少数，期末借方余额表示其他货币资金的结存数。在“其他货币资金”科目下，应设“外埠存款”、“银行汇票存款”、“银行本票存款”等明细科目进行明细核算。

一、外埠存款的核算

外埠存款是指企业到外地进行临时或零星采购时，汇往采购地银行开立采购专户的款项。

【例3—5】 企业电汇300000元到某市银行并设采购专户，专门用于各种材料的采购，汇款时，编制会计分录如下：

借：其他货币资金——外埠存款　300000

　贷：银行存款　300000

采购员交来发票账单等报销凭证计240000元，编制会计分录如下：

借：材料采购　240000

　贷：其他货币资金——外埠存款　240000

退回余款60000元，编制会计分录如下：

借：银行存款　60000

　贷：其他货币资金——外埠存款　60000

二、银行汇票存款的核算

银行汇票存款指企业为取得银行汇票，按照规定存入银行的款项。

【例3—6】 企业取得银行汇票8000元，编制会计分录如下：

借：其他货币资金——银行汇票存款　8000

　贷：银行存款　8000

实际货款支出7500元，编制会计分录如下：

借：材料采购　7500

　贷：其他货币资金——银行汇票存款　7500

银行汇票使用完毕，应转销“其他货币资金——银行汇票存款”500元，编制会计分录如下：

借：银行存款　500

　贷：其他货币资金——银行汇票存款　500

三、银行本票存款的核算

银行本票存款是指企业为取得银行本票,按照规定存入银行的款项。

【例 3—7】 企业取得银行本票 10000 元,编制会计分录如下:

借:其他货币资金——银行本票存款 10000

　贷:银行存款 10000

实际货款支出 10000 元,编制会计分录如下:

借:材料采购 10000

　贷:其他货币资金——银行本票存款 10000

如果银行本票逾期退回,企业应另填进账单连同本票送给签发行,然后凭退回的进账单编制会计分录如下:

借:银行存款

　贷:其他货币资金——银行本票存款

四、信用卡存款的核算

信用卡存款是指企业为取得信用卡按规定存入银行的款项。

【例 3—8】 企业申请使用信用卡,交存 70000 元,已按规定办完有关手续,取得信用卡,编制会计分录如下:

借:其他货币资金——信用卡存款 70000

　贷:银行存款 70000

持卡消费或购物时,其会计处理与前面所述基本相同。

五、信用证保证金存款的核算

信用证保证金存款是指企业为取得信用证按规定存入银行的保证金。

信用证的使用与信用卡不同。企业申请使用信用证,应按规定向银行提交开证申请书、信用证申请人承诺书和购销合同,并向银行交纳保证金。信用证存款的支付只限于信用证上所限定的单位或个人。

【例 3—9】 企业申请使用信用证,按规定向银行办理了有关手续并交纳保证金 120000 元,编制会计分录如下:

借:其他货币资金——信用证存款 120000

　贷:银行存款 120000

持信用证结算及信用证存款有余额时,其账务处理与银行汇票相似。

六、存出投资款的核算

存出投资款是指企业已存入证券公司但尚未进行短期投资的现金。

【例 3—10】　企业从基本存款账户划出资金 150000 元，准备用于短期投资，已到银行办理有关手续，编制会计分录如下：

借：其他货币资金——存出投资款　　150000
　贷：银行存款　　150000

企业用上笔划出资金购买某公司股票 40000 股，买价及手续费等共计 127000 元。根据证券交割单，编制会计分录如下：

借：交易性金融资产　　127000
　贷：其他货币资金——存出投资款　　127000

思考题

1. 现金管理制度的主要内容有哪些？
2. 什么是转账结算？目前我国有几种转账结算方式？其适用范围是什么？
3. 如何对现金进行清查？
4. 如何对银行存款进行清查？企业与银行双方有未达账款时应怎样进行调整？
5. 其他货币资金包括哪些内容？其核算方法如何？

练习题

一、单项选择题

1. 企业在月底进行现金清查，发现长款 500 元，则应作如下会计处理(　　)。

A. 借：其他应收款　　500
　　贷：库存现金　　500

B. 借：库存现金　　500
　　贷：营业外收入　　500

C. 借：库存现金　　500
　　贷：待处理财产损益　　500

D. 借:待处理财产损益 500
　　贷:库存现金 500

2. 企业现金发生长款,但未找到发生长款的原因,应当(　　)。

A. 经批准抵减现金短款　　B. 经批准转作营业外收入

C. 经批准抵减营业外支出　　D. 不作账务处理,继续查找

3. 不能支取现金的银行存款账户是(　　)。

A. 专用存款账户　　B. 临时存款账户

C. 基本存款账户　　D. 一般存款账户

4. 现金日记账应日清月结,如发现现金短缺,应记入“(　　)”科目。

A. 管理费用　　B. 其他应收款

C. 待处理财产损溢　　D. 营业外支出

5. 企业支付的银行承兑汇票手续费应计入(　　)。

A. 管理费用　B. 财务费用　C. 其他业务成本　D. 营业外支出

二、多项选择题

1. 下列情况中,可以直接使用现金结算的是(　　)。

A. 向个人收购农副产品和其他物资价款

B. 职工的工资、津贴

C. 根据国家规定颁发给个人的科学技术、文化艺术、体育等各种奖金

D. 企业交纳的税金

2. 其他货币资金包括(　　)。

A. 银行存款　　B. 外埠存款

C. 银行汇票、本票存款　　D. 在途货币资金

E. 存出投资款

3. 以下说法不正确的是(　　)。

A. 货币资金在资产负债表上是按各组成项目单独列示

B. “银行存款”科目的核算内容包括外埠存款

C. 商业汇票只有在异地使用

D. 根据“银行存款余额调节表”调节后的余额调账

4. 现金日记账一般采用(　　)格式。

A. 三栏式订本账　　B. 多栏式订本账

C. 三栏式活页账　　D. 多栏式卡片账

5. 在下列项目中,属于“其他货币资金”科目核算内容的有(　　)。

A. 银行汇票存款　　B. 外埠存款

C. 信用证存款　　D. 银行本票存款

E. 被冻结的存款

三、实务题

1. 某企业11月30日现金结余额为216.50元,12月份发生如下经济业务:

(1) 1日,企业开出234#现金支票,提取现金3000元。

(2) 10日,行政部门领用定额备用金1000元,技术科李林预借差旅费2000元,以现金支付。

(3) 18日,企业销售材料950元,收入现金。

(4) 25日,工人王利报销医药费40元,以现金支付。

(5) 28日,行政部门购买办公用品交来发票账单850元,李林出差回来报销差旅费1500元,并交回现金500元。

(6) 30日,企业填写送款单,将1800元存入银行。

要求:根据上述经济业务编制有关会计分录。

2. 某企业11月30日银行存款结余额为263475元,12月份发生如下经济业务:

(1) 1日,开出453#支票,提取现金10000元,以备零用。

(2) 5日,接银行通知,预收甲企业材料款35000元。

(3) 10日,开出432#转账支票,付11月份电话费1250元。

(4) 20日,开出433#转账支票,购买甲材料19000元,已验收入库。

(5) 31日,销售一批材料计1850元,收转账支票一张,送存银行。

要求:根据上述经济业务编制有关会计分录。

3. 某企业12月份发生如下经济业务:

(1) 从外地采购一批材料,通过银行汇出款项30000元,建立采购专户。

(2) 收到上项采购材料的发票账单、货款及外地运杂费共计24600元,余款划回。

(3) 从外地采购一批材料,采用银行汇票结算,收到银行签发的面额为45000元的银行汇票一张。

(4) 收到上项采购材料的发票账单、货款及外地运杂费共计38000元,余款划回。

要求:根据上述经济业务编制有关会计分录。

第四章
应收款项

学习目标

应收款项包括应收票据、应收账款、其他应收款项等。通过本章学习，明确应收款项的含义和内容；理解应收票据的概念、种类以及应收账款的确认；掌握应收票据、应收账款、其他应收款项的核算方法以及应收款项的期末计量。

第一节　应收票据

一、应收票据种类与计价

应收票据是指企业采用商业汇票结算方式，因销售商品、产品或提供劳务而收到商业汇票而产生的债权。随着赊销、赊购等企业交易方式的不断发展与活跃，企业间的结算关系由单一依赖与银行信用逐步转为银行信用与商业信用相结合的结算方式。商业汇票是债务人所作的书面承诺，具有较强的法律效力。同时商业汇票也较容易进行背书转让，还可用于贴现等融资活动，具有较强的流动性。

（一）应收票据的种类

应收票据按承兑人不同，分为商业承兑汇票和银行承兑汇票。商业承兑汇票的承兑人为付款人，银行承兑汇票的承兑人为付款人的开户行，银行承兑汇票信誉更高。

应收票据按是否计息，分为不带息商业汇票和带息商业汇票。不带息商业汇票是指商业汇票到期时，承兑人只按票面价值（面值）向收款人或背书人支付款项的汇票；带息商业汇票是指商业汇票到期时，承兑人必须按票面价值加上应计利息向收款人或背书人支付款项的汇票。

一般在票据上要列出下列一些主要信息:(1) 出票人:签发票据的企业或个人,也即债务人;(2) 承兑人:承诺付款的企业、个人或银行;(3) 受款人:根据票据合约,债务人承兑付款的企业或个人,即债权人;(4) 本金额:票据上注明到期承兑人需支付的款额,即票面价值;(5) 利息率:带息票据据此计算利息的利率;(6) 持有期:票据开出日至到期日的时间间隔(目前我国最长期限为6个月);(7) 出票日:开出票据的时间;(8) 到期日:承兑人最后支付票据款项的时间。

商业汇票的期限有两种表示方式:一种按月计算,这时到期日不论月份大小,按出票日的对日计算。例如3月1日开出,3个月期,到期日为6月1日。月末签发的票据,以到期月份的月末那一天为到期日。另一种按天计算,这时出票日与到期日按实际日历天数计算,头尾只能计算一天,即"算头不算尾",或"算尾不算头"。

(二) 应收票据的计价

应收票据一般按面值计价,即企业收到应收票据时,按照票据的面值入账。

二、应收票据的核算

企业为了核算企业收到的应收票据,应设置"应收票据"科目,借方反映收到的应收票据的面值,贷方反映到期收回、贴现或转入应收账款的票据面值,期末借方余额反映尚未到期的票据金额。

1. 收到商业汇票。企业收到商业汇票时,应按其面值借记"应收票据",贷记"应收账款"、"主营业务收入"等科目。

【例4—1】 2007年6月1日东海公司向甲企业售出一批商品,价款为100000元,增值税率为17%,双方约定延期3个月付款,当日收到甲企业不带息票据一张,编制会计分录如下:

借:应收票据	117000	
贷:主营业务收入		100000
应交税费——应交增值税(销项税额)		17000

2. 应收票据的背书转让。企业可以将未到期的票据背书转让给其他企业或个人。企业在将票据转让时,借方根据转让业务发生的原因,借记"材料采购"、"应交税费——应交增值税(进项税额)"等科目,按应收票据票面金额,贷记"应收票据",如有余额,借记或贷记"银行存款"。

【例4—2】 东海公司于2007年7月1日将以前收到一张面值200000元不带息商业汇票,背书转让给乙企业,购入材料180000元,增值税率为17%,材料已验收入库,并补付乙企业10600元,编制会计分录如下:

借:材料采购　　180000

　应交税费——应交增值税(进项税额)　　30600

　贷:应收票据　　200000

　　银行存款　　10600

3. 应收票据到期。收回应收票据,按实际收到的金额,借记"银行存款",贷记"应收票据"。

【例4—3】 2007年8月1日,东海公司收到甲企业的款项共计117000元,编制会计分录如下:

借:银行存款　　117000

　贷:应收票据　　117000

第二节　应收账款

一、应收账款的确认和计价

(一) 应收账款的确认

应收账款是指企业因赊销而发生的债权。亦指企业因销售商品、产品或提供劳务等,而应向购货或接受劳务的客户收取的款项和代垫的运杂费。应收账款可望在一年内或超过一年的一个营运周期内收回,故作为企业的流动资产,通常在商品、产品的所有权或控制权转移时或提供劳务时予以确认,亦即收入实现时确认。

(二) 应收账款的计价

应收账款的计价通常应按买卖双方在成交时实际发生额计价入账,计价时还需要考虑折扣等因素。商业上通用的折扣方法包括商业折扣、现金折扣两种,不同的折扣方法对应收账款入账金额产生不同的影响。

1. 商业折扣。又称价格折扣,是企业根据市场供求情况,或针对不同的顾客,在商品售价上给予的扣除,例如购买越多,价格越低。商业折扣一般在交易发生时已经确定,它仅仅是确定实际交易价格的一种手段,因此对应收账款的入账价值没有什么实质性的影响,应收账款的入账价值只需按扣除商业折扣后的实际成交价确认。例如某商品价目表上定价为 2000 元，成交时给予 10% 的优惠，则应收账款的入账金额为 1800 元(2000 ×0.9)。

2. 现金折扣。是指债权人为鼓励债务人在规定的期限内付款，而向债务人提供的债务扣除。现金折扣一般发生在以赊销方式销售商品及提供劳务的交易中。企业为鼓励债务人提前付款，通常与之达成协议，债务人在不同的期限内付款可享受不同比例的折扣。现金折扣一般用符号"折扣/付款期限"表示。例如某次交易的赊销期为 30 天，现金折扣条件为在 10 天内归还货款给予发票价格扣减 2% 的优惠，20 天内归还货款给予发票价格扣减 1% 的优惠，以后归还货款则要全额偿付。在发票上简写成"2/10，1/20，n/30"。

在存在现金折扣的情况下，应收账款入账价值的确认较复杂，因为企业收到款项的实际数额随着客户付款是否及时而变化，事先并不确定，但应收账款在商品、产品销售或提供劳务发生时就要入账，为此会计核算上就有不同的方法，即总价法和净价法。我国会计实务中通常采用总价法。

(1) 总价法。是将未减去现金折扣前的金额作为实际售价，记作应收账款的入账价值，现金折扣只有当客户在折扣期内付款才予以确认。在总价法下，客户享受到的现金折扣被视为融资理财费用，会计上记作财务费用。

(2) 净价法。是将最大的现金折扣扣除后的净值，确认为应收账款的入账价值。该方法是假定客户会提前付款而享受折扣，一旦出现客户由于超过折扣期而多付出款项，则将实收款与应收账款的差额，视作为客户提供信贷所获得的收入，冲减财务费用。

另外，在商品销售过程中，往往由于销货方与购货方所在地不同，从而发生各种运输费、手续费、装卸费、包装费、保险费，等等。对于发生的这些费用，是根据合同约定由购货方或销货方承担。如果合同约定运杂费用由购货方承担但由销货方垫付，销货方应计入应收账款中。

二、应收账款的核算

企业为了核算应收账款的增减变化及结存情况，应设置"应收账款"科目。其借方核算应向购货方收取的货款、增值税、代垫的运杂费和坏账收回等，贷方核算收到的货款、增值税、代垫的运杂费以及发生的坏账损失等，期末借方余额表示尚未收回的应收货款等。本科目按债务人设置明细账。

企业因销售商品、产品或提供劳务，按应收款项数额借记"应收账款"科目，按实现的销售收入贷记"主营业务收入"或"其他业务收入"科目，按规定应收取的增值税额贷记“应交税费——应交增值税(销项税额)”科目。代购货方垫付运杂费,借记“应收账款”科目,贷记“库存现金”或“银行存款”科目等。

1. 一般销售。

【例4—4】 东海公司于2007年1月17日售给B公司一批产品,货款为1000000元,应收取的增值税额170000元,用银行存款代垫运杂费2000元。款项尚未收到,编制会计分录如下:

借:应收账款——B公司 1172000
　贷:主营业务收入 1000000
　　应交税费——应交增值税(销项税额) 170000
　　银行存款 2000

2. 采用商业折扣销售。

【例4—5】 东海公司向A公司销售一批产品,按照价目表上的价格计算,售价为50000元,给予10%的商业折扣,增值税率为17%,编制会计分录如下:

借:应收账款——A公司 52650
　贷:主营业务收入 45000
　　应交税费——应交增值税(销项税额) 7650

3. 采用现金折扣销售。

【例4—6】 东海公司赊销给甲公司一批商品,货款为10000元,应收取增值税额1700元,付款条件为2/10,1/20,n/30。采用总价法,编制会计分录如下:

借:应收账款——甲公司 11700
　贷:主营业务收入 10000
　　应交税费——应交增值税(销项税额) 1700

如果在10天内收到甲公司货款:

借:银行存款 11500
　财务费用 200
　贷:应收账款——甲公司 11700

如果在11—20天内收到甲公司货款:

借:银行存款 11600
　财务费用 100
　贷:应收账款——甲公司 11700

如果在21天以后收到甲公司货款:

借:银行存款 11700

贷:应收账款——甲公司　　11700

4. 应收账款收回。

企业在收到应收的款项时,应借记"银行存款"科目,贷记"应收账款"科目。

【例4—7】 接【例4—4】,东海公司于2007年4月15日收到B公司的款项,编制会计分录如下:

借:银行存款　　1172000

贷:应收账款——B公司　　1172000

第三节 其他应收款项

一、预付账款的核算

预付账款是企业按照购货合同或劳务合同的规定,预先付给供货单位或劳务提供单位的款项。

为了核算预付账款业务,加强对预付账款的管理,对预付业务较多的企业,一般应单独设置"预付账款"科目,并在该科目下按供货单位名称设置明细账,进行明细核算。预付账款不多的企业,也可以将预付账款直接通过"应付账款"科目核算。但在编制会计报表时,仍然要将预付账款和应付账款的金额分开列示。

企业按合同预付货款时,按预付的金额借记"预(应)付账款",贷记"银行存款"科目。企业收到货物时,根据发票上所列示的应计入购货成本的金额借记"原材料"等,按增值税专用发票上注明的增值税额借记"应交税费——应交增值税(进项税额)",按应付金额贷记"预(应)付账款"科目;补付货款时,借记"预(应)付账款"科目,贷记"银行存款"科目;退回多付的款项,借记"银行存款"科目,贷记"预(应)付账款"科目。

【例4—8】 东海公司2007年4月18日向甲公司订购一批商品,按合同约定开出转账支票预付50000元订金。5月5日,收到商品,经验收合格,已办妥入库手续;增值税专用发票上注明价款为100000元,增值税额为17000元,对方代垫运杂费3000元。5月15日通过银行转账支付其余的款项,编制会计分录如下:

预付货款时:

借:预付账款——甲公司　　50000

贷:银行存款　　50000

收到商品,验收入库时:

借:材料采购　　103000

应交税费——应交增值税(进项税额)　　17000

贷:预付账款——甲公司　　120000

支付其余的款项时:

借:预付账款——甲公司　　70000

贷:银行存款　　70000

期末本科目如为借方余额,反映的是企业实际预付的款项;如为贷方余额,反映企业尚未补付的款项。

二、其他应收款的核算

其他应收款是企业除应收票据、应收账款、预付账款、应收股利、长期应收款等经营活动以外的其他各种应收、暂付的款项。具体来说,主要包括:(1) 应收的各种赔款、罚款;(2) 应收出租包装物租金;(3) 应向职工收取的各种垫付款项;(4) 备用金(向企业各职能科室、车间等拨出的备用金);(5) 存出保证金,如租入包装物支付的押金;(6) 其他各种应收、暂付款项。

企业为了反映其他应收款的发生和结算情况,应设置“其他应收款”科目,并按其他应收款的项目分类,按不同的债务人设置明细账。若备用金应用不多的企业,也可不设置“备用金”科目,在“其他应收款”科目下设置“备用金”明细科目进行核算本科目期末借方余额,反映企业尚未收回的其他应收款。

【例4—9】 东海公司用银行存款支付租入甲公司包装物的押金3000元,编制会计分录如下:

借:其他应收款——甲公司　　3000

贷:银行存款　　3000

【例4—10】 东海公司用现金支付采购员李春预借的差旅费2000元,编制会计分录如下:

借:其他应收款——李春　　2000

贷:库存现金　　2000

【例4—11】 一周后,李春出差归来报销差旅费1950元,退回现金50元,编制会计分录如下:

借:管理费用　　1950

库存现金　　50

贷:其他应收款——李春　　2000

【例4—12】　东海公司开出现金支票,拨付给厂办定额备用金8000元,编制会计分录如下:

借:其他应收款——厂办　　8000

贷:银行存款　　8000

【例4—13】　东海公司开出现金支票,支付厂办报销的业务招待费1200元,编制会计分录如下:

借:管理费用　　1200

贷:银行存款　　1200

第四节　应收款项的期末计量

一、坏账损失的确认

企业应当在会计期末对应收款项进行检查,分析应收款项的可回收性,并预计可能产生的坏账损失。对于企业无法收回或收回可能性极小的应收款项应确认为坏账,由于发生坏账而产生的损失称为坏账损失。

在市场经济下,赊销是企业普遍采用的销售方式之一。提供赊销可以扩大销售,增加企业的收入,但难免会出现坏账,造成损失。企业不可能杜绝坏账损失,如何做好对交易对方资信程度的调查了解工作,建立健全促收制度,正确组织对坏账损失核算是关键。一般来说,企业的应收款项符合下列条件之一的,应确认为坏账:

1. 债务人破产或死亡,以其破产财产或遗产清偿后仍无法收回的;

2. 因债务单位撤销,资不抵债、现金流量严重不足,确实不能收回的;

3. 因发生严重的自然灾害等导致债务单位停产而在短期内无法偿付债务,确实不能收回的;

4. 因债务人逾期未履行偿债义务超过3年,经核查确实无法收回的。

企业对预计可能发生的坏账损失,应计提坏账准备。企业计提坏账准备的方法由企业自行确定。企业应当制定计提坏账准备的政策,明确计提坏账准备的范围、方法、账龄的划分和提取比例,按照管理权限,经股东大会或董事会,或厂长(经理)办公会或类似机构批准,并按有关法律、行政法规的规定报有关方面备案。坏账准备计提方法一经确定,不得随意变更。如需变更,应按会计估计变更的程序和方法进行处理,并在会计报表附注中予以说明。

对于不能收回的应收款项,企业应查明原因,追究责任。确属无法收回的坏账,根据企业的管理权限,须经股东大会或董事会,或厂长(经理)办公会或类似机构批准作为坏账损失,冲销已提取的坏账准备。对已确认为坏账的应收款项,企业仍有追索权,一旦重新收回,应及时入账。

二、坏账损失的核算

坏账损失的核算方法有直接转销法和备抵法。

(一) 直接转销法

直接转销法是在实际发生坏账时,确认为坏账损失,同时转销应收款项。采用该方法对坏账进行核算,账务处理比较简单,但其没有考虑坏账损失与赊销业务的联系,不符合权责发生制的要求,会造成资产和盈利的虚增,也不符合谨慎性要求,无法提供有关应收款项可以收回净额的信息。

(二) 备抵法

备抵法是目前世界上普遍使用,也是我国会计准则规定使用的坏账损失的核算方法。该方法的特点是:按期估计坏账损失,以确认当期的坏账费用,形成坏账准备。当某一应收款项全部或部分被确认为坏账时,应按其金额冲减坏账准备,同时转销相应的应收款项。采用该方法按期估计坏账损失,记入当期的损益,从而避免了资产和盈利的虚增,体现了会计核算的谨慎性和权责发生制的要求,比较而言,更科学合理。

企业为了核算计提的坏账准备以及计提的各项资产减值损失,应设置“坏账准备”、“资产减值损失”科目。其中,“坏账准备”科目贷方反映计提的坏账准备,借方反映发生的坏账,期末贷方余额为企业已计提但尚未转销的坏账准备。“资产减值损失”科目借方反映发生的各种资产减值损失,贷方反映冲回的各种资产减值损失,期末余额转入“本年利润”科目,结转后该科目无余额。

1. 备抵法下坏账核算。对于确实无法收回的应收款项,按管理权限报经批准后作为坏账,转销应收款项,借记“坏账准备”科目,贷记“应收票据”、“应收账款”、“预付账款”、“其他应收款”等科目。已确认并转销的应收款项以后又收回的,按实际收回的金额借记“应收票据”、“应收账款”、“预付账款”、“其他应收款”、“长期应收款”等科目,贷记“坏账准备”科目;同时,借记“银行存款”科目,贷记“应收票据”、“应收账款”、“预付账款”、“其他应收款”、“长期应收款”等科目。

在资产负债表日,应收款项发生减值,按减值金额,借记“资产减值损失”科目,贷记“坏账准备”科目。本期应计提的坏账准备大于其账面余额的,应按其差额计提;应计提的坏账准备小于其账面余额的差额做相反的会计分录。

2. 备抵法下坏账准备估计的方法。

(1) 赊销(销货)百分比法。根据以前年度的经验估计计提坏账损失的百分比。其计算公式如下:

当期坏账损失 = 当期赊销净额 × 估计坏账百分比(%)

采用按当期赊销净额估计坏账时,一般不需要调整坏账准备余额,但坏账准备出现异常现象,如应收账款全部收回后,坏账准备仍有大额贷方余额,或已将坏账准备全部核销后,又发生大额坏账等,应及时调整估计坏账的比例。因此,企业每年要对估计坏账的百分比进行检查,若发现估计坏账的百分比过高或过低,应及时予以修正。

该方法计算简单,资料也容易取得,但是赊销净额是企业的商业秘密,故常用销售额代替。

(2) 个别认定法。即对应收款项明细账上的客户逐个进行偿债能力和信用度调查,据以估计可能的坏账损失。该方法比较客观准确,但手续麻烦,故较少使用。

(3) 账龄分析法。是按应收款项账龄的长短,根据以往的经验确定坏账损失的百分比,并据此估计坏账损失的方法。这里的账龄是指客户所欠账款超过结算期的时间。虽然应收款项能否收回并不取决于所欠账款的账龄,但一般来说账龄越长,账款不能收回的可能性越大。

账龄分析法是根据账龄长短估计坏账损失,比较符合实际情况。采用该方法,虽然也会推延坏账的确认,但其考虑了坏账与账龄的依存关系,而且根据账龄分析表估计坏账损失,比较直观,仍不失为一种简易实用的方法。

【例 4—14】 东海公司 2006 年底应收款项余额为 800000 元,“坏账准备”贷方余额为 20000 元。该公司采用账龄分析法计提坏账准备。其应收款项的明细账如表 4—1 所示,坏账百分比根据历史资料估计所得,坏账损失计算如表 4—2 所示。

表 4—1　　　　应收款项账龄分析表　　　　单位:元

客户名称	金　额	未到期	过　期　月　数					
			1 个月	2 个月	3 个月	3—6 个月	6—12 个月	1 年以上
甲	300000	100000	100000	30000				70000
乙	30000				30000			
丙	20000	5000				15000		
丁	100000	100000						
A	150000	50000					100000	
B	200000		100000			50000		50000
合计	800000	255000	200000	30000	30000	65000	100000	120000

表 4—2　　　　坏账损失计算表

账　龄	金额(元)	坏账百分比(%)	坏账准备(元)
未到期	255000	1	2550
过期 1 个月	200000	3	6000
过期 2 个月	30000	5	1500
过期 3 个月	30000	10	3000
过期 3—6 个月	65000	20	13000
过期 6—12 个月	100000	30	30000
过期 1 年	120000	50	60000
合　计	800000	—	116050

东海公司 2006 年度应计提的坏账准备 = 116050 - 20000 = 96050(元)

借:资产减值损失——计提的坏账准备　　　　96050

　贷:坏账准备　　　　96050

(4) 应收款项余额百分比法。企业在每个会计期末,按照以前的数据资料或规定的百分比,乘以期末应收款项的余额,作为当期应估计的坏账损失,据此计提坏账准备。计提的比例,应按企业的坏账占应收款项的概率计算,企业发生的坏账多,比例相应要高一些,反之则低一些。

采用该方法,期末企业应提取的坏账准备大于其账面余额的,按两者差额提取;期末企业应提取的坏账准备小于其账面余额的,按两者差额冲减坏账准备。

【例 4—15】　东海公司采用余额百分比法计提坏账准备，提取坏账的比例为 10%。200×年年末应收账款余额为 1000000 元，坏账准备余额为 0；第二年发生坏账 110000 元，其中甲企业为 40000 元，乙企业为 70000 元，年末应收账款余额为 1200000 元；第三年，上年已转销的甲企业坏账 40000 元因其财务状况好转又收回，年末应收账款余额为 900000 元。该公司应编制会计分录如下：

第一年：

第一年年末坏账准备的余额 = 1000000 × 10% = 100000（元）

借：资产减值损失——计提坏账准备　　100000

　贷：坏账准备　　100000

第二年：

借：坏账准备　　110000

　贷：应收账款——甲企业　　40000

　　　　　　——乙企业　　70000

第二年年末坏账准备的余额 = 1200000 × 10% = 120000（元）

第二年年末应提取的坏账准备额 = 120000 −（100000 − 110000）= 130000（元）

借：资产减值损失——计提坏账准备　　130000

　贷：坏账准备　　130000

第三年：

借：应收账款——甲企业　　40000

　贷：坏账准备　　40000

借：银行存款　　40000

　贷：应收账款——甲企业　　40000

第三年年末坏账准备的余额 = 900000 × 10% = 90000（元）

第三年年末应提取的坏账准备额 = 90000 −（120000 + 40000）= −70000（元）

借：坏账准备　　70000

　贷：资产减值损失——计提坏账准备　　70000

按照财政部的有关规定，下列情况一般不能全额提取坏账准备：（1）当年发生的应收款项，以及未到期的应收款项；（2）计划对应收款项进行债务重组，或以其他方式进行重组的；（3）与关联方的应收款项，特别是母子公司交易或事项产生的应收款项；（4）其他已逾期，但无确凿证据证明不能收回的应收款项。

思考题

1. 什么是应收票据,应收票据核算包括哪些内容?
2. 什么是应收账款,其入账价值如何确定?
3. 预付账款与应收账款的性质有何区别?
4. 其他应收款核算的内容有哪些?
5. 坏账准备如何计提?如何进行账务处理?

练习题

一、单项选择题

1. 某企业采用备抵法处理坏账,2006 年年末应收款项余额为 300000 元,按 10% 比例提取坏账准备,2007 年 2 月发生坏账损失 15000 元,2007 年 5 月收回以前核销的坏账 3000 元,2007 年年末应收款项余额 500000 元,则应提坏账准备为(　　)。

A. 30000 元　　B. 50000 元　　C. 32000 元　　D. 18000

2. 某企业于 1 月 15 日销售产品一批,应收账款为 110000 元,规定对方付款条件为 2/10、1/20、n/30。购货单位已于 1 月 26 日付款,该企业实际收到的金额为(　　)万元。

A. 11　　B. 10　　C. 10.78　　D. 10.89

3. 某企业发生的预付货款业务不多,为简化核算,可以不设"预付账款"科目,而直接将预先支付的货款记入(　　)。

A. "应付账款"科目的借方　　B. "应收账款"科目的借方
C. "应付账款"科目的贷方　　D. "应收账款"科目的贷方

4. 企业按应收款项余额的一定比例提取坏账准备,这是遵循(　　)的要求。

A. 一贯性　　B. 谨慎性　　C. 客观性　　D. 有用性

二、多项选择题

1. 采用备抵法处理坏账的企业,其估计坏账损失的方法有(　　)。

A. 平均年限法　　B. 赊销额百分比法
C. 应收账款余额百分比法　　D. 账龄分析法

2. 下列各项中,应在"其他应收款"科目中核算的有(　　)。

A. 应收出租、出借包装物的押金　　B. 应收保险公司的各种赔款

C. 应向职工收取的各种垫付款　　D. 为供货单位代垫的运费

3. 对于不能收回的应收款项，须经下列(　　)批准，才能作为坏账损失，冲销已提取的坏账准备。

A. 股东大会　　B. 董事会　　C. 厂长办公会　　D. 经理办公会

4. 下列项目中期末要计提坏账准备的有(　　)。

A. 应收票据　　B. 应收账款　　C. 其他应收款　　D. 预付账款

三、实务题

1. 某企业2004年年末应收账款余额为180000元，其他应收款余额20000元，该年年初坏账准备账户贷方余额为6000元，当年没有发生坏账损失。2005年发生坏账损失9000元，年末应收账款和其他应收款余额为220000元。2006年未发生坏账损失，上年核销的坏账损失又收回5000元，年末应收账款和其他应收款余额为250000元。2007年未发生坏账损失，年末应收账款和其他应收款余额为240000元。该企业提取坏账准备的比例为10%。

要求：根据上述资料编制相应的会计分录。

2. 某企业本月发生下列经济业务：

(1) 销售给B工厂机器一台，计100000元，应交增值税17000元，收到B工厂一张期限为90天的商业承兑汇票；

(2) 上述商业承兑汇票到期，收到款项；

(3) 向梅林公司销售甲产品600000元，应交增值税108000元，产品已经发出，款项暂时未收；

(4) 查明某公司3年以上期限的应收账款中20000元因破产无力支付，经董事会批准，同意作坏账处理。

(5) 收到去年已冲销的坏账10000元，存入银行。

(6) 收到某公司交来的欠款30000元，存入银行。

(7) 3月12日向B公司预付货款200000元，用银行存款支付。

(8) 4月26日收到B公司交来的材料，价款600000元，税额102000元，差额未付，材料已验收入库。

(9) 5月6日向B公司支付差额，用银行存款支付。

要求：根据以上资料编制有关会计分录。

第五章
存 货

学习目标

通过本章的学习，明确存货的概念和确认条件；熟悉存货的收发计量方法；掌握原材料、周转材料的核算方法；掌握存货清查和期末计量的方法。

第一节 存货的分类和计量

一、存货的概念及确认条件

存货是指企业日常生产经营过程中持有以备出售的产成品或商品，或者仍然处在生产过程中的在产品，或者在生产过程或提供劳务过程中将消耗的材料或物料。包括库存商品、半成品、原材料、辅助材料、周转材料等。

存货的确认除满足存货定义外，还必须同时满足以下两个条件：(1) 存货包含的经济利益很可能流入企业；(2) 存货的成本能够可靠地加以计量。

关于存货的确认需要注意以下几点：

1. 关于代销商品的归属。代销商品是指一方委托另一方代其销售商品。从商品所有权的转移来分析，代销商品在售出以前，所有权属于委托方，受托方只是代为销售商品。因此，代销商品应作为委托方的存货处理。但为了加强对受托代销商品的核算和管理，现行制度也要求受托方对其受托代销商品在资产负债表的存货中加以反映，同时，与受托代销商品对应的代销商品款作为一项负债加以反映。而按会计准则不需反映。

2. 关于在途物资等的处理。对于销售方按销售合同、协议规定已确认销售，而尚未发运给购货方的商品，应作为购货方的存货而不应再作为销售方的存货；对于购货方已收到商品，但尚未收到销货方结算的发票，购货方应作为其存货处理;对于购货方已经确认为购进而尚未到达入库的在途物资,购货方应将其作为存货处理。

3. 关于购货约定问题。对于约定未来购入的存货,由于企业并没有实际的购货行为发生,因此,不作为企业的存货,也不确认有关的负债和费用。

二、存货的分类

为了加强对存货的核算和管理,正确计算产品的生产成本和商品的销售成本,应当对存货进行合理的分类。

(一) 按不同行业分类

1. 制造业的存货可分为原材料、委托加工物资、周转材料、在产品、产成品等。

2. 商品流通业的存货可分为商品、材料存货、周转材料等。

3. 建筑业的存货可分为库存材料、周转材料、委托加工物资、在建工程等。

(二) 按存放地点分类

1. 库存的存货是指已入库的各种材料存货、产成品、商品等。

2. 在途的存货是指从外单位购入的已取得所有权但尚在运输途中或未验收入库的材料存货。

3. 加工中的存货是指公司内部或委托外单位正在进行加工的材料和产品等。

三、存货的计量

(一) 存货收入的计量

按照有关规定,存货应当以其成本入账。存货成本包括采购成本、加工成本和其他成本。这里的成本就是存货取得时的实际成本,即为存货的历史成本。在会计实务中,由于存货取得的来源不同,其实际成本的构成也不同。

1. 外购存货的实际成本。制造业外购存货的实际成本是指在采购货物过程中发生的支出,由下列各项组成:

(1) 买价。一般而言,购入存货应根据发票金额确认购货价格,但在发生购货折扣的情况下,购货价格是指扣除商业折扣但不扣除现金折扣的金额。供货者允许扣除的现金折扣,不抵减有关存货项目的成本,冲减当期财务费用。

(2) 运杂费是指从供货单位运到本企业仓库所发生的采购费用,包括运输费、装卸费、保险费、包装费、仓储费等,不包括按规定根据运输费的一定比例计算的可抵扣的增值税额。

(3) 运输途中的合理损耗是指运输途中发生的定额损耗。超过定额的不合理损耗,一般应向责任单位索赔,不应计入采购成本中。

(4) 入库前的挑选整理费用是指存货入库前发生的整理挑选费用,包括挑选整理中发生的人工费支出和必要的损耗,并扣除回收的下脚废料价值。

(5) 购入存货负担的相关税金。构成材料采购成本的相关税金有:①进口存货发生的关税构成进口存货的实际采购成本。②小规模纳税人购入存货支付的增值税计入所购存货的实际成本。③一般纳税人购入用于非应税项目的货物支付的增值税,以及未能取得增值税专用发票或完税证明的,其支付的增值税应计入购入货物的实际成本。

以上第(1)、(5)项应直接计入各种存货的采购成本,第(2)、(3)、(4)项,凡能分清的,可以直接计入各种存货的采购成本;不能分清的,应按存货的重量或买价等比例,分摊计入各种存货的采购成本。

商品流通企业在采购商品过程中发生的运输费、装卸费、保险费以及其他可归属于存货采购成本的费用等进货费用,可以先进行归集,期末根据所购商品的存销情况进行分摊,对于已售商品的进货费用,计入当期损益;对于未售商品的进货费用,计入期末存货成本。企业采购商品的进货费用金额较小的,也可在发生时直接计入当期损益。

2. 自制存货的实际成本。自制存货的实际成本是制造过程中的各项实际支出,包括在制造过程中发生的直接材料费用、直接人工费用、其他直接费用和应分摊的间接费用。

3. 委托加工物资的实际成本。委托外单位加工的存货的实际成本包括加工过程中耗用的材料或半成品的实际成本、应支付加工费用和往返的运杂费及应交纳的价内税金。

4. 投资者投入存货的实际成本。投资者投入的存货应按照投资合同或协议约定的价值确定,但合同或协议约定价值不公允的除外。

5. 接受捐赠存货的实际成本。接受捐赠的存货,应按照以下规定确定其入账价值:

(1) 捐赠方提供了有关凭据(如发票、报关单、有关协议)的,按凭据上标明的金额加上应支付的相关税费,作为实际成本;

(2) 捐赠方没有提供有关凭据,按如下顺序确定其实际成本:①同类或类似存货存在活跃市场的,按同类或类似存货的市场价格估计金额,加上应支付的相关税费，作为实际成本；②同类或类似存货不存在活跃市场的，按所接受捐赠的存货的预计未来现金流量现值，作为实际成本。

6. 以应收债权换入存货的实际成本。企业接受的债务人以非现金资产抵偿债务方式取得的存货，或以应收债权换入的存货，按照换入存货公允价值减去可抵扣的增值税进项税额后的差额，加上应支付的相关税费，作为实际成本。详见第十章债务重组取得的存货。

7. 以非货币性交易换入存货的实际成本。以非货币性交易换入的存货，按换出资产的公允价值减去可抵扣的增值税进项税额后的差额，加上应支付的相关税费，作为实际成本。详见第九章非货币性资产交换。

8. 盘盈存货的实际成本。盘盈存货按其重置成本作为入账价值，并通过"待处理财产损溢"科目进行会计处理。

在确定取得存货成本的过程中，需要注意的是，下列费用不应当包括在存货成本中，而应当在发生时确认为当期费用：(1) 非正常消耗的直接材料、直接人工及制造费用，如由自然灾害而发生的直接材料、直接人工及制造费用；(2) 仓储费用（不包括在生产过程中为达到下一个生产阶段所必需的仓储费用）。

（二）存货发出的计量

按照有关规定，企业应当根据各类存货的实际情况，确定发出存货的实际成本，常见的发出存货计价方法有个别计价法、加权平均法、先进先出法等。对于企业在正常生产经营过程中多次使用但未列入固定资产目录的周转材料等存货，可以采用一次转销法、五五摊销法和分次摊销法进行摊销。发出存货计价的方法不同，对企业财务状况、经营成果会产生不同的影响，如发出存货计价过低，当期的收益可能因此而增加；反之，发出存货计价过高，当期的收益可能因此而减少，从而影响企业当期应纳税利润数额的确定。

存货发出的计价，可采用实际成本计价，也可以采用计划成本计价。这里只介绍采用实际成本计价的几种计价方法。

1. 个别计价法。又称个别认定法。采用这一方法是假设存货的成本流转与实物流转相一致，按照各种存货，逐一辨认各批发出存货和期末存货所属的购进批别，分别按其购入或生产时所属批别确定的单位成本作为计算各批发出存货和期末存货成本的方法。

采用这种方法计算发出存货的成本和期末存货的成本比较合理、准确，但这种方法的前提是需要对发出和期末存货的批次进行具体认定，以辨别其所属的收入批次，所以实务操作的工作量繁重，困难较大。该方法适用于一般不能替代使用的存货以及为特定项目专门购入或制造的存货,如珠宝、船舶等贵重物品。

2. 先进先出法。是以假定先入库的存货先发出为前提,并依据这种假定的成本流转顺序对发出存货和结存存货进行计价的一种方法。在这种方法下,发出存货的成本总是按照较早的购进(或生产)单位成本计算,而期末存货的成本则是按照近期的购进(或生产)单位成本计算。

采用先进先出法的优点在于它使期末结存的存货价值比较符合物价变动趋势,但它在计算每批发出存货成本时,有时要按两个或两个以上取得单位成本计算,计算工作较为烦琐。另外,当物价持续上涨时,会高估当期利润和库存存货价值,不符合稳健性原则。

3. 加权平均法。又称综合加权平均法。它以一个月为计算期,每月末以期初存货成本加本期收入存货成本,除以期初结存数量加本期收入存货数量,据以计算出存货的加权平均单位成本,从而确定发出存货成本和期末存货成本。其计算公式如下:

$$\text{存货加权平均单位成本}=\frac{\text{期初结存存货实际成本}+\text{本期收入存货实际成本}}{\text{期初结存存货数量}+\text{本期收入存货数量}}$$

$$\text{本期发出存货成本}=\text{本期发出存货数量}\times\text{存货加权平均单位成本}$$

$$\text{期末结存存货成本}=\text{期初结存存货成本}+\text{本期收入存货成本}-\text{本期发出存货成本}$$

加权平均法的优点是成本平均化,对存货成本的分摊较为折中。但是,该方法平时从账上无法提供发出和结存存货的单位成本及金额,不利于加强对存货资金的日常管理。

4. 移动加权平均法。又称移动平均法,是原有库存存货的成本加本次收入存货的成本,除以原有库存存货的数量加本次收入存货的数量,据以计算加权平均单位成本,并对发出存货进行计价的一种方法。其计算公式为:

$$\text{移动加权平均单位成本}=\frac{\text{原有存货成本}+\text{本次收入存货成本}}{\text{原有存货数量}+\text{本次收入存货数量}}$$

$$\text{本次发出存货成本}=\text{本次发出存货数量}\times\text{移动加权平均单位成本}$$

移动加权平均法的优点在于能使管理当局及时了解存货的结存情况,而且计算的平均单位成本以及发出和结存的存货成本都比较客观。但采用这种方法,每次收货后都需要重新计算一次平均单位成本,计算工作量较大,收发货较频繁的企业不宜采用。

5. 毛利率法。是根据上期毛利率(或本月计划毛利率)匡算本期销售毛

利,并计算发出存货和期末结存存货成本的一种方法。其计算步骤和公式如下:

(1) 根据前期实际销售资料或本期计划数据匡算毛利率。其公式为:

$$毛利率=\frac{销售毛利}{销售净额}\times 100\%$$

其中:销售净额 = 商品销售收入 - 销售退回与折让

(2) 根据本期实际销售和匡算毛利率计算本期销售成本。其公式为:

销售成本 = 销售净额 ×(1 - 毛利率)

(3) 计算期末存货成本。其公式为:

期末存货成本 = 期初存货成本 + 本期购货成本 - 本期销售成本

【例5—1】 东海公司月初 A 商品成本为 292000 元,本月购货成本为 1700000 元,销售收入为 2400000 元,销售退回与折让合计为 20000 元,上季度该类商品毛利率为 25%,计算本月已销商品和月末结存商品的成本。

本月销售净额 = 2400000 - 20000 = 2380000(元)

本月销售毛利 = 2380000 × 25% = 595000(元)

销售成本 = 2380000 - 595000 = 1785000(元)

月末结存存货成本 = 292000 + 1700000 - 1785000 = 207000(元)

用毛利率法计算本期销售成本和期末存货成本在商品流通企业较为常见,特别是在商品批发企业。若按每种商品计算并结转销售成本,工作量较为繁重,而且商品流通企业的同类商品毛利率大致相同,采用这种方法,商品销售成本按商品大类销售额计算,在大类商品账上结转成本,计算手续简便。商品明细账平时记数量,不记金额,每季末的最后一个月再根据月末结存数量,按照最后进价法等计价方法,先计算季末存货成本,然后再计算该季度的商品销售成本,用该季度的商品销售成本减去前两个月已结转的成本,计算第三个月应结转的销售成本,从而对前两个月用毛利率法计算的成本进行调整。

6. 零售价格法。是指用成本占零售价的百分比计算期末存货成本的一种方法。这种方法广泛应用于零售商业企业,如百货商店、超级市场等。尤其对那些出售商品的型号、款式、品种繁多,商品的单位成本相对来说又比较小的商店更为适用。

采用零售价格法的计算步骤和公式如下:

(1) 期初存货和本期进货同时按成本和零售价记录,以便计算可供销售的存货成本和售价总额。

(2) 本期销货只按售价记录,从本期可供销售的存货售价总额中减去本期销售的售价总额,计算出期末存货的售价总额。

（3）计算成本率。其公式如下：

$$成本率=\frac{期初存货成本+本期购货成本}{期初存货售价+本期购货售价}\times 100\%$$

（4）计算期末存货成本。其公式如下：

期末存货成本 = 期末存货售价总额 × 成本率

（5）计算本期销售成本。其公式如下：

本期销售成本 = 期初存货成本 + 本期购货成本 − 期末存货成本

【例 5—2】 东海公司 200×年 5 月份的期初存货成本 45000 元，零售价总额 50000 元；本期购货成本 165000 元，售价总额 200000 元，本期销售收入 150000 元，计算期末存货成本和本期销售成本如表 5—1 所示。

表 5—1

单位：元

项目	成本	零售价格
期初存货 200×.5.1	45000	50000
本期购进	165000	200000
可供销售商品	210000	250000
成本率 $=\frac{210000}{250000}=84\%$		
减：销售收入		150000
按售价计算的期末存货		100000
按成本计算的期末存货（=100000×84%）	84000	
本期销售成本	126000	

另外，在我国的会计实务中，商业零售企业还广泛采用售价金额核算法。这种方法是通过设置“商品进销差价”账户进行处理的，平时商品存货的购、销、存均按售价记账，售价与进价的差额记入“商品进销差价”账户，期末通过计算进销差价率的办法计算本期已销售商品应分摊的进销差价，并据以调整本期销售成本。进销差价率的计算公式如下：

$$进销差价率=\frac{期初库存商品进销差价+本期购入商品进销差价}{期初库存商品售价+本期购入商品售价}\times 100\%$$

本期已销商品应分摊的进销差价 = 本期商品销售收入 × 进销差价率

第二节 原材料

一、原材料的核算内容

工业企业库存的材料品种繁多,收发频繁,为了加强管理和正确地组织核算,必须按一定的标准进行分类,材料按其在生产中的用途可分为:

1. 原料及主要材料。是指经过加工后能构成产品主要实体的各种原料及材料,如食品厂生产面包用的面粉,纺织厂纺纱用的原棉,机械制造厂生产机器用的钢材等。

2. 辅助材料。是指直接用于产品生产、有助于产品形成,或为产品生产创造正常劳动条件,但不构成产品主要实体的各种材料,如维护机器设备用的润滑油和防锈剂,着色防腐用的染料、油漆等。

3. 外购半成品。是指从外部购入,经过加工装配构成产品主要实体的半成品或配套件,如纺织厂外购的棉纱,汽车制造厂外购的轮胎等。外购半成品的用途和原料及主要材料相同,因此外购半成品数量不大时,也可列作原料及主要材料。

4. 修理用备件。是指为修理本企业的机器设备和运输设备所专用的各种备件,如轴承、齿轮等。因其对保障设备的正常运转起着重要作用,故单独列为一类核算。至于修理用的一般零件,如螺栓和螺母等标准件,则归入辅助材料核算。

5. 包装材料。是指包装用的,除包装物之外的各种材料,如绳、纸、铁皮、铁丝等。

6. 燃料。是指在生产过程中用来燃烧发热,或为创造正常劳动条件用的各种燃料,包括各种固体、液体和气体燃料,如煤、汽油和天然气等。

二、材料收发按实际成本计价的核算

材料按实际成本计价进行日常收发核算的特点是:从材料收发凭证到材料明细分类账和总分类账全部按实际成本计价和登记。

(一)材料收入的核算

1. 外购材料的核算。为了核算材料的增减变动和结存情况,按实际成本计价进行材料核算的企业,应设置“在途物资”和“原材料”等科目。

（1）“在途物资”科目。用来核算企业购入尚未到达或尚未验收入库的各种存货的实际成本。该科目借方反映已经付款或开出承兑商业汇票但尚未验收入库的材料成本，贷方反映已验收入库材料的成本，期末借方余额反映已支付货款或开出承兑商业汇票但尚未验收入库材料的成本。并应按供应单位和材料品种设置明细科目进行明细核算。

（2）“原材料”科目。用来核算企业库存的各种材料，包括原料及主要材料、辅助材料、燃料、外购半成品、包装材料、修理用备件等的实际成本。

企业购入材料，由于采用的结算方式和供货地点不同，经常出现付款与收料在时间上不一致，因而其账务处理也有所不同。下面以货款已付，材料已验收入库为例。

【例5—3】 东海公司为一般纳税人（以下举例相同），从南方股份有限公司（以下简称南方公司）购入甲材料一批，价款30000元，增值税5100元，发票账单结算凭证已收到，货款已通过银行支付，另用库存现金支付运杂费100元，材料已验收入库，编制会计分录如下：

借:原材料——甲材料　　30100
　应交税费——应交增值税（进项税额）　　5100
　贷:银行存款　　35100
　　库存现金　　100

对于购入材料在验收入库时发现短缺和损耗，应查明原因，分清责任，区分不同情况进行账务处理。若属于采购途中的合理损耗，应按实收数量登记材料明细账，相应提高材料单位成本，不另作账务处理。若是应向供应单位、外部运输部门、保险公司等收回的材料短缺或其他应冲减材料采购成本的赔偿款项，应根据有关索赔凭证，应借记“应付账款”、“其他应收款”科目，贷记“在途物资”科目。

【例5—4】 东海公司从南方公司购入甲材料1000公斤，每公斤20元，增值税3400元，价税款已通过银行转账支付，但材料尚未收到，编制会计分录如下：

借:在途物资　　20000
　应交税费——应交增值税（进项税额）　　3400
　贷:银行存款　　23400

若收到上述材料时，发现短缺100公斤，系供应单位少发，根据实收材料，编制会计分录如下：

借:原材料 18000

　　应付账款 2340

　贷:在途物资 20000

　　　应交税费——应交增值税(进项税额转出) 340

对于购入材料运输途中发生的短缺和损耗,如需要报请批准后方能转销或尚待查明原因才能处理时,可先将短缺损失计入“待处理财产损溢”科目,待批准转销或查明原因后再转入有关科目。

2. 以非货币性交易换入的原材料的核算。见第九章有关内容。

3. 以应收债权换入原材料的核算。见第十章有关内容。

4. 其他来源取得材料的核算。对于自制的材料和回收的残料、废料,应分别按材料生产成本和残、废料估计成本计价,根据材料交库单进行账务处理,借记“原材料”科目,贷记“生产成本”等科目。

接受投资单位投入的原材料,应根据收料凭证,按入库材料的实际成本借记“原材料”,按增值税专用发票上注明的增值税借记“应交税费——应交增值税(进项税额)”科目,按形成注册资本的部分贷记“实收资本”或“股本”科目。

接受捐赠的原材料,应按有关规定确认的价值借记“原材料”科目,贷记“营业外收入”科目,按照实际支付的相关税费借记“原材料”科目,贷记“银行存款”科目。

(二) 材料发出的核算

企业材料的日常领发业务频繁,凭证数量较多,为了简化核算,平时一般不直接根据发料凭证填制记账凭证,而是陆续将发料凭证按材料的类别和用途进行分类整理,于月末汇总编制“发料凭证汇总表”,然后据以填制发料业务的记账凭证,登记总分类账。

【例 5—5】 东海公司“发料汇总表”中生产产品耗用原材料 144400 元,销售部门耗用材料 2200 元,生产车间一般性耗用材料 5100 元,行政管理部门耗用材料 2600 元,其他业务部门耗用材料 1500 元,基建工程领用材料 10000 元,增值税 1700 元。根据发料汇总表编制会计分录如下:

借:生产成本 144400

　　销售费用 2200

　　制造费用 5100

　　管理费用 2600

　　在建工程 11700

其他业务成本　　1500

贷:原材料　　165800

应交税费——应交增值税(进项税额转出)　　1700

按实际成本计价的材料收发核算,可以直接提供材料资金的结存数额,便于企业及时掌握材料资金增减变动的情况,同时也能为企业计算产成品成本直接提供实际材料费用的数据。但对于材料品种较多,收发业务频繁的企业,如材料核算采用实际成本计价,势必增加日常核算工作量。而且按实际成本计价难以从账簿中反映材料采购的工作业绩。因此,这种计价方法一般只适合材料收发业务较少的企业。对于材料收发业务频繁且具备材料计划成本资料的企业,则应采用按计划成本计价的方法。

三、材料收发按计划成本计价的核算

材料按计划成本计价方法进行收发核算的主要特点是:收发凭证按材料的计划成本计价,总账及其明细分类账按计划成本登记。材料的实际成本与计划成本的差异,通过"材料成本差异"账户进行核算。以便将计划成本调整为实际成本。

企业应预先制订各种材料的计划单位成本,并在材料目录上标明,作为核算的依据。材料计划成本的构成内容与实际成本相同。计划单位成本的确定,应尽可能接近实际。材料计划单位成本一经确定,除有特殊情况应随时调整外,在年内一般不作变动。

(一) 材料收入的核算

这里只介绍外购材料按计划成本的收发核算。外购材料按计划成本进行材料收发核算,应设置"材料采购"、"原材料"、"材料成本差异"科目。

"材料采购"科目。用来核算企业购入材料实际采购成本。该科目借方反映购入材料支付的买价和运杂费,贷方反映入库材料的计划成本,月末将购入材料的节约差或超支差从"材料采购"科目结转记入"材料成本差异"科目,该科目期末借方余额反映已经收到发票单据付款或已开出承兑商业汇票,但尚未到达或尚未验收入库的在途物资实际成本。

"原材料"科目。用来核算企业各种库存材料收入、发出、结存的计划成本,借方反映验收入库材料的计划成本,贷方反映仓库发出材料的计划成本,期末借方余额反映结存材料的计划成本。

"材料成本差异"科目。用来核算库存材料成本差异的形成、分配和结存情况。借方反映入库材料实际成本大于计划成本的超支差，贷方反映验收入库材料的实际成本小于计划成本的节约差，以及发出材料分配的成本差异额（节约差用红字，超支差用蓝字），期末借方余额反映库存材料的超支差，期末贷方余额反映库存材料的节约差。

材料收入业务按计划成本计价的账务处理，与按实际成本计价的账务处理基本相同，主要区别在于收入材料应分别核算计划成本和成本差异。下面以付款和收料同时办理为例。在这种情况下，企业先按收到银行转来的发票账单进行付款，支付的买价和运杂费借记“材料采购”科目，支付专用发票上注明的增值税借记“应交税费——应交增值税”科目，贷记“库存现金”、“银行存款”、“应付票据”等科目。收到已付货款的材料时，按计划成本借记“原材料”科目，按实际成本大于计划成本的超支差借记“材料成本差异”科目，或按实际成本小于计划成本的节约差贷记“材料成本差异”科目，按实际成本贷记“材料采购”科目。

【例 5—6】 东海公司购入 B 材料，价款 100000 元，增值税额 17000 元，以银行汇票结算。该材料已验收入库，其计划价格 101000 元，编制会计分录如下：

借：材料采购　100000

　应交税费——应交增值税（进项税额）　17000

　贷：其他货币资金——银行汇票　117000

借：原材料　101000

　贷：材料采购　100000

　　材料成本差异　1000

（二）材料发出的核算

按计划成本进行材料发出核算，一般也是采取定期或按月编制“发料凭证汇总表”的办法，进行材料发出的总分类核算。但因为材料是按计划成本计价，在表内应填列发出材料负担的材料成本差异额，把发出材料的计划成本调整为实际成本。

发出材料应负担的成本差异，必须按月分摊，不得在季末或年末一次计算。发出材料应负担的成本差异，除委托外部加工发出材料可按上月的差异率计算外，都应使用当月的实际差异率；如果上月的成本差异率与本月成本差异率相差不大的，也可按上月的成本差异率计算。计算方法一经确定，不得任意变动。材料成本差异率的计算公式如下：

$$\text{本月材料成本差异率}=\frac{\text{月初结存材料的成本差异}+\text{本月收入材料的成本差异}}{\text{月初结存材料的计划成本}+\text{本月收入材料的计划成本}}\times 100\%$$

$$上月材料成本差异率 = \frac{月初结存材料}{的成本差异} \div \frac{月初结存材料}{的计划成本} \times 100\%$$

$$\frac{发出材料应负担}{的材料成本差异} = \frac{本月发出材}{料计划成本} \times \frac{材料成本}{差异率}$$

$$\frac{发出材料}{的实际成本} = \frac{本月发出材}{料计划成本} + \frac{发出材料的应负}{担材料成本差异}$$

以【例5—6】为例，假定B材料月初结存价差为贷差100元，计划成本为9000元。本月发出B材料计划成本为80000元。

$$本月材料成本差异率 = \frac{-100 + (-1000)}{9000 + 101000 \times 100\%} = -1\%$$

本月发出材料应分配的成本差异额 = 80000 × (−1)% = −800(元)

本月发出材料的实际成本 = 80000 + (−800) = 79200(元)

仍以【例5—6】为例，假定本月发出B材料按上月材料成本差异率分配价差：

$$上月材料成本差异率 = \frac{-100}{9000} \times 100\% = -1.1\%$$

本月发出材料应分配的成本差异额 = 80000 × (−1.1)% = −880(元)

本月发出材料的实际成本 = 80000 + (−880) = 79120(元)

【例5—7】 东海公司本月仓库发出材料54000元，其中生产产品耗用材料46000元，车间一般性耗用材料5000元，行政管理部门耗用2000元，销售机构耗用材料1000元，材料成本差异率为−1%，编制会计分录如下：

借：生产成本　46000
　　制造费用　5000
　　管理费用　2000
　　销售费用　1000
　贷：原材料　54000

同时结转材料成本差异：

借：生产成本　460
　　制造费用　50
　　管理费用　20
　　销售费用　10
　贷：材料成本差异　540

材料收发核算按计划成本计价同按实际成本计价比较，一是便于考核各类或各种材料采购业务的经营成果,分析各类或各种材料成本超支或节约的原因,改进材料采购的经营管理工作。二是可以剔除材料价格变动对成本的影响,有利于分析车间材料消耗的节约或超支情况,考核车间的经营成果。三是可以简化和加速材料收发凭证的计价和材料明细分类账的登记工作。但是,采用这种核算方法由于需要将材料的计划成本调整为实际成本,而材料成本差异的计算,不可能都按每种材料单独计算,这样发出材料的实际成本的正确性要差一些。另外,如果材料的计划单位成本制定不准确或制定价格的客观因素发生变动,将会影响考核标准的准确性。因此,材料计划单位成本的制订,要尽可能接近实际,材料成本差异的分类要适当分细,以使产品成本计算能够比较正确。

第三节 周转材料

一、周转材料的核算内容

周转材料是指企业能够多次使用、逐渐转移其价值但仍保持原有形态不确认为固定资产的材料,包括包装物、低值易耗品,以及企业(建造承包商)的钢模板、木模板、脚手架等。其中包装物是指为了包装本企业产品、商品而储备的各种包装容器,如桶、箱、坛、瓶、袋等。低值易耗品是指由于价值低、易损耗等原因而不能作为固定资产的各种用具物品,如工具、管理用具、玻璃器皿以及在经营过程中周转使用的包装容器等。

二、周转材料的核算

企业为了核算周转材料的收入、发出和结存情况,应设置“周转材料”科目,其借方反映外购、自制、委托加工完成、盘盈等各种途径取得的周转材料成本(实际成本或计划成本,下同),贷方反映发出、领用、对外销售、盘亏、毁损等各种原因而减少的周转材料成本,期末借方余额反映企业库存未用周转材料的实际成本或计划成本及在用周转材料的摊余价值。在“周转材料”的总账科目下,按包装物、低值易耗品分别设置明细科目进行明细核算。

企业的包装物、低值易耗品,也可以单独设置“包装物”、“低值易耗品”科目分别核算。

(一) 周转材料收入的核算

企业周转材料包括向外单位购入、自制和委托加工完成的,其核算与原材料收入的核算基本相同,故不再介绍。

(二)周转材料发出的核算

1. 一次摊销法。周转材料价值较小时,可在领用时按其账面价值,一次计入成本费用中。领用时,借记"管理费用"、"生产成本"、"销售费用"、"工程施工"等科目,贷记"周转材料"科目。

【例5—8】 东海公司生产车间为生产产品领用包装物一批,实际成本为71000元;销售产品领用包装物一批,实际成本为6000元,采用一次摊销法,编制会计分录如下:

借:生产成本　　71000
　销售费用　　6000
　贷:周转材料　　77000

一次摊销法,手续比较简单,但摊销的结果会致使各期的成本费用负担不够均衡,且会出现账外资产。因此,这种方法适用于一次领用数量不多、价值较低和使用期较短的周转材料。

2. 分次摊销法。是根据周转材料的成本和使用期限平均计算摊销额的一种方法。领用时按其账面价值借记"周转材料(在用)"科目,贷记"周转材料(在库)"科目;摊销时按摊销额借记"管理费用"、"生产成本"、"销售费用"、"工程施工"等科目,贷记"周转材料(摊销)"科目。

【例5—9】 东海公司管理部门领用办公用具一批,实际成本30000元,分15个月摊销,编制会计分录如下:

借:周转材料——在用　　30000
　贷:周转材料——在库　　30000

本月末及以后月份摊销时:

借:管理费用　　2000
　贷:周转材料——摊销　　2000

采用分次摊销法,能根据周转材料的耐用期限计算各月的平均摊销额,使各月成本、费用负担合理。因此,一般适用于价值较高,或使用期限较长的周转材料。

3. 五五摊销法。是在周转材料领用时,按其成本摊销50%,报废时再摊销50%的一种方法。

【例5—10】 东海公司本月基本生产车间领用工具一批,实际成本30000元,采用五五摊销法,编制会计分录如下:

借:周转材料——在用 30000
　贷:周转材料——在库 30000
借:制造费用 15000
　贷:周转材料——摊销 15000

周转材料报废时,采用一次转销法的,应按报废周转材料的残料价值借记"原材料"等科目,贷记"管理费用"、"生产成本"、"销售费用"、"工程施工"等科目。采用其他摊销法的,按应补提摊销额借记"管理费用"、"生产成本"、"销售费用"、"工程施工"等科目,贷记"周转材料(摊销)"科目;按报废周转材料的残料价值借记"原材料"等科目,贷记"管理费用"、"生产成本"、"销售费用"、"工程施工"等科目,同时按已提摊销额借记"周转材料(摊销)"科目,贷记"周转材料(在用)"科目。

【例5—11】 以【例5—10】为例,低值易耗品报废时,收回残料120元,编制会计分录如下:

借:原材料 120
　贷:制造费用 120
借:制造费用 15000
　贷:周转材料——摊销 15000
借:周转材料——摊销 30000
　贷:周转材料——在用 30000

第四节 库存商品

企业为了核算库存的各种商品的实际成本(或进价)或计划成本(或售价),包括库存的外购商品、自制商品(产品)、存放在门市部准备出售的商品、发出展览的商品以及寄存在外库的商品等,应设置"库存商品"科目。

一、工业企业库存商品的核算

工业企业的库存商品主要指产成品。产成品是指企业已经完成全部生产过程并已验收入库合乎标准规格和技术条件,可以按照合同规定的条件送交订货单位,或者可以作为商品对外销售的产品。企业接受外来原材料加工制造的代制品和为外单位加工修理的代修品,制造和修理完成验收入库后,也应视同企业的产成品。

工业企业的产成品一般应按实际成本进行核算。在这种情况下，产成品的收入、发出和销售，平时只记数量不记金额；月份终了，计算入库产成品实际成本；对发出和销售的产成品，可采用先进先出法、加权平均法、移动加权平均法、个别计价法确定其实际成本。核算方法一经确定，不得随意变更，如需变更，应在会计报表附注中予以说明。

产成品种类比较多的企业，也可以按计划成本进行日常核算，其实际成本与计划成本的差额，可以单独设置"产品成本差异"科目进行核算。在这种情况下，产成品的收入、发出和销售，平时可以用计划成本进行核算，月份终了，计算入库产成品的实际成本，按产成品的计划成本记库存商品增加，并按实际成本与计划成本的差额记入产品成本差异，然后再将产成品成本差异在发出、销售和结存的产成品之间进行分配。

当企业产品完工验收入库，采用实际成本核算的企业，按实际成本借记"库存商品"科目，贷记"生产成本"等科目。采用计划成本核算的企业，按计划成本借记"库存商品"科目，按实际成本贷记"生产成本"科目，按实际成本与计划成本的差异，借记或贷记"产品成本差异"科目。

【例5—12】 东海公司月末汇总本月产成品，其中甲产品的生产成本为200000元，乙产品的生产成本为500000元。根据产成品入库单汇总表编制会计分录如下：

借：库存商品——甲产品　　200000
　　库存商品——乙产品　　500000
　贷：生产成本　　700000

采用委托代销方式销售的产成品，在产成品发往委托代销单位时，借记"发出商品"科目，贷记"库存商品"科目；收到代销清单时，借记"主营业务成本"科目，贷记"发出商品"科目。采用其他销售方式销售的产成品，结转成本时，借记"主营业务成本"科目，贷记"库存商品"科目。

【例5—13】 东海公司采用一般方式销售乙产品300公斤，每公斤成本400元，编制会计分录如下：

借：主营业务成本　　120000
　贷：库存商品——乙产品　　120000

二、商品流通企业库存商品的核算

商品流通企业库存商品的日常核算，可按进价计价，也可按售价计价核算。

在通常情况下,批发企业的库存商品一般按进价计价核算,而零售企业的库存商品则常按售价计价核算。

(一) 库存商品采用进价核算

按进价进行商品收发核算是指"库存商品"科目的收入、发出和结存均按进价反映。除了"库存商品"科目之外,还应设置"在途物资"科目。"在途物资"科目的用途和结构,比照材料按实际成本计价核算的方法。

1. 企业购入商品的核算。企业购入商品,根据收到发票账单上所列的商品买价和采购费用借记"库存商品"或"在途物资"科目,根据专用发票上注明的增值税借记"应交税费——应交增值税(进项税额)"科目,根据发票账单应付金额贷记"银行存款"、"库存现金"、"其他货币资金"、"应付票据"等科目。

【例 5—14】 东海公司购进甲商品 10000 公斤,每公斤 3 元,增值税率 17%。企业收到银行结算凭证、增值税专用发票,价税款用银行存款支付,该商品已验收入库,编制会计分录如下:

借:库存商品——甲商品　　30000

　应交税费——应交增值税(进项税额)　　5100

　贷:银行存款　　35100

【例 5—15】 东海公司购入乙商品 10000 件,每件买价 5 元,发票上注明增值税 8500 元。所有款项均以银行汇票支付,商品尚未到达,编制会计分录如下:

借:在途物资　　50000

　应交税费——应交增值税(进项税额)　　8500

　贷:其他货币资金——银行汇票存款　　58500

等收到商品时:

借:库存商品　　50000

　贷:在途物资　　50000

2. 企业发出商品的核算。企业销售发出的商品,结转销售成本时,可按先进先出法、加权平均法、移动加权平均法、个别计价法、毛利率法等方法计算已销商品的销售成本。核算方法一经确定,不得随意变更,如需变更,应在会计报表附注中予以说明。企业结转发出商品的成本,借记"主营业务成本"科目,贷记"库存商品"科目。

【例 5—16】 东海公司销售甲商品 800 公斤,每公斤含税售价 4.3 元,每公斤进价 3 元,编制会计分录如下:

借:主营业务成本　　2400

贷:库存商品 2400

(二) 库存商品采用售价核算

售价是指不含增值税的商品销售价格。如果属一般纳税人的零售企业,其销售商品的价格属于含税价,按售价核算时,应将含税价换算为不含税价。按售价进行商品收发核算是指"库存商品"科目的收入、发出和结存均按售价反映。除了"库存商品"科目外,还应设置"在途物资"、"商品进销差价"科目。"商品进销差价"科目是用来核算"库存商品"售价与进价之间的差额。其贷方反映商品入库以及库存商品发生溢余等形成的售价与进价的差额,借方登记商品出库以及库存商品发生损失等应分摊的进销差价,期末贷方余额反映结存的库存商品应负担的进销差价。

企业购入商品的核算。库存商品采用售价核算,购入的商品验收入库后,按商品售价借记"库存商品"科目,按商品的进价贷记"在途物资"科目,按商品售价与进价的差额贷记"商品进销差价"科目。企业委托外单位加工收回的商品,按商品售价借记"库存商品"账户,按可抵扣的消费税借记"应交税费——应交消费税"科目,按委托加工商品的成本贷记"委托加工物资",按商品售价与进价的差异贷记"商品进销差价"科目。

【例5—17】 东海公司从电冰箱厂购进电冰箱60台,每台进价1500元,增值税率为17%,收到银行转来的结算凭证和增值税专用发票,当即签发为期3个月的商业汇票一张,面额105300元。5天后电冰箱到达,该批电冰箱每台含税售价2047.5元,编制会计分录如下:

根据有关凭证签发商业汇票时:

借:在途物资——电冰箱 90000

应交税费——应交增值税(进项税额) 15300

贷:应付票据 105300

电冰箱入库时,将含税价换算为不含税价:

2047.5/(1+17%)=1750(元)

借:库存商品——电冰箱 105000

贷:在途物资——电冰箱 90000

商品进销差价 15000

若上述电冰箱本月已销40台,商品进销差异率为16%,商品销售成本按70000元结转时:

借:主营业务成本 70000

贷:库存商品——电冰箱 70000

月末计算已销商品应分摊商品进销差价时:

$70000 \times 16\% = 11200$(元)

借:商品进销差价 11200

贷:主营业务成本 11200

第五节 存货清查和期末计量

一、存货的清查

(一) 存货清查的意义

企业的存货品种多,收发频繁。在日常存货收、发、保管过程中,由于计量不准、错登漏计等错误,或者由于自然损耗、自然灾害或意外事故等客观原因,或者由于管理不善发生盗窃私分等失职或不法行为等,可能会发生存货的盘盈、盘亏和毁损现象,从而造成存货账实不符。

企业为了保证存货的账实相符,定期或不定期对存货进行盘点。定期盘点一般在月末、季末、年末进行;不定期盘点是指临时性的盘点,如发生事故损失、仓库保管员交接、存货调价等原因而进行的盘点。企业应当根据管理要求做好存货盘点,防止存货的积压或损失,确保企业存货的安全与完整。

清查存货的主要方法是实地盘点,某些物品也可以采用技术推算盘点法。盘点应做好记录,并编制"存货盘点报告表",以反映清查结果。

(二) 存货清查的核算

对于经盘点清查后账实不符的存货要查明原因,分清责任,报告有关部门及负责人,经股东大会或董事会或经理(厂长)会议或类似机构批准后,在年终结账前处理完毕。如果在年终结账前尚未得到批准,应当在对外提供财务报告时先作出处理,并在账务报告附注中作出说明;如果其后批准处理的金额与已处理的金额不一致,应当按其差额调整会计报表相关项目的年初数。

1. 存货盘盈的核算。发生盘盈的存货,经查明是由于收发计量或核算上误差等原因造成的,应及时办理存货入账手续,调整存货的账存数,借记有关存货类科目,贷记"待处理财产损溢——待处理流动资产损溢"科目。经批准后冲减管理费用。

【例 5—18】 东海公司在财产清查中,发现盘盈甲材料 1000 公斤,经查明是由于收发计量上的错误所造成的，按每公斤 3.5 元入账，编制会计分录如下：

借：原材料——甲材料　　3500

　贷：待处理财产损溢——待处理流动资产损溢　　3500

经批准后应编制会计分录如下：

借：待处理财产损溢——待处理流动资产损溢　　3500

　贷：管理费用　　3500

2. 存货盘亏和毁损的核算。发生盘亏和毁损的存货，批准以前应先结转到“待处理财产损溢”科目；根据企业的管理权限批准后，再根据造成亏损的原因，分别以下情况进行账务处理：属于自然损耗产生的定额内损耗，计入管理费用；属于计量收发差错和管理不善等原因造成的存货短缺或毁损，应先扣除残料价值、可以收回的保险赔偿和过失人的赔偿，然后将净损失计入管理费用；属于自然灾害或意外事故等非常原因造成的存货毁损，应先扣除残料价值、可以收回的保险赔偿和过失人的赔偿，然后将净损失计入营业外支出。

【例 5—19】 东海公司在财产清查中发生以下经济业务：

（1）发生盘亏甲产品 10 公斤，单位实际成本 150 元，经查明，属于定额内合理损耗。假设本题不考虑增值税，编制会计分录如下：

批准前，调整存货账面数额：

借：待处理财产损溢——待处理流动资产损溢　　1500

　贷：库存商品——甲商品　　1500

批准后，计入管理费用：

借：管理费用　　1500

　贷：待处理财产损溢——待处理流动资产损溢　　1500

（2）盘亏 A 材料 10 吨，每吨实际成本 300 元。经查明，是由于过失人造成的材料毁损，应由过失人赔偿 1500 元，毁损材料残料价值 100 元。本题不考虑增值税，编制会计分录如下：

批准前，调整存货账面数额：

借：待处理财产损溢——待处理流动资产损溢　　3000

　贷：原材料　　3000

批准后，按不同情况分别处理：

①由过失人赔款 1500 元。

借：其他应收款　　1500

　贷：待处理财产损溢——待处理流动资产损溢　　1500

②残料作价入库。

借:原材料 100

贷:待处理财产损溢——待处理流动资产损溢 100

③扣除过失人的赔款和残值后的盘亏数,计入管理费用。

借:管理费用 1400

贷:待处理财产损溢——待处理流动资产损溢 1400

(3) 自然灾害造成B材料毁损,其实际成本为8000元,应收保险赔款4000元,编制会计分录如下:

批准前,调整存货账面数额,并转出原材料购进时的增值税:

借:待处理财产损溢——待处理流动资产损溢 9360

贷:原材料 8000

应交税费——应交增值税(进项税额转出) 1360

批准后,按不同情况分别处理:

①由保险公司赔款4000元。

借:其他应收款 4000

贷:待处理财产损溢——待处理流动资产损溢 4000

②扣除保险公司赔款后的毁损数,计入营业外支出。

借:营业外支出 5360

贷:待处理财产损溢——待处理流动资产损溢 5360

二、存货的期末计量

在资产负债表日,存货应当按照成本与可变现净值孰低计量。所谓成本与可变现净值孰低计价法,是指对期末存货按照成本与可变现净值两者之中较低者计价的方法。即当成本低于可变现净值时,存货按成本计价;当可变现净值低于成本时,存货按可变现净值计价。这种方法中的“成本”,指存货的历史成本,即按前面所介绍的以实际成本为基础的存货计价方法计算的期末存货实际成本,如企业在存货成本的日常核算中采用计划成本法、售价金额核算法等方法,则成本应为经调整后的实际成本。“可变现净值”是指在日常经营活动中,存货的估计售价减去至完工估计将要发生的成本、估计的销售费用以及相关税费后的金额。采用成本与可变现净值孰低计价法的关键在于对存货可变现净值的确认。

（一）可变现净值的确定

企业在确定存货可变现净值时，应当以取得的可靠证据为基础，并且考虑持有存货的目的、资产负债表日后事项的影响等因素。从可变现净值的定义可以看出，存货估计售价的确定对于计算可变现净值非常重要，具体确认方法是：为执行销售合同或者劳务合同而持有的存货，通常应当以合同价格作为其可变现净值的计量基础；如果持有存货的数量多于销售合同所订数量，企业应区分有合同价格约定和无合同价格约定的两部分，分别确定其期末可变现净值，并与其相应的成本进行比较，对没有合同价格约定的存货可变现净值应当以期末市场销售价格为计量基础。用于出售的材料等，应当以期末市场价格作为其可变现净值的计量基础。

不同存货可变现净值计算方法概括如下：

1. 产成品、商品和用于出售的材料等直接用于出售的存货，在正常生产经营过程中，应当以该存货的估计售价减去估计的销售费用和相关税费后的金额确定。

2. 用于生产的材料、在产品、委托加工材料等需要经过加工的材料存货，确定需要经过加工的材料存货的可变现净值时，需要用以其生产的产成品的可变现净值与该产品的成本进行比较，如果该产品的可变现净值高于其成本，则该材料应当按照其成本计量。如果材料价格的下降表明以其生产的产成品的可变现净值低于成本，则该材料应当按可变现净值计量，且其可变现净值在正常生产经营过程中，应当以该材料所生产的产成品的估计售价减去至完工时估计将要发生的成本、估计的销售费用以及相关税费后的金额来确定。

【例5—20】 东海公司与伟达股份公司2006年10月18日签订一份销售合同，双方约定2007年1月18日向伟达股份公司销售A产品1000台，每台售价2000元。2006年12月31日，库存A产品1500台，每台成本1900元，市场售价1910元，估计销售费用及税金每件为30元。另外，年终有一批库存M材料准备出售，其成本为50000元，市场售价45000元，估计销售费用及税金1500元。

（1）计算期末有合同价格约定的A产品可变现净值：

$$1000 \times 2000 - 1000 \times 30 = 1970000（元）$$

比较其成本与可变现净值，其成本1900000元低于可变现净值，期末有合同价格约定的A产品按成本计价。

（2）计算期末无合同价格约定的A产品可变现净值：

$$500 \times 1910 - 500 \times 30 = 940000（元）$$

比较其成本与可变现净值，其成本950000元高于可变现净值，期末无合同价格约定的A产品按可变现净值940000元计价，并反映其跌价损失10000元。

（3）计算期末M材料可变现净值：

45000－1500＝43500（元）

比较其成本与可变现净值，其成本50000元高于可变现净值，期末M材料按可变现净值43500元计价，并反映其跌价损失6500元。

【例5—21】 2006年12月31日，东海公司库存N原材料的账面成本为130000元，市场价格为110000元。假如不发生其他采购费用，由于N材料价格下降，市场用N材料生产B产品价格也从原来310000元降到270000元，但生产成本不变，将N材料加工成B产品估计尚需投入160000元，估计销售费用及税金为10000元。

（1）计算用N材料生产出B产品的可变现净值：

B产品的可变现净值＝B产品估计售价－估计销售费用

＝270000－10000

＝260000（元）

（2）比较B产品的可变现净值和其成本，B产品的成本为290000元，可变现净值低于其成本，N材料应按可变现净值计价。

（3）计算N材料的可变现净值。

N材料的可变现净值＝B产品估计售价－将N材料加工成B产品尚需估计投入成本－估计销售费及税金＝270000－160000－10000＝100000（元）

N材料可变现净值100000元，低于其成本130000元，因此N材料期末价值为100000元。

（二）存货跌价准备的计提

1. 存货跌价准备计提的条件。存货存在下列情形之一的，表明存货的可变现净值低于成本，应当计提存货跌价准备：

（1）该存货的市场价格持续下跌，并且在可预见的未来无回升的希望；

（2）企业使用该项原材料生产的产品的成本大于产品的销售价格；

（3）企业因产品更新换代，原有库存原材料已不适应新产品的需要，而该原材料的市场价格又低于其账面成本；

（4）因企业所提供的商品、劳务过时或消费者偏好改变而使市场的需求发生变化，导致市场价格逐渐下跌；

（5）其他足以证明该项存货实质上已经发生减值的情形。

存货存在下列情形之一的,表明存货的可变现净值为零:

(1) 已霉烂变质的存货;

(2) 已过期且无转让价值的存货;

(3) 生产中已不再需要,并且已无使用价值和转让价值的存货;

(4) 其他足以证明已无使用价值和转让价值的存货。

2. 存货跌价准备的计提方法。在资产负债表日,企业确定各种存货可变现净值后,应按成本与可变现净值孰低法对存货计价。从理论上来看,有三种不同的计算方法可供选择。

(1) 单项比较法。是指对存货中每一种存货的成本和可变现净值进行逐项比较,每项存货均取较低值确定期末存货价值的方法。

(2) 分类比较法。是指按存货类别的成本与可变现净值进行比较,每类存货取其较低值来确定期末存货价值的方法。

(3) 总额比较法。是指按全部存货的总成本与可变现净值总额相比较,以较低值确定全部期末存货总价值的方法。

【例5—22】 东海公司有A、B两大类A_1、A_2、B_1、B_2四种存货,各种存货分别按三种计算方式确定期末存货成本。如表5—2所示。

表5—2　期末存货成本与可变现净值孰低比较表　单位:元

项　目	数量	成　本		可变现净值		单　项比较法	分　类比较法	总　额比较法
		单位成本	总　额	单　价	总金额			
A类存货								
A_1	10	1000	10000	1020	10200	10000		
A_2	20	600	12000	580	11600	11600		
小计			22000		21800	21600	21800	
B类存货								
B_1	50	220	11000	200	10000	10000		
B_2	100	150	15000	165	16500	15000		
小计			26000		26500	25000	26000	
总　计			48000		48300	46600	47800	48000

由表5—2可见,单项比较法计算的期末存货的总价值最低,分类比较法次之,总额比较法最高。原因是单项比较法所确定的均为各项存货的最低价,据此计算的结果比较准确,但这种方法的工作量大,存货品种繁多的企业更是如此;

总额比较法虽然比其他两种方法都简单，但过于粗糙；分类比较法介于两者之间。根据有关规定，存货跌价准备应按单个存货项目的成本与可变现净值计量，如果某些存货具有类似用途并与在同一地区生产和销售的产品系列相关，且实际上难以将其与该产品系列的其他项目区别开来进行估计的存货，可以合并计量成本与可变现净值；对于数量繁多、单价较低的存货，可以按存货类别计量成本与可变现净值。

(三) 成本与可变现净值孰低的核算

在资产负债表日，存货应当按照成本与可变现净值孰低来计量。存货的成本高于其可变现净值的，其两者的差额为应提存货跌价准备，然后再与已提数进行比较，若应提数大于已提数，则应予以补提。企业计提的存货跌价准备，应计入当期损益。当以前减计存货价值的影响因素已经消失，减计的金额应予以恢复，并在原已计提的存货跌价准备金额内转回，转回的金额计入当期损益。

【例5—23】 东海公司2006年年末存货账面成本为100000元，预计可变现净值为90000元，2007年年末存货账面成本85000元，预计可变现净值为81000元，2008年年末存货账面成本90000元，预计可变现净值为98000元，应编制的会计分录如下：

2006年年末计提存货跌价准备 = 100000 - 90000 = 10000(元)

借：资产减值损失——计提存货跌价损失　　10000

　贷：存货跌价准备　　10000

2007年年末存货跌价准备应为4000元(85000 - 81000)，而计提前“存货跌价准备”贷方余额为10000元，故应冲销已提存货跌价准备6000元。

借：存货跌价准备　　6000

　贷：资产减值损失——计提存货跌价损失　　6000

2008年年末存货账面成本低于可变现净值，无需计提存货跌价准备，因而存货跌价准备已提数4000元全部冲回。

借：存货跌价准备　　4000

　贷：资产减值损失——计提存货跌价损失　　4000

企业计提了存货跌价准备，如果其中有部分存货已经领用或销售，则企业在结转销售成本的同时，应结转对其已计提的存货跌价准备，结转存货跌价准备冲减当期销售成本。对于因债务重组、非货币性交易转出的存货，应结转已计提的存货跌价准备，并按债务重组和非货币性交易的准则进行账务处理。

【例 5—24】 2006 年年末东海公司库存 A 产品 5 台，每台成本为 5000 元，已经计提的存货跌价准备为 6000 元。2007 年将 5 台设备全部售出，每台售价 6000 元，编制会计分录如下：

借：主营业务成本　　19000
　存货跌价准备　　6000
　贷：库存商品　　25000

思考题

1. 存货发出的计价方法有哪些？
2. 外购材料按实际成本计价如何进行账务处理？
3. 外购材料按计划成本计价如何进行账务处理？
4. 委托加工物资如何进行账务处理？
5. 周转材料发出的核算有何特点？
6. 如何对存货清查结果进行会计处理？

练习题

一、单项选择题

1. 在物价持续上涨的某会计期间，资产负债表上（即期末）的存货价值采用（　　）计算，能使其价值比较接近现实成本。

A. 后进先出法　B. 个别辨认法　C. 零售价格法　D. 先进先出法

2. 企业采购材料在运输途中的合理损耗应计入（　　）。

A. 材料成本　B. 管理费用　C. 运输费用　D. 其他业务成本

3. 按照成本与可变现净值孰低法的原则，下列期末存货（　　）的情况需要进行账务处理。

A. 成本高于可变现净值　B. 成本低于可变现净值
C. 成本等于可变现净值　D. 成本高于或低于可变现净值

4. 企业在存货清查中发现盘盈的存货，按规定程序报经批准后，应计入（　　）账户。

A. 营业外收入　B. 其他业务收入
C. 管理费用　D. 营业外支出

5. 通过盘存先确定期末结存存货的数量,然后推算出本期发出存货的数量,这种方法称之为(　　)。

A. 实地盘存制　B. 权责发生制　C. 永续盘存制　D. 收付实现制

二、多项选择题

1. 企业对于材料已到,但结算凭证未到且货款尚未支付的采购业务,应作的会计处理是(　　)。

A. 材料验收入库时入账

B. 材料验收入库时先不入账

C. 收到结算凭证时入账

D. 月末仍未收到结算凭证应按暂估价入账,下月初用红字冲回

2. 企业存货发生盘盈或盘亏,应先计入“待处理财产损溢”科目,待查明原因后分别转入(　　)。

A. 营业外支出　B. 营业外收入　C. 管理费用　D. 其他应收款

3. 企业采用永续盘存制时,下列说法正确的是(　　)。

A. 平时进货时登记　B. 平时进货时不登记

C. 平时发货时登记　D. 平时发货时不登记

4. 对一般纳税人而言,下列应计入外购存货的采购成本是(　　)。

A. 买价　B. 购入存货应负担的增值税

C. 购入存货应负担的消费税　D. 入库前的挑选整理费用

5. 发出材料的成本,根据其具体领用的部门和用途,可能计入的科目是(　　)。

A. 生产成本　B. 制造费用　C. 管理费用　D. 在建工程

三、实务题

1. 某厂6月份发生如下有关经济业务:

(1) 3日购入甲材料3000件,每件40元;乙材料2000吨,每吨50元;增值税37400元;甲、乙材料的运杂费4000元;已开出转账支票支付货款、税金及运杂费,两种材料已验收入库。甲、乙材料的运杂费按重量比例分配,甲材料每件按1吨计。

(2) 9日,向C公司购入甲材料2000件,每件41元,增值税13940元,以银行汇票支付,以转账支票支付上述甲材料2000件的运杂费2000元。材料未到。

(3) 15日,购入乙材料1000吨,每吨52元,运输费840元,增值税8840元,以银行支票支付,材料尚未到厂。

(4) 16日,购入生产工具1000件,单价52.2元,运输费800元,增值税8840元,以银行支票支付,生产工具如数入库。

(5) 20日,6月9日付款的甲材料2000件到厂验收入库,实收1800件,缺少200件,系发货单位少发运,已同意补发。

(6) 21日,生产车间领用生产工具600件,单位成本53元,采用五五摊销法。

(7) 28日,6月15日付款的乙材料1000吨到厂验收入库,实收990吨(途耗率1%,在规定范围内)。

(8) 30日,前已运达厂的乙材料800吨,账单发票仍未收到,按每吨50元暂估入账。

(9) 30日,本月仓库发出材料如下:

生产A产品领用:甲材料180000元,乙材料130000元;生产车间一般耗用:甲材料13000元,乙材料8000元;管理部门耗用:甲材料2500元,乙材料4500元。

要求:根据上述资料编制会计分录(为简化核算,不考虑与运费有关的增值税的扣除)。

2. 某企业2007年6月有关账户月初余额及发生的业务如下:

"原材料"借方余额24000元,"材料成本差异"借方余额400元,甲材料的计划单位成本为24元。

(1) 6月5日,向华新公司购入甲材料4000公斤,价款98000元,运杂费2400元,增值税17748元,款项尚未支付,材料已经验收入库。该批材料的计划成本为96000元。

(2) 6月30日,生产A产品领用甲材料3000公斤,计划成本为72000元;生产B产品领用甲材料1500公斤,计划成本36000元。

要求:(1) 计算材料本月材料差异率,将本月发出材料的计划成本调整为实际成本;(2) 根据上述资料编制必要的会计分录。

第六章
投 资

学习目标

投资是指企业为通过分配来增加财富，或为谋求其他利益，而将资产让渡给其他单位所获得的另一项资产。它包括交易性金融资产、持有至到期投资、可供出售金融资产和长期股权投资。通过本章学习，了解对外投资包含的内容，理解它们的含义；掌握交易性金融资产、持有至到期投资、可供出售金融资产和长期股权投资的核算方法。

第一节 交易性金融资产

一、交易性金融资产的概念

交易性金融资产是指以公允价值计量且变动计入当期损益的金融资产。企业取得的交易性金融资产的目的主要是为了近期内出售或回购，如企业以赚取差价为目的从二级市场购入的股票、债券、基金等。直接指定为以公允价值计量且其变动计入当期损益的金融资产，也属于交易性金融资产。这种金融资产主要是企业基于风险管理、战略投资需要等所作的指定，如企业准备运用衍生工具对持有至到期债券投资进行套期保值，但由于套期有效性未能达到套期保值有关规定的条件而无法运用套期会计方法。在此种情况下，将该持有至到期债券投资直接指定为以公允价值计量且其变动计入当期损益，可以更好地反映企业风险管理的实际情况，提供更相关的会计信息。

二、交易性金融资产成本的确定

交易性金融资产应当按照取得时的公允价值作为初始确认金额，相关的交易费用在发生时计入当期损益(即投资收益)。支付的价款中包含的已宣告但尚未发放的现金股利或已到付息期但尚未领取的债券利息,应当单独确认为应收项目,即应收股利或应收利息。

三、交易性金融资产的核算

企业为了核算交易性金融资产,应设置"交易性金融资产"、"应收股利"、"应收利息"、"投资收益"、"公允价值变动损益"等科目。

"交易性金融资产"科目。该科目应当按照交易性金融资产的类别和品种,分别"成本"、"公允价值变动"科目进行明细核算。其中"交易性金融资产——成本"明细科目,借方反映取得交易性金融资产的公允价值,贷方反映出售交易性金融资产冲减的成本。"交易性金融资产——公允价值变动"明细科目,借方反映在资产负债表日交易性金融资产的公允价值高于其账面余额的差额,贷方反映在资产负债表日交易性金融资产的公允价值低于其账面余额的差额。

"应收股利"科目,借方反映应领取的现金股利,贷方反映实际收到的现金股利,期末借方余额表示尚未领取的现金股利。

"应收利息"科目,借方反映已到付息期但尚未领取的债券利息,贷方反映实际收到的债券利息,期末借方余额表示尚未领取的债券利息。

"投资收益"科目,贷方反映因投资而发生的收益,借方反映因投资而发生的损失,期末借、贷方差额(净损失或净收益)转入"本年利润"科目的借方或贷方。

"公允价值变动损益"科目,贷方反映资产负债表日交易性金融资产等公允价值变动形成的利得,借方反映资产负债表日交易性金融资产等公允价值变动形成的损失,期末借贷方差额转入"本年利润"科目的借方或贷方。

(一) 交易性金融资产取得的核算

1. 企业以购买股票的方式形成的交易性金融资产,应按照购入股票时的公允价值借记"交易性金融资产——成本"科目,按发生的交易费用借记"投资收益"科目,按已宣告但尚未发放的现金股利借记"应收股利"科目,按实际支付的价款贷记"银行存款"等科目。

【例 6—1】 东海公司从证券市场上购买甲公司股票 10000 股,每股 10 元,其中包含已宣告的每股现金股利 0.2 元,另支付税金、手续费等相关费用 1000 元,编制会计分录如下:

借:交易性金融资产——成本　　　　98000

应收股利——甲公司 2000

投资收益 1000

贷:银行存款 101000

2. 企业以购买债券的方式形成的交易性金融资产,按照购入债券的公允价值借记“交易性金融资产——成本”科目,按发生的交易费用借记“投资收益”科目,按已到付息期但尚未领取的利息借记“应收利息”科目,按实际支付的价款贷记“银行存款”等科目。

【例6—2】 东海公司2007年3月1日从证券市场以202000元的价格购入2006年1月1日发行的三年期债券,该债券面值为200000元,年利率为6%,其债券利息按年收取,到期收回本金,另支付相关税费500元。该企业购入的债券不准备长期持有,编制会计分录如下:

借:交易性金融资产——成本 202000

投资收益 500

贷:银行存款 202500

(二) 收到现金股利和现金利息的核算

企业收到的现金股利和现金利息,分为两种情况:一种是在购入股票或债券时,价款中包含的已宣告但尚未发放的现金股利或已到付息期但尚未领取的现金利息,属于一项债权,应分别记入“应收股利”或“应收利息”科目的借方,实际收到时冲减“应收股利”或“应收利息”科目;另一种是持有股票或债券期间获取的现金股利或利息,是因投资而获得的收益,应确认为投资收益。

【例6—3】 接【例6—1】,东海公司收到甲公司分来的现金股利2000元,编制会计分录如下:

借:银行存款 2000

贷:应收股利——甲公司 2000

【例6—4】 接【例6—2】,2007年12月31日东海公司收到分来的债券利息12000元,假定该债券公允价值无变动,编制会计分录如下:

借:银行存款 12000

贷:投资收益 12000

这里需要说明的是,当债券的票面利率与实际利率差异不大时,可以采用票面利率来计算债券利息收入,但如果两者相差较大时,应采用实际利率计算确定债券利息收入。

（三）资产负债表日交易性金融资产账面价值的调整

资产负债表日，当交易性金融资产的公允价值高于其账面余额时，按两者的差额借记“交易性金融资产——公允价值变动”科目，贷记“公允价值变动损益”科目；当公允价值低于其账面余额时，按两者的差额借记“公允价值变动损益”科目，贷记“交易性金融资产——公允价值变动”科目。

【例6—5】 接【例6—3】，在资产负债表日，东海公司买入的甲公司股票的公允价值为每股12元，则东海公司应调整交易性金融资产的账面价值，编制会计分录如下：

借：交易性金融资产——公允价值变动　　22000

　贷：公允价值变动损益　　22000

（四）出售交易性金融资产的核算

企业出售交易性金融资产时，应按实际收到的金额借记“银行存款”等科目，按该金融资产的成本贷记“交易性金融资产——成本”，按该项交易性金融资产的公允价值变动贷记或借记“交易性金融资产——公允价值变动”，按其差额贷记或借记“投资收益”科目。同时，按该金融资产的公允价值变动借记或贷记“公允价值变动损益”科目，贷记或借记“投资收益”科目。

【例6—6】 接【例6—5】，东海公司持有一段时间后，以每股15元的价格出售甲公司股票2000股，实得款项30000元，编制会计分录如下：

借：银行存款　　30000

　贷：交易性金融资产——成本　　19600

　　交易性金融资产——公允价值变动　　4400

　　投资收益　　6000

同时：

借：公允价值变动损益　　4400

　贷：投资收益　　4400

【例6—7】 接【例6—4】，东海公司于2008年1月10日出售全部债券，实得款项204000元，编制会计分录如下：

借：银行存款　　204000

　贷：交易性金融资产——成本　　202000

　　投资收益　　2000

第二节 持有至到期投资

一、持有至到期投资的概念

持有至到期投资,是指到期日固定、回收金额固定或可确定,且企业有明确意图和能力持有至到期的非衍生金融资产。

企业从二级市场上购入的固定利率国债、浮动利率公司债券等,符合持有至到期投资条件的,可以作为持有至到期投资。持有至到期投资通常具有长期性质,但期限较短(1年以内)的债券投资,符合持有至到期投资条件的,也可将其划分为持有至到期投资。购入的股权投资因其没有固定的到期日,不符合持有至到期投资的条件,不能划分为持有至到期投资。

债券投资与股权投资相比,特点主要有:

1. 债权投资的性质与股权投资不同。债权投资只能取得被投资单位的债权,不能参与债务单位的生产经营管理,也无权参与其利润分配。股权投资是为了取得被投资单位的所有权,有权参与被投资单位的生产经营管理及利润分配。

2. 债权投资的风险小于股权投资,且收益比较固定。企业进行债权投资自投资之日起即成为债务单位的债权人,并按约定的利率收取利息,到期收回本金。即使在债务单位破产的情况下,债权投资者优于股权投资者得到清偿。

3. 债权投资可以转让,但在债权债务方约定的期限内一般不能要求债务单位提前偿还本金。股权投资在被投资单位持续经营的情况下,除按法律程序外,一般不能提前撤回投资。

二、持有至到期投资成本的确定

持有至到期投资应当按取得时的公允价值和相关交易费用之和作为初始确认金额。支付的价款中包含的已到付息期但尚未领取的债券利息,应单独确认为应收项目,即应收利息。

三、持有至到期投资的核算

企业为了核算持有至到期投资,应设置“持有至到期投资”科目。该科目应按照其类别和品种,分别“成本”、“利息调整”、“应计利息”等明细科目进行核算。

“持有至到期投资——成本”明细科目，借方反映取得持有至到期投资的面值，贷方反映转让持有至到期投资或到期时冲减的面值，期末借方余额反映尚未到期的持有至到期投资的面值。

“持有至到期投资——利息调整”明细科目，借方反映取得持有至到期投资的面值与已到付息期但尚未领取的利息之和小于实际支付价款的差额，及资产负债表日债券票面利息小于实际利息的差额，贷方反映取得持有至到期投资的面值与已到付息期但尚未领取的利息之和大于实际支付价款的差额，及资产负债表日债券票面利息大于实际利息的差额。期末借方或贷方余额反映持有至到期投资的利息调整数。

“持有至到期投资——应计利息”明细科目，借方反映一次还本付息债券于资产负债表日按票面利率计算确定的应收未收利息，贷方反映转让持有至到期投资或到期时冲减的已计提的利息，期末借方余额反映已计提但尚未收取的利息。

（一）按面值购入持有至到期投资的核算

按面值购入持有至到期投资时，应按取得时的面值借记“持有至到期投资——成本”科目，按已到付息期但尚未领取的利息借记“应收利息”科目，按实际支付的价款贷记“银行存款”等科目，借贷差额借记或贷记“持有至到期投资——利息调整”科目。

【例6—8】 东海公司于2007年1月1日从证券二级市场购进某公司当日发行的面值为200000元的两年期的债券，其票面年利率与实际利率均为4%，到期一次还本付息，共支付价款200000元（不考虑有关交易费用），编制会计分录如下：

借：持有至到期投资——成本　　200000

　贷：银行存款　　200000

在资产负债表日，债券持有期间获得的利息，作为投资收益确认，计入当期损益。如果是分期付息债券，应借记“应收利息”科目，贷记“投资收益”科目；如果是一次还本付息债券，应借记“持有至到期投资——应计利息”科目，贷记“投资收益”科目。

【例6—9】 接【例6—8】，东海公司在2007年12月31日，根据债券面值和利率计算持有该债券的利息收入8000元（200000×4%），编制会计分录如下：

借：持有至到期投资——应计利息　　8000

贷:投资收益 8000

债券到期,应按收回的全部价款借记"银行存款"科目,按持有至到期投资的面值贷记"持有至到期投资——成本"科目,按债券投资已计利息数额贷记"持有至到期投资——应计利息"科目,按其差额贷记"投资收益"科目。

【例6—10】 接【例6—9】,东海公司于2008年12月31日到期收回债券本息216000元,编制会计分录如下:

借:银行存款 216000
　贷:持有至到期投资——成本 200000
　　持有至到期投资——应计利息 8000
　　投资收益 8000

(二) 溢价购入持有至到期投资的核算

当企业以高于债券面值的价格购入债券时,高出的部分称债券溢价。溢价的形成主要是由于债券票面利率高于实际利率引起的。溢价购入对投资者而言,是为以后各期多得利息而事先付出的代价;对发行债券的企业而言,是为以后各期多付利息而预先得到的补偿。

企业溢价购入债券时,应按其面值借记"持有至到期投资——成本"科目,按已到付息期但尚未领取的利息借记"应收利息"科目,按实际支付的价款贷记"银行存款"等科目,按其差额借记"持有至到期投资——利息调整"科目。此时的利息调整已包含了债券的溢价及交易费用。

在资产负债表日,企业按应计算的票面利息借记"持有至到期投资——应计利息"科目(一次还本付息债券)或"应收利息"科目(一次还本分次付息债券),按持有至到期投资摊余成本和实际利率计算确定的利息收入贷记"投资收益"科目,按其差额贷记"持有至到期投资——利息调整"科目。

【例6—11】 东海公司2007年1月1日以105154元的价格购入C企业当日发行的三年期债券,票面利率为10%,票面总值为100000元。该债券每年付息一次,最后一年还本金并付最后一次利息。假定不考虑有关交易费用,该公司按年计息,购入时市场利率为8%,应编制的会计分录如下:

1. 购入时:

借:持有至到期投资——成本 100000
　持有至到期投资——利息调整 5154
　贷:银行存款 105154

2. 年度终了时计算利息并摊销溢价。溢价摊销的方法有直线法和实际利率法两种。

(1) 直线法,是将购入时的债券溢价在债券持有期间内平均摊销的一种方法。

各年计算利息并摊销溢价时:

各年溢价摊销额 = 5154 ÷ 3 = 1718(元)

借:应收利息 10000
　贷:持有至到期投资——利息调整 1718
　　投资收益 8282

各年收到利息(除最后一次付息外)时:

借:银行存款 10000
　贷:应收利息 10000

到期还本并收到最后一次利息时:

借:银行存款 110000
　贷:持有至到期投资——成本 100000
　　应收利息 10000

(2) 实际利率法,是以债券的实际利率乘以债券的每期期初摊余成本,作为当期投资收益(即实际利息),以投资收益与按当期票面利率计算的应收未收利息的差额作为利息调整的一种方法。

表 6—1 债券溢价摊销表

(实际利率法) 单位:元

计息日期	应收利息 (1)	实际利率 (2)	投资收益 (3)	溢价摊销 (4)	未摊销溢价 (5)	摊余成本 (6)
	(1) = 面值 × 票面利率	(2)	(3) = 上期(6) × (2)	(4) = (1) − (3)	(5) = 上期(5) − (4)	(6) = 上期(6) − (4)
2007.01.01					5154.00	105154.00
2007.12.31	10000	8%	8412.32	1587.68	3566.32	103566.32
2008.12.31	10000	8%	8285.30	1714.70	1851.62	101851.62
2009.12.31	10000	8%	8148.38 *	1851.62	0	100000.00
合　计	30000	—	24846.00	5154.00	—	—

注:* 按公式计算的金额应为 8148.13 元(101851.62 × 8%),差额 0.25 元(8148.38 − 8148.13)系计算小数点保留位数造成,在最后一年调整。

各年计算利息并摊销溢价时：

2007 年 12 月 31 日：

借：应收利息　　10000

　贷：投资收益　　8412.32

　　持有至到期投资——利息调整　　1587.68

2008 年 12 月 31 日：

借：应收利息　　10000

　贷：投资收益　　8285.30

　　持有至到期投资——利息调整　　1714.70

2009 年 12 月 31 日：

借：应收利息　　10000

　贷：投资收益　　8148.38

　　持有至到期投资——利息调整　　1851.62

各年收到利息及最后一年到期收回本息同直线法。

（三）折价购入持有至到期投资的核算

当债券的票面利率低于实际利率，企业以低于债券面值的价格即折价购入。对购买企业而言，是为今后少得利息而事先得到的补偿；对发行单位而言，是为今后少付利息而事先付出的代价。

折价购入的债券，应按其面值借记“持有至到期投资——成本”科目，按已到付息期但尚未领取的利息借记“应收利息”科目，按实际支付的价款贷记“银行存款”、“结算备付金”等科目，按其差额贷记“持有至到期投资——利息调整”科目。

在资产负债表日，企业应按票面利率计算的利息借记“持有至到期投资——应计利息”科目（一次还本付息债券）或“应收利息”科目（一次还本分次付息债券），按持有至到期投资摊余成本和实际利率计算确定的利息收入贷记“投资收益”科目，按其差额借记“持有至到期投资——利息调整”科目。

【例 6—12】　东海公司 2007 年 1 月 1 日以 92269 元的价格购入乙企业当日发行的三年期债券，票面利率为 5%，票面总值为 100000 元。该债券到期一次还本，分年付息。假定不考虑有关税费，该公司按年计息，购入时市场利率为 8%，编制会计分录如下：

1. 购入时：

借：持有至到期投资——成本　　100000

贷:银行存款　92269

持有至到期投资——利息调整　7731

2. 年度终了计算利息并摊销折价。

(1) 直线法,是将购入时的折价在债券的持有期间内平均摊销的一种方法。

各年计算利息并摊销折价时:

借:应收利息　5000

持有至到期投资——利息调整　2577

贷:投资收益　7577

各年收到利息时:

借:银行存款　5000

贷:应收利息　5000

到期一次收回本金时:

借:银行存款　100000

贷:持有至到期投资——成本　100000

(2) 实际利率法。

表6—2　**债券折价摊销表**

(实际利率法)　单位:元

计息日期	应收利息 (1)	实际利率 (2)	投资收益 (3)	折价摊销 (4)	未摊销折价 (5)	摊余成本 (6)
	(1) = 面值×票面利率	(2)	(3) = 上期(6)×(2)	(4) = (3)-(1)	(5) = 上期(5)-(4)	(6) = 上期(6)+(4)
2007.01.01					7731.00	92269.00
2007.12.31	5000	8%	7381.52	2381.52	5349.48	94650.52.31
2008.12.31	5000	8%	7572.04	2572.04	2777.44	97222.56
2009.12.31	5000	8%	7777.44 *	2777.44	0	100000.00
合　计	15000	—	22731.00	7731.00	—	—

注:* 按公式计算的金额应为7777.80元(97222.56×8%),差额0.36元(7777.80-7777.44)系计算时小数点保留位数造成,在最后一年调整。

各年计算利息并摊销折价时:

2007年12月31日:

借:应收利息　5000

　　持有至到期投资——利息调整　2381.52

　贷:投资收益　7381.52

收到利息时:

借:银行存款　5000

　贷:应收利息　5000

2008 年 12 月 31 日:

借:应收利息　5000

　　持有至到期投资——利息调整　2572.04

　贷:投资收益　7572.04

收到利息时:

借:银行存款　5000

　贷:应收利息　5000

2009 年 12 月 31 日:

借:应收利息　5000

　　持有至到期投资——利息调整　2777.44

　贷:投资收益　7777.44

收到利息时:

借:银行存款　5000

　贷:应收利息　5000

到期收回本金时:

借:银行存款　100000

　贷:持有至到期投资——成本　100000

直线法的优点是简便易行。但这种方法未能反映各期投资收益之间的差异,使得各期投资收益率不同,不能正确反映投资与收益的关系。而实际利率法却能反映债券投资收益与账面价值(摊余成本)之间的关系,使确认的各期投资收益都等于当期账面价值(摊余成本)与实际利率的乘积,使各期账面收益率相等,且都等于实际利率,符合理论要求。我国现有的准则规定,企业应采用实际利率法计算摊销债券的溢折价。

四、持有至到期投资的期末计价

企业应当在资产负债表日对持有至到期投资的账面价值进行检查,有客观

证据表明该金融资产发生减值的,应当计提减值准备。发生减值的客观证据如下:

1. 发行方或债务人发生严重财务困难;

2. 债务人违反了合同条款,如偿付利息或本金发生违约或逾期等;

3. 债权人出于经济或法律等方面因素的考虑,对发生财务困难的债务人作出让步;

4. 债务人很可能倒闭或进行其他财务重组;

5. 因发行方发生重大财务困难,该金融资产无法在活跃市场继续交易;

6. 其他表明金融资产发生减值的客观证据。

当持有至到期投资发生减值时,按减值的金额借记"资产减值损失"科目,贷记"持有至到期投资减值准备"。已计提减值准备的持有至到期投资价值以后又得以恢复,应在原已计提的减值准备金额内,按恢复增加的金额借记"持有至到期投资减值准备"科目,贷记"资产减值损失"科目。

第三节 可供出售金融资产

一、可供出售金融资产的概念

可供出售金融资产,是指初始确认时即被指定为可供出售的非衍生金融资产,包括可供出售的股票投资、债券投资等金融资产。如企业购入的在活跃市场上有报价的股票、债券和基金等,没有划分为以公允价值计量且其变动计入当期损益的金融资产或持有至到期投资等金融资产的,可划分为此类。基于特定的风险管理或资本管理需要,企业也可将某项金融资产直接指定为可供出售金融资产。但贷款和应收款项、持有至到期投资、交易性金融资产除外。

二、可供出售金融资产成本的确定

可供出售金融资产应当按取得该金融资产的公允价值与相关交易费用之和作为初始确认金额。如支付的价款中包含了已到付息期但尚未领取的债券利息或已宣告但尚未发放的现金股利的,应单独确认为应收项目。

三、可供出售金融资产的核算

企业为了核算可供出售金融资产,应设置"可供出售金融资产"科目,并按可供出售金融资产类别和品种,分别设“成本”、“利息调整”、“应计利息”、“公允价值变动”等科目进行明细核算。

企业取得的可供出售金融资产可分为债券投资和股票投资等。

(一) 可供出售金融资产——债券投资的核算

企业取得可供出售金融资产如为债券投资,应按债券的面值借记“可供出售金融资产——成本”科目,按支付的价款中包含的已到付息期但尚未领取的利息借记“应收利息”科目,按实际支付的金额贷记“银行存款”等科目,按差额借记或贷记“可供出售金融资产——利息调整”科目。

在资产负债表日,可供出售债券为分期付息、一次还本债券投资的,应按票面利率计算确定的应收未收利息借记“应收利息”科目,按可供出售债券摊余成本和实际利率计算确定的利息收入贷记“投资收益”科目,按其差额借记或贷记“可供出售金融资产——利息调整”科目。

可供出售债券为一次还本付息债券投资的,按票面利率计算确定的应收未收利息借记“可供出售金融资产——应计利息”科目,按可供出售债券摊余成本和实际利率计算确定的利息收入贷记“投资收益”科目,按其差额借记或贷记“可供出售金融资产——利息调整”科目。

出售可供出售债券时,应按实际收到的金额借记“银行存款”等科目,按其账面余额贷记“可供出售金融资产(成本、利息调整、应计利息)”科目,按其差额贷记或借记“投资收益”科目。

有关可供出售金融资产(债券投资)的具体核算参照持有至到期投资的核算。

(二) 可供出售金融资产——股票投资的核算

可供出售金融资产如为股票投资,应按取得该金融资产的公允价值与交易费用之和作为初始投资成本借记“可供出售金融资产——成本”科目,按支付的价款中包含的已宣告但尚未发放的现金股利借记“应收股利”科目,按实际支付的金额贷记“银行存款”等科目。

在资产负债表日,可供出售金融资产的公允价值高于其账面余额的差额,借记“可供出售金融资产——公允价值变动”科目,贷记“资本公积——其他资本公积”科目;公允价值低于其账面余额的差额作上述相反的会计分录。

出售可供出售股票时,应按实际收到的金额借记“银行存款”等科目,按其账面余额贷记“可供出售金融资产(成本、公允价值变动)”科目,按应从所有者权益中转出的公允价值累计变动额借记或贷记“资本公积——其他资本公积”

科目，按其差额贷记或借记“投资收益”科目。

（三）可供出售金融资产减值的核算

当可供出售金融资产发生减值，按减值金额借记“资产减值损失”科目，按应从所有者权益中转出原计入资本公积的累计损失金额贷记“资本公积——其他资本公积”科目，按其差额贷记“可供出售金融资产——公允价值变动”科目。

对于已确认减值损失的可供出售金融资产，在随后的会计期间公允价值已上升且客观上与确认原减值损失事项有关的，按原确认的减值损失借记“可供出售金融资产——公允价值变动”科目，贷记“资产减值损失”科目；但可供出售金融资产为股票等权益工具投资的（不含在活跃市场上没有报价、公允价值不能可靠计量的权益工具投资），借记“可供出售金融资产——公允价值变动”科目，贷记“资本公积——其他资本公积”科目。

【例6—13】 东海公司2007年初购入H公司股票，准备长期持有，但是由于金额较小，未对H公司造成重大影响，东海公司将其确认为可供出售金融资产。购入时该股票的公允价值为4500000元，同时支付给中介机构20000元的手续费，编制会计分录如下：

购入时：

借：可供出售金融资产——成本　　4520000

　贷：银行存款　　4520000

2007年末，东海公司持有H公司股票的公允价值为4460000元，股价下跌属于正常价格波动，不确认为减值，则编制会计分录如下：

借：资本公积——其他资本公积　　60000

　贷：可供出售金融资产——公允价值变动　　60000

2008年末，该股票的公允价值为4500000元，则股票的账面价值与公允价值的差额为40000元（4500000－4460000），编制会计分录如下：

借：可供出售金融资产——公允价值变动　　40000

　贷：资本公积——其他资本公积　　40000

2009年6月，东海公司以4600000元的价格将该股票出售，编制会计分录如下：

借：银行存款　　4600000

　　可供出售金融资产——公允价值变动　　20000

　贷：可供出售金融资产——成本　　4520000

　　　资本公积——其他资本公积　　20000

投资收益　　80000

如果2007年末,H公司发生了严重的财务危机,东海公司持有H公司股票的公允价值为3600000元,股价下跌幅度较大,确认该股票发生了减值,减值920000元(4520000－3600000),则编制会计分录如下:

借:资产减值损失　　920000

　贷:可供出售金融资产——公允价值变动　　920000

2008年末,该股票的公允价值为4200000元,公允价值已上升600000元(4200000－3600000),编制会计分录如下:

借:可供出售金融资产——公允价值变动　　600000

　贷:资本公积——其他资本公积　　600000

2009年6月,东海公司以4600000元的价格将该股票出售,编制会计分录如下:

借:银行存款　　4600000

　可供出售金融资产——公允价值变动　　320000

　资本公积——其他资本公积　　600000

　贷:可供出售金融资产——成本　　4520000

　　投资收益　　1000000

(四) 可供出售金融资产与持有至到期投资的转换

1. 将持有至到期投资重分类为可供出售金融资产的,应在重分类日按其公允价值借记"可供出售金融资产——成本"科目,按其账面余额贷记"持有至到期投资"科目,按其差额贷记或借记"资本公积——其他资本公积"科目。已计提减值准备的,还应同时结转减值准备。

2. 将可供出售金融资产重分类为采用成本或摊余成本计量金融资产的,应在重分类日按可供出售金融资产的公允价值借记"持有至到期投资"等科目,贷记"可供出售金融资产"科目。

第四节　长期股权投资

一、长期股权投资成本的确定

长期股权投资有合并形成的长期股权投资,也有非合并形成的长期股权投资。合并形成的长期股权投资又分为同一控制下企业合并形成的长期股权投资和非同一控制下企业合并形成的长期股权投资。非合并形成的长期股权投资主要包括以支付现金、非现金资产取得的长期股权投资。本节主要介绍非合并形成的长期股权投资的核算。

1. 以支付现金取得的长期股权投资,应当按照实际支付的购买价款作为其初始投资成本。初始投资成本包括与取得长期股权投资直接相关的费用、税金及其他必要支出。价款中包含的已宣告但尚未领取的现金股利作为应收股利处理。(见【例6—15】)

2. 以发行权益性证券取得的长期股权投资,应当按照发行权益性证券的公允价值作为初始投资成本。为发行权益性证券支付的手续费、佣金等应从权益性证券的溢价发行收入中扣除,溢价收入不足的,应冲减盈余公积和未分配利润。

【例6—14】 2007年1月,东海公司通过发行600万股(每股面值1元)的股份取得对R公司20%的股权,该600万股股份的公允价值为13500000元。发行该股份共支付1500000元的佣金和手续费,应编制的会计分录如下:

借:长期股权投资　　13500000
　贷:股本　　6000000
　　资本公积——股本溢价　　7500000
借:资本公积——股本溢价　　1500000
　贷:银行存款　　1500000

3. 投资者投入的长期股权投资,应当按照投资合同或协议约定的价值作为初始投资成本,但如果投资各方在投资合同或协议中约定的价值明显高于或低于该项投资公允价值的,应以公允价值作为长期股权投资的初始投资成本。

4. 通过非货币性资产交换取得的长期股权投资,应区分为是否具有商业实质,对于具有商业实质的非货币性资产交换,取得的长期股权投资如为支付补价方,应按换出资产的公允价值加上支付的补价和应支付的相关税费,作为其初始投资成本;如为收到补价方,应按换出资产的公允价值减去补价加上应支付的相关税费,作为其初始投资成本。换出资产公允价值与其账面价值的差额,计入投资收益。

对于不具有商业实质非货币性资产交换,取得的长期股权投资如为支付补价方,应按换出资产的账面价值加上支付的补价和应支付的相关税费,作为其初始投资成本,不确认损益;如为收到补价方,应按换出资产的账面价值减去补价加上应支付的相关税费,作为其初始投资成本,不确认损益。

5．通过债务重组取得的长期股权投资，其初始投资成本的确定将在“债务重组”章节中阐述。

二、长期股权投资的核算

企业持有长期股权投资，应按对被投资单位的影响程度不同，分别采用成本法和权益法核算。其中，成本法是指长期股权投资按实际成本计价，投资企业不因被投资单位净资产的增减而改变长期股权投资的账面价值。权益法是指根据被投资单位净资产的变动及投资企业占被投资单位表决权资本的比例，及时调整长期股权投资的账面价值。

企业在下列情况下应采用成本法核算：(1) 投资企业能够对被投资单位实施控制的长期股权投资。(2) 投资企业对被投资单位不具有共同控制或重大影响，并且在活跃市场中没有报价、公允价值不能可靠计量的长期股权投资（如有公允价值，应作为可供出售金融资产）。

控制是指有权决定一个企业的财务和经营政策，并能据以从该企业的经营活动中获取利益。控制一般存在于：(1) 投资企业直接拥有被投资单位50%以上的表决权资本；(2) 投资企业虽然直接拥有被投资单位50%或以下的表决权资本，但具有实质控制权且被投资单位为其子公司，投资企业（母公司）应当将子公司纳入合并财务报表的合并范围。投资企业（母公司）对子公司的长期股权投资，采用成本法核算，但编制合并财务报表时按照权益法进行调整。

共同控制是指按照合同约定对某项经济活动所共有的控制，仅与该项经济活动相关的重要财务和经营决策需要分享控制权的投资方一致同意时存在。投资企业与其他方对被投资单位实施共同控制的，被投资单位为其合营企业。

重大影响是指对一个企业的财务和经营政策有参与决策的权力，但并不能够控制或者与其他方一起共同控制这些政策的制定。投资企业能够对被投资单位施加重大影响的，被投资单位为其联营企业。当投资企业直接拥有被投资单位20%或以上至50%的表决权资本时，一般认为对被投资单位具有重大影响。

投资企业对被投资单位具有共同控制或重大影响的长期股权投资，应当采用权益法核算。

(一) 长期股权投资核算的成本法

成本法核算的要点：(1) 初始投资或追加投资时，按照初始投资或追加投资时的投资成本增加长期股权投资的成本。在未收回投资前，一般不调整长期股权投资成本。但当投资企业所获得的被投资单位宣告分派的利润或现金股利超过被投资单位接受投资后产生的累积净利润的分配额的部分，作为初始投资成本的收回，冲减长期股权投资成本。（2）被投资单位宣告分派的现金股利或利润，投资企业按应享有的部分，确认为当期投资收益。但是投资企业在投资年度收回的属于投资以前的现金股利或利润，应冲减投资成本。

在成本法下，企业应设置“长期股权投资——成本”科目进行核算。企业应按实际支付的价款减去价款中包含的已宣告但尚未发放的现金股利或利润的差额借记“长期股权投资——成本”科目，按已宣告但尚未发放的现金股利或利润借记“应收股利”科目，按实际支付的价款贷记“银行存款”等科目。

【例6—15】 东海公司2007年1月4日以每股12元的价格购入A公司股份200000股，占A公司5%的股份，准备长期持有。每股价格中包含0.2元已宣告的现金股利，另支付有关的税费20000元。A公司是一家非上市的公司，其股权不存在明确的市场价格，东海公司对A公司不具有重要影响，此时应编制会计分录如下：

借：长期股权投资——成本　　2380000
　　应收股利　　40000
　贷：银行存款　　2420000

【例6—16】 东海公司于2007年1月25日收到A公司已宣告的股利40000元，编制会计分录如下：

借：银行存款　　40000
　贷：应收股利　　40000

一般情况下，成本法不需要调整股权投资的成本，但在某些特殊情况下，应根据具体情况对股权投资的成本进行调整。即当投资企业所获得的被投资单位宣告分派的利润或现金股利超过被投资单位接受投资后产生的累积净利润的分配额的部分，作为初始投资成本的收回，冲减投资的成本。这部分利润或股利是被投资单位将投资企业购买其股份前的留存收益以利润或股利的方式派发给了投资企业，其性质是返还投资，而不是支付利润或股利。因此，当投资企业收到这部分利润或股利时，不能作为投资收益，而应冲减股权投资的成本。

【例6—17】 上述A公司2007年度获得净利润600000元，分派每股现金股利0.1元，2008年度发生亏损240000元，2009年度实现净利润400000元，分派每股现金股利0.15元，有关计算及编制会计分录如下：

东海公司购入股票后收到的股利总额 = 200000 × 0.1 + 200000 × 0.15 = 50000（元）

东海公司购入股票后应占A公司历年净收益中的份额 = （600000 − 240000 + 400000） × 5% = 38000（元）

超过部分 = 50000 - 38000 = 12000(元)

2007 年度收到股利时:

借:银行存款 20000

贷:投资收益 20000

2009 年度收到股利时:

借:银行存款 30000

贷:长期股权投资——成本 12000

投资收益 18000

(二) 长期股权投资核算的权益法

权益法核算的要点:(1) 初始投资时,应按照初始投资时的购买价款确认初始投资成本。长期股权投资的初始投资成本大于投资时应享有被投资单位可辨认净资产公允价值份额的,不调整长期股权投资的初始投资成本;但长期股权投资的初始投资成本小于投资时应享有被投资单位可辨认净资产公允价值份额的,其差额应当计入当期损益(营业外收入),同时调整长期股权投资的成本。(2) 投资企业取得长期股权投资后,应当按照应享有或应分担的被投资单位实现的净损益的份额,确认投资损益并调整长期股权投资的账面价值。①当被投资单位当年实现净利润或经调整的净利润而影响所有者权益的变动,投资企业应按所持表决权资本比例计算应享有的份额,增加长期股权投资的账面价值,借记"长期股权投资——损益调整"科目,同时确认投资收益,贷记"投资收益"科目。②当被投资单位当年发生净亏损而影响所有者权益的变动,投资企业应按所持表决权资本的比例计算应分担的份额,减少长期股权投资的账面价值,并确认为当期投资损失,借记"投资收益"科目,贷记"长期股权投资——损益调整"科目。减少的长期股权投资账面价值减记至零为限,投资企业负有承担额外损失义务的除外。(3) 被投资单位宣告分派现金股利或利润时,投资企业按所持表决权资本比例计算的应分得的现金股利或利润,冲减长期股权投资账面价值,借记"应收股利"科目,贷记"长期股权投资——损益调整"科目。(4) 在持股比例不变的情况下,被投资单位除净损益以外所有者权益的其他变动,投资企业应按持股比例计算应享有的份额,调整长期股权投资的账面价值,同时增加或减少资本公积(其他资本公积)。

在权益法下,企业应设置"长期股权投资——成本"、"长期股权投资——损益调整"、"长期股权投资——其他权益变动"明细科目进行核算。

1. 权益法下投资成本的核算。初始投资时,应按照初始投资时实际支付的价款减去价款中包含的已宣告但尚未发放的现金股利或利润的差额确认初始投资成本。长期股权投资的初始投资成本大于投资时应享有被投资单位可辨认净资产公允价值份额的,不调整长期股权投资的初始投资成本;但长期股权投资的初始投资成本小于投资时应享有被投资单位可辨认净资产公允价值份额的,其差额应当计入当期损益(营业外收入),同时调整长期股权投资的成本。

【例6—18】 东海公司2007年4月1日,以8000000元投资于丙公司,占丙公司注册资本的30%。投资当日,丙公司可辨认净资产公允价值总额为40000000元。东海公司的投资成本8000000元小于投资时应享有丙公司可辨认净资产公允价值份额的差额为4000000元(8000000 - 40000000 × 30% = -4000000),则应编制的会计分录如下:

借:长期股权投资——成本　　8000000

　贷:银行存款　　8000000

借:长期股权投资——成本　　4000000

　贷:营业外收入　　4000000

2. 权益法下损益调整的核算。被投资单位实现净损益,投资企业应按享有的份额调增或调减股权投资的账面价值,同时确认投资损益。具体操作时应注意以下几个问题:

(1) 投资企业按被投资单位实现的净利润计算应享有的份额时,应当以取得投资时被投资单位各项可辨认资产等的公允价值为基础,对被投资单位净利润进行调整后加以确定,不应仅按照被投资单位的账面净利润与持股比例计算的结果简单确定。基于重要性原则,通常应考虑的调整因素为:以取得投资时被投资单位固定资产、无形资产的公允价值为基础计提的折旧额或摊销额以及减值准备的金额对被投资单位净利润的影响。其他项目如为重要的,也应进行调整。如果无法可靠确定投资时被投资单位各项可辨认资产等的公允价值,或者投资时被投资单位可辨认资产等的公允价值与其账面价值差额较小,以及其他原因无法对被投资单位净损益进行调整,可以按照被投资单位的账面净损益与持股比例计算确认投资损益,但应在附注中加以说明。

(2) 当被投资单位当年发生净亏损而影响所有者权益的变动时,投资企业应按所持表决权资本的比例计算应分担的份额,减少长期股权投资的账面价值,直至长期股权投资账面价值减记零为止;发生亏损的被投资单位以后实现净利润的,应按与上述相反的顺序进行处理。

【例6—19】 东海公司2007年4月1日购买B公司的股票1000000股,持有B公司30%的股票,每股购入价5元,另发生交易费用20000元,款项均已支付。东海公司的初始投资成本与应享有B公司可辨认净资产公允价值份额相等,此时应编制的会计分录如下:

借:长期股权投资——成本 5020000

贷:银行存款 5020000

【例6—20】 假定东海公司取得投资时被投资单位的固定资产公允价值为30000000元,账面价值为14000000元,固定资产的预计使用年限为5年,净残值为零,按照直线法计提折旧。B公司2007年度利润表中净利润为10000000元,其中被投资单位当期利润表中已按其账面价值计算扣除的固定资产折旧费用为2800000元,按照取得投资时固定资产的公允价值计算确定的折旧费用为6000000元,不考虑所得税影响,按照被投资单位的账面净利润计算确定的投资收益应为2250000元(10000000×30%×9/12)。按该固定资产的公允价值计算的净利润为6800000元(10000000-3200000),东海公司按照持股比例计算确认的当期投资收益应为1530000元(6800000×30%×9/12),应编制的会计分录如下:

借:长期股权投资——损益调整 1530000

贷:投资收益 1530000

2007年末"长期股权投资"科目的余额=5020000+1530000=6550000(元)

【例6—21】 上述B公司2008年发生亏损24000000元,则东海公司应负担的份额7200000元(24000000×30%),大于账面价值6550000元,投资的账面价值减至为零,因此应确认的投资损失为6550000元,尚有650000元未确认投资损失。假设东海公司无需承担额外损失义务,应编制会计分录如下:

借:投资收益 6550000

贷:长期股权投资——损益调整 6550000

【例6—22】 2009年B公司实现净利润3000000元,假定B公司账面净利润与按公允价值为基础计算的利润相等。东海公司同时收到B公司发放现金股利的通知,应分得200000元的现金股利,则东海公司应恢复的投资账面价值为250000元(3000000×30%-650000),应编制的会计分录如下:

调整投资账面价值时:

借:长期股权投资——损益调整 250000

贷:投资收益 250000

B公司宣告股利发放通知时:

借:应收股利 200000

贷:长期股权投资——损益调整 200000

实际收到股利时:

借:银行存款 200000

贷:应收股利 200000

3. 权益法下其他权益变动的核算。在持股比例不变的情况下,被投资企业除净损益以外所有者权益的其他变动,投资企业应按持股比例计算应享有的份额,借记或贷记"长期股权投资——其他权益变动"科目,贷记或借记"资本公积——其他资本公积"科目。

【例 6—23】 东海公司拥有丁公司 30% 的股权,丁公司因欠 G 公司货款而进行债务重组,经与 G 公司协商,丁公司将债务转为股本,由此丁公司增加所有者权益为 300000 元,则东海公司应调整 90000 元(300000 ×30%)的长期股权投资账面价值,假定股权比例不变,编制会计分录如下:

借:长期股权投资——其他权益变动 90000

贷:资本公积——其他资本公积 90000

(三) 长期股权投资成本法与权益法的转换

企业因减少投资等原因对被投资单位不再具有共同控制或重大影响的,并且在活跃市场中没有报价、公允价值不能可靠计量的长期股权投资,应当改按成本法核算,并以权益法下长期股权投资的账面价值作为成本法核算的初始投资成本。

企业因追加投资等原因能够对被投资单位实施共同控制或重大影响但不构成控制的,应转换为权益法核算,将转换时该项长期股权投资的账面价值作为权益法核算的初始投资成本,初始投资成本小于转换时占被投资单位可辨认净资产公允价值份额的差额,借记"长期股权投资——成本"科目,贷记"营业外收入"科目。

(四) 长期股权投资的处置

企业处置长期股权投资时,应按实际收到的金额借记"银行存款"等科目,按已计提减值准备借记"长期股权投资减值准备"科目,按其账面余额贷记"长期股权投资"科目,按尚未领取的现金股利或利润贷记"应收股利"科目,按其差额贷记或借记"投资收益"科目。

采用权益法核算长期股权投资处置时,还应按处置长期股权投资的比例结转原记入"资本公积——其他资本公积"科目的金额,借记或贷记"资本公积——其他资本公积”科目,贷记或借记“投资收益”科目。

【例 6—24】 东海公司出售持有的 G 公司的股票 800000 股,每股转让价格 8 元,共得款项 6400000 元,款已收妥。该股票在长期股权投资科目中的账面余额为 4200000 元,已提减值准备 200000 元,应编制的会计分录如下:

借:银行存款 6400000

长期股权投资减值准备 200000

贷:长期股权投资 4200000

投资收益 2400000

(五) 长期股权投资减值准备

企业对长期投资的账面价值应定期逐项进行检查,如果由于市价持续下跌或被投资单位经营状况变化等原因导致其可收回金额低于投资的账面价值,应在期末计提长期股权投资减值准备。具体处理时,在资产负债表日,按减值的金额借记“资产减值损失”科目,贷记“长期股权投资减值准备”科目。长期股权投资减值损失一经确认,在以后会计期间不得转回。处置长期股权投资时,应同时结转已计提的长期股权投资减值准备。

思考题

1. 什么是交易性金融资产?怎样核算交易性金融资产?
2. 什么是可供出售金融资产?怎样核算可供出售金融资产?
3. 什么是持有至到期投资?怎样核算持有至到期投资?
4. 债权投资与股权投资有何不同?
5. 比较股权投资的成本法与权益法。

练习题

一、单项选择题

1. 在资产负债表日,交易性金融资产的公允价值小于其账面余额的差额,应借记的科目是( )。

A. 交易性金融资产　　B. 公允价值变动损益

C. 投资收益　　D. 营业外收入

2. 企业持有的交易性金融资产在持有期间取得的现金股利或现金利息,应确认为(　　)。

A. 投资收益　　B. 公允价值变动损益

C. 营业外收入　　D. 营业外支出

3. 长期股权投资的初始投资成本大于投资时应享有被投资单位可辨认净资产公允价值份额的,其差额应作为(　　)处理。

A. 资本公积　　B. 营业外支出

C. 营业外收入　　D. 无需调整股权投资的初始投资成本

4. 对于在活跃市场中有公允价值可靠计量的股权投资,且对被投资单位没有重大影响的,应将其确认为(　　)。

A. 长期股权投资　　B. 可供出售金融资产

C. 交易性金融资产　　D. 持有至到期投资

5. 在资产负债表日,长期股权投资由于市价持续下跌导致其可收回金额低于投资的账面价值,应计提减值准备,计提减值准备时,应借记"(　　)"科目,贷记"长期股权投资减值准备"科目。

A. 投资损益　　B. 公允价值变动损益

C. 管理费用　　D. 资产减值损失

二、多项选择题

1. 企业的长期股权投资在下列情况下应采用成本法进行核算(　　)。

A. 投资企业能够对被投资单位实施控制

B. 投资企业对被投资单位具有共同控制或重大影响

C. 投资企业对被投资单位不具有共同控制或重大影响,并且在活跃市场中没有报价、公允价值不能可靠计量

D. 投资企业对被投资单位具有重大影响

2. 长期股权投资的初始投资成本小于投资时应享有被投资单位可辨认净资产公允价值份额的,其差额应借记"(　　)"科目,贷记"(　　)"科目。

A. 长期股权投资　　B. 投资收益

C. 资本公积　　D. 营业外收入

3. 长期股权投资的核算方法有(　　)。

A. 直线法　　B. 成本法

C. 权益法　　D. 实际利率法

4. 购入持有至到期投资,其成本应包括(　　)。

A. 面值　　B. 溢价

C. 折价　　　　　　　　　D. 相关交易费用

5. 可供出售金融资产如为股票投资，取得该金融资产的初始投资成本应包括（　　）。

A. 面值　　　　　　　　　B. 已宣告的现金股利

C. 公允价值　　　　　　　D. 相关交易费用

三、实务题

1. 甲公司于2006年4月5日从证券市场购入丙公司股票100000股，每股10元，相关税费1000元，不准备长期持有。2006年12月31日，该股票市价下跌至每股8元。2007年2月20日，丙公司宣告分派现金股利，每股0.7元；3月1日，收到股利；3月10日，甲公司以每股9元的价格出售全部股票。

要求：编制有关的会计分录。

2. 甲公司于2006年1月2日购入乙公司发行的普通股股票100000股，每股面值为5元，共支付价款510000元，准备长期持有。2006年乙公司实现净利润1000000元。2007年2月15日宣告乙公司2006年度的现金股利，每股0.1元。2007年乙公司发生亏损500000元。假定各年账面净损益与按公允价值计算的净损益相等。

要求：(1) 如果甲公司购入乙公司股票，取得15%的股权，且该股票的公允价值不能可靠计量，编制上述业务相应的会计分录；(2) 如果甲公司购入乙公司股票，取得30%的股权，编制上述业务相应的会计分录。

3. 甲公司于2007年1月1日购入丁公司当日发行的3年期的债券，面值为10000元，票面利率为6%，市场利率为4%，购入价为10555元。该债券每年年底支付利息，到期偿还本金。

假定不考虑相关税费，且甲公司将该债券准备持有至到期。要求：(1) 按实际利率法编制购入债券溢价摊销表；(2) 编制甲公司有关的会计分录。

第七章
固定资产

学习目标

通过本章学习，明确固定资产的概念、分类和计量；掌握固定资产折旧的计算方法以及固定资产的取得、租赁和处置等核算方法。

第一节　固定资产的分类和计量

一、固定资产的概念及确认条件

（一）固定资产的概念

固定资产是指为生产商品、提供劳务、出租或经营管理而持有的使用寿命超过一个会计年度的各种有形资产。

（二）固定资产的确认条件

固定资产同时满足下列条件的，才能予以确认：

1. 与该固定资产有关的经济利益很可能流入企业。企业在确认固定资产时，需要判断与该项固定资产有关的经济利益是否很可能流入企业。一般是通过判断与该固定资产所有权有关的风险和报酬是否转移到企业来确定。其中，与固定资产所有权相关的风险是指由于经营情况发生变化造成的相关收益的变动，以及由于资产闲置、技术陈旧等原因造成的损失；与固定资产所有权相关的报酬是指在固定资产使用寿命内直接使用该资产获得的收入，以及处置该资产实现的利得等。通常情况下，取得固定资产所有权是判断与固定资产所有权有关的风险和报酬转移到企业的一个重要标志。凡是所有权已属于企业，无论企业是否收到或拥有该固定资产，均可作为企业的固定资产。反之，如果没有取得所有权，即使存放在企业，也不能作为企业的固定资产。但是，所有权是否转移，也不是判断固定资产所有权相关的风险和报酬是否转移到企业的唯一标志。在有些情况下，某项固定资产的所有权虽然不属于企业，但是，企业能够控制与该项固定资产有关的经济利益流入企业，这就意味着与该固定资产所有权相关的风险和报酬实质上已转移到了企业。在这种情况下，企业应将该项固定资产予以确认。例如，融资租入的固定资产，企业虽然不拥有该固定资产的所有权，但企业能够控制与该固定资产有关的经济利益流入企业，与该固定资产所有权相关的风险和报酬实质上已转移到了企业（承租人）。因此，这是固定资产确认的第一个条件。

企业购置的环保设备和安全设备等固定资产，虽然在使用中不能直接为企业带来经济利益，但是有助于企业从相关资产中获得经济利益，或者将减少企业未来经济利益的流出。因此，对于这些设备，企业应将其确认为固定资产。例如，为净化环境或者满足国家有关排污标准的需要购置的环保设备，在使用中虽然不会为企业带来直接的经济利益，但却有助于企业提高对废水、废气、废渣的处理能力，有利于净化环境，企业为此将减少未来由于污染环境而需要支付的环境净化费或者罚款，所以企业应将这类设备也确认为固定资产。

构成固定资产的各组成部分，如果各自具有不同的使用寿命或者以不同的方式为企业提供经济利益，此时，各组成部分实际上是以独立的方式为企业提供经济利益，企业应将各组成部分单独确认为单项固定资产。

工业企业持有的工具、模具、管理用具、玻璃器皿等资产，施工企业持有的模板、挡板、架料等周转材料，以及地质勘探企业持有的管材等资产，如果符合固定资产定义及其确认条件，应当确认为固定资产；如果不符合固定资产定义及其确认条件，就不应当确认为固定资产。

企业拥有的备品备件和维修设备，通常确认为存货，但某些备品备件和维修设备需要与相关固定资产组合起来发挥作用，应当确认为固定资产。

2. 该固定资产的成本能够可靠地计量。企业在确定固定资产成本时，取得该固定资产所发生的支出必须能够可靠地计量。有时在确定固定资产成本时，需要根据所获得的最新资料进行合理的估计。如果企业能够合理地估计出固定资产的成本，则视同固定资产的成本能够可靠地计量。例如，对于已达到预定可使用状态的固定资产，在尚未办理竣工决算手续前，企业需要根据工程预算、工程造价或者工程实际发生的成本等资料，按暂估价值确定固定资产的成本，待办理了竣工决算手续后再作调整。

二、固定资产的分类

企业的固定资产种类繁多、规格不一,为了加强管理,便于组织会计核算,有必要对其进行科学、合理的分类。

(一) 按固定资产的经济用途分类

按固定资产的经济用途分类,可分为生产用固定资产和非生产用固定资产两大类。这种分类可以反映企业生产用和非生产用固定资产的比重,反映企业生产能力和职工生活条件的改善情况。

(二) 按固定资产使用情况分类

按固定资产使用情况分类,可分为在用固定资产、未使用固定资产、不需用固定资产和租出固定资产。这种分类不仅便于正确地计提折旧,考核固定资产的利用效果,而且可以促使企业合理地使用固定资产,及时处理闲置设备。

(三) 按固定资产的所有权分类

按固定资产的所有权分类,可分为自有固定资产和租入固定资产两大类,租入固定资产又分为经营租入固定资产和融资租入固定资产。这种分类既可反映企业现有生产能力的总水平,又可以反映企业自有生产能力的水平。

(四) 按固定资产的综合标准分类

在实际工作中,企业为了满足管理和核算的需要,结合上述三种分类方法对固定资产进行分类。

1. 生产用固定资产。是指直接参加生产过程或直接为生产服务的各种在用固定资产。包括:

(1) 房屋及建筑物。房屋是指生产单位和行政管理部门使用的房屋。与房屋不可分割的各种附属设备,如水、暖、电、卫生、照明、通风、电梯等设备,其价值均应包括在房屋价值之内。作为固定资产管理的可以搬迁移动的钢、木架活动房屋也包括在本类之内。建筑物是指房屋以外的各种建筑物,如水塔、蓄水池、储油罐、企业的道路、铁路、停车场和围墙等。

(2) 生产设备。是指加工、维修用的各种机器设备,如木工加工设备、金属切削设备、锻压设备、焊接及切割设备、铸造及热处理设备、动力设备、传导设备等。机器设备的基座,以及与机器设备连成一体而不具有独立用途的附属设备均应包括在各该机器设备价值之内。

(3) 运输设备。是指运载物资用的各种运输工具,如铁路运输用的机车、水路运输用的船舶、公路运输用的汽车和兽力车等,所有作为运输设备组成部分的附属装置都应列入运输设备价值之内。

（4）仪器及试验设备。包括各种材料试验设备、测定仪器、计量仪器、测绘仪器等。

（5）其他生产用固定资产。包括各种行政管理用车、办公用具、消防用具以及行政管理用的汽车、电话总机等。

2. 非生产用固定资产。是指不参加生产与管理过程的各种固定资产，包括职工宿舍、招待所、学校、幼儿园、托儿所、俱乐部、食堂、医院等单位所使用的房屋设备等固定资产。

3. 租出固定资产。包括各种所有权为企业所拥有、管理及使用由本企业负责、按使用数量计收租金、租用期满仍调回企业的固定资产。

4. 未使用固定资产。是指尚未投入生产使用的新增固定资产和停止使用暂脱离生产过程的固定资产，如调入尚未安装的固定资产和封存停用的固定资产。

5. 不需用固定资产。是指不适合本企业需要、等待处理的各项固定资产。

6. 融资租入固定资产。是指企业以融资租赁方式租入的固定资产。

7. 土地。是指过去已经估价单独入账的土地。

三、固定资产的计量

固定资产的计量分初始计量和后续计量。

（一）固定资产的初始计量

固定资产的初始计量是指固定资产初始成本的确定。固定资产成本是指企业购建某项固定资产达到预定可使用状态前所发生的一切合理、必要的支出。这些支出包括直接发生的价款、运杂费、包装费和安装成本等，也包括间接发生的，如应承担的借款利息、外币借款折算差额以及应分摊的其他间接费用。对于特定行业的特定固定资产，确定其成本时，还应考虑预计弃置费用，如核电站核废料的处置等。

由于固定资产的来源渠道不同，其实际成本构成内容不完全相同。

1. 外购的固定资产：为实际支付的全部价款，包括买价、相关税费，使固定资产达到预定可使用状态前所发生的可归属于该项资产的运输费、装卸费、安装费等。

2. 自建的固定资产：为建造过程中实际发生的全部支出，包括前期工程费、工程施工费和应缴纳的相关税费以及应分摊的间接费用等。

3. 投资转入的固定资产：按投资合同或协议约定的价值确定，但合同或协议约定的价值不公允的除外。

4. 融资租入的固定资产：为租赁开始日租赁资产的公允价值与最低租赁付款额现值两者中较低者加上在租赁谈判和签订租赁合同协议或者合同确定的设备价款及发生的运输费、途中保险费、安装调试费等支出。

5. 接受捐赠的固定资产：捐赠方提供了有关凭据，按凭据上标明的金额加上相关税费入账；捐赠方没有提供凭据，按同类或类似固定资产的市价加上相关税费入账，或按该固定资产预计的未来现金流量现值入账。

6. 盘盈的固定资产：按同类或类似固定资产的市价减去按该项资产新旧程度估计的磨损价值后的余额入账，或按该固定资产预计的未来现金流量现值入账。

对于特殊行业的特定固定资产，确定其初始入账成本时，还应考虑弃置费用。弃置费用通常是指根据国家法律和行政法规、国际公约等规定，企业承担的环境保护和生态恢复等义务所确定的支出，如石油天然气开采企业油气井及相关设施的弃置、核电站核设施的弃置等。对于发生的弃置费用，企业应当按照现值计算确定并计入固定资产成本。

（二）固定资产的后续计量

固定资产的后续计量是指企业取得固定资产投入使用后，如何运用合理计量属性对固定资产价值变化予以计量。它主要包括：(1) 根据与固定资产有关的经济利益预期实现的方式，合理选择年限平均法、工作量法、双倍余额递减法、年数总和法计提固定资产折旧。(2) 至少于每年年度终了定期复核固定资产的使用寿命、预计净残值和折旧方法。使用寿命预计数与原先估计数有差异的，应当调整固定资产折旧年限。预计净残值预计数与原先估计数有差异的，应当调整预计净残值。固定资产包含的经济利益预期实现方式有重大改变的，应当改变固定资产折旧方法。(3) 在资产负债表日判断资产是否存在可能发生减值的迹象，如果有减值迹象须计提资产减值损失。

第二节　固定资产的取得

企业取得固定资产，必须认真办理验收手续，填制有关凭证，以保证固定资产核算的真实性及企业财产的完全与完整。对于建造完成转入的固定资产，应由企业基建部门编制“交付使用财产清册”或“固定资产交接单”，详细写明每项固定资产的名称、规格、技术性能、数量、建造日期、原始价值、安装费、预计使用年限等,并由有关人员办理验收交接手续;从外单位购入的固定资产,应由有关人员办理交接手续,填制"固定资产入库单",详细列明固定资产的名称、规格、数量、原始价值、安装费、预计使用年限、已提折旧和作价金额等。其他来源的固定资产,也必须按有关规定认真办理交接验收手续。

企业为了核算固定资产增减变动情况,应设置"固定资产"科目。其借方核算增加的固定资产原值,贷方核算减少的固定资产原值,期末借方余额表示企业现有固定资产的原值。本科目应按固定资产的类别设置"生产用固定资产"、"非生产用固定资产"、"租出固定资产"、"未使用固定资产"、"不需用固定资产"、"融资租入固定资产"、"土地"等二级明细科目,进行明细核算。

一、购入固定资产的核算

企业购入的固定资产,应按实际支付的买价、增值税、包装费、运杂费以及安装费等支出入账。

1. 购入不需要安装的固定资产。

【例7—1】 东海公司购入不需要安装的机器设备一台,买价16000元,税费4720元。根据银行结算凭证及所附的发票账单等,编制会计分录如下:

借:固定资产——生产用固定资产　　20720

　贷:银行存款　　20720

2. 购入需要安装的固定资产。需要安装的固定资产,发生的买价、包装费、运杂费以及安装费用都要先通过"在建工程"科目核算。"在建工程"科目是用来专门核算自行建造固定资产、改建扩建固定资产、需要安装的固定资产的安装工程所发生的各项支出。其借方核算工程实际发生的各项支出,贷方核算工程完工结转的实际成本,期末借方余额反映尚未完工工程的实际支出。

购入时,按实际支付的价款,包括买价、增值税、支付的包装费、运杂费等,借记"在建工程"科目,贷记"银行存款"科目;发生的安装费用等借记"在建工程"科目,贷记"银行存款"、"原材料"、"应付职工薪酬"等科目;安装完毕交付使用时,按其实际全部支出,包括买价、支付的包装费、运杂费和安装费等,借记"固定资产"科目,贷记"在建工程"科目。

【例7—2】 东海公司购入需要安装的生产用设备一台,发票价格120000元,增值税20400元,以银行存款支付,编制会计分录如下:

借:在建工程　　140400

贷:银行存款 140400

该设备发生包装费500元、运杂费3000元,以银行存款支付,编制会计分录如下:

借:在建工程 3500

贷:银行存款 3500

上项设备进入企业投入安装,发生安装费950元,其中以银行存款支付350元,领用库存材料200元,支付安装人员工资400元,根据有关费用支出凭证,编制会计分录如下:

借:在建工程 950

贷:银行存款 350

原材料 200

应付职工薪酬 400

该项设备安装完毕,经验收交付使用,编制会计分录如下:

借:固定资产——生产用固定资产 144850

贷:在建工程 144850

当以一笔款项购入多项未单独标价的固定资产,应当按照各项固定资产的公允价值比例对总成本进行分配,分别确定各项固定资产成本。

当购买固定资产的价款超过正常信用条件延期支付的,实质上具有融资性质,固定资产的初始成本以购买价款的现值为基础确定。实际支付的价款与购买价款的现值之间的差额,应当在信用期间内采用实际利率法进行摊销,摊销金额除满足借款费用资本化条件应当计入固定资产成本外,均应当在信用期内确认为财务费用,计入当期损益。

二、自建固定资产的核算

自建固定资产,应通过"在建工程"科目核算。发生各种支出,借记"在建工程"科目,贷记"银行存款"等科目;工程完工结转其成本,借记"固定资产"科目,贷记"在建工程"科目。

三、投资转入固定资产的核算

投资者投入的固定资产按照投资合同或协议约定的价值借记"固定资产"科目,贷记"实收资本"科目。但合同或协议约定价值不公允的除外,按该项固定资产的公允价值作为入账价值。

【例 7—3】 东海公司接受甲公司投入的仪器一台。该仪器账面原价 45000 元，经双方重估约定的价值为 50000 元，编制会计分录如下：

借：固定资产——生产用固定资产　　50000
　贷：实收资本　　50000

四、接受捐赠固定资产的核算

接受捐赠固定资产时，按确定的入账价值借记"固定资产"科目，贷记"营业外收入"科目，支付的相关费用贷记"银行存款"科目。

【例 7—4】 东海公司接受乙公司捐赠的设备一台，确定的价值为 27500 元，以银行存款支付，发生包装费、运输费等 600 元，编制会计分录如下：

借：固定资产　　28100
　贷：营业外收入　　27500
　　银行存款　　600

五、融资租入固定资产的核算

融资租赁是指实质上转移了与资产所有权的全部风险和报酬的租赁。企业与出租人签订的租赁合同是否认定为融资租赁合同，不在于租赁合同的形式，而应视出租人是否将租赁资产的风险和报酬转移给了承租人而定。如果实质上转移了与资产所有权的全部风险和报酬，则该项租赁应认定为融资租赁。如果实质上没有转移与资产所有权有关的风险和报酬，则该项租赁应认定为经营租赁。

企业采用融资租赁方式租入的固定资产，虽然在法律形式上资产的所有权在租赁期间仍然属于出租人，但由于资产在租赁期基本上包括了资产的有效年限，承租企业实质上获得了资产所能提供的主要经济利益，同时承担了与资产所有权有关的全部风险和报酬。因此，承租企业应将融资租入的固定资产作为本企业的固定资产入账，同时确认为负债，并采用与自有固定资产相一致的折旧政策计提折旧。

企业在租赁开始日，按租赁资产的公允价值与最低付款额现值两者中较低者，加上在租赁谈判和签订租赁合同过程中发生的、可直接归属于租赁资产的手续费、律师费、差旅费、印花税等初始直接费用作为融资租入固定资产的入账价值，借记"固定资产——融资租入固定资产"科目，按最低租赁付款额贷记"长期应付款"科目，按其差额借记"未确认融资费用"科目。每期支付融资租赁费用时，借记"长期应付款"，贷记"银行存款"科目。每期采用实际利率法分摊未确认融资费用,按当期应分摊的未确认融资费用借记“财务费用”科目,贷记“未确认融资费用”科目。租赁期届满,如果合同规定租赁资产所有权转归承租企业的,企业应进行转账,将固定资产从“融资租入固定资产”明细科目转入有关明细科目。

有关融资租入固定资产的核算,举例见第十章第四节。

六、盘盈固定资产的核算

盘盈固定资产的核算将在本章第七节详细讲述。

固定资产的明细分类核算,可以分为二级核算和三级核算。企业通常按照固定资产类别设置“固定资产登记簿”组织二级核算,在此基础上,再按每一项固定资产设置“固定资产卡片”进行三级核算。

“固定资产登记簿”应按固定资产的类别开设账页,并按保管、使用单位设置专栏,按各项固定资产的增减日期序时登记,每月结出余额,以反映各单位、各部门各类固定资产的增加、减少和结存情况。某一登记簿上各使用单位的余额,就是各使用单位占用该类固定资产的原值,其合计数等于分类账上对应的该类固定资产的余额,也等于该类所有固定资产卡片上的原值之和。

“固定资产卡片”应按每一项固定资产分别设置。在卡片中载明固定资产的有关各项明细资料,如固定资产的编号、名称、规格、技术特征、附属物、使用单位、所在地点、建造年份、开始使用日期、中间停用时期、原值和预计使用年限、折旧率、修理情况、转移调拨情况、报废清理情况等。

第三节　固定资产的折旧

固定资产在物质形态上的损耗称为磨损。固定资产折旧是指固定资产由于磨损而转移到产品中去的那部分以货币形式表现的价值。固定资产的磨损,分为有形磨损和无形磨损两种。有形磨损是指固定资产由于生产过程中使用和自然力影响而引起的使用价值和价值上的损耗。无形磨损则指由于技术进步和劳动生产率提高而引起的机器设备等在价值上的损耗。固定资产由于磨损转移到产品中去的那部分价值,以折旧费用的形式按期计入产品成本或费用,构成成本费用的一个组成部分。

一、计算折旧的基本因素

（一）固定资产的原价

计算固定资产折旧一般以固定资产的账面原价，即取得固定资产时的原始成本为计算基数。在具体计提折旧时，一般应以月初可提取折旧的固定资产账面原价为依据，当月增加的固定资产，当月不提折旧；当月减少的固定资产，当月照提折旧。

（二）固定资产预计净残值

固定资产预计净残值是指假定固定资产预计使用寿命已满并处于使用寿命终了时的预期状态，企业从该项资产处置中获得的扣除预计处置费用后的金额。企业应当根据固定资产的性质和使用情况，合理确定固定资产的使用寿命和预计净残值。固定资产的使用寿命、预计净残值一经确定，不得随意变更。

（三）固定资产的使用寿命

固定资产的使用寿命是指企业使用固定资产的预计期间，或者该固定资产所能生产产品或提供劳务的数量。固定资产使用寿命的长短直接影响各期应提的折旧额，在确定固定资产使用寿命时，主要应当考虑下列因素：

1. 预计生产能力或实物产量；

2. 预计有形损耗或无形损耗；

3. 法律或者类似规定对资产使用的限制。

二、固定资产折旧范围

固定资产折旧是指在固定资产使用寿命内，按照确定的方法对应计折旧额进行系统分摊。应计折旧额是指应当计提折旧的固定资产的原价扣除其预计净残值后的金额。

除以下情况外，企业应对所有固定资产计提折旧：

1. 已提足折旧仍继续使用的固定资产；

2. 按照规定单独估价作为固定资产入账的土地。

其中，提足折旧是指已经提足该项固定资产的应计折旧额。

对于已达到预定可使用状态但尚未办理竣工决算手续的固定资产，应当按照估计价值确定其成本，并计提折旧，待办理竣工决算手续后，再按照实际成本调整原来的暂估价值，但不需要调整原已计提的折旧额。

融资租入的固定资产，应当采用与自有应计提折旧资产相一致的折旧政策。

能够合理确定租赁期届满时将会取得租赁资产所有权的，应当在租赁资产尚可使用年限内计提折旧，无法合理确定租赁期届满时能否取得租赁资产所有权的，应当在租赁期与租赁资产尚可使用年限两者中较短的期间内计提折旧。

处于更新改造过程停止使用的固定资产，应将其账面价值转入在建工程，不再计提折旧。更新改造项目达到预定可使用状态转为固定资产后，再按照重新确定的折旧方法和该项固定资产尚可使用寿命计提折旧。

因进行大修理而停用的固定资产，应当照提折旧，计提的折旧额应计入相关资产成本或当期损益。

三、固定资产折旧方法

固定资产每次使用后，究竟有多少价值转移到产品成本中去，是很难通过技术方法进行测定的。通常企业根据与固定资产有关的经济利益的预期实现方式，合理选择固定资产折旧方法。可选用的折旧方法包括年限平均法、工作量法、双倍余额递减法和年数总和法等。固定资产的折旧方法一经确定，不得随意变更。企业计提的固定资产折旧应当根据固定资产的用途，分别计入成本或费用。

（一）平均年限法

平均年限法又称直线法，是将固定资产的价值按其使用年限平均计入各期成本费用之中的方法。其计算公式如下：

$$固定资产年折旧额=\frac{固定资产原值-预计净残值}{预计使用年限}$$

$$固定资产年折旧率=\frac{固定资产年折旧额}{固定资产原值}\times 100\%$$

$$固定资产月折旧率=固定资产年折旧率\div 12$$

$$固定资产月折旧额=固定资产原值\times 固定资产月折旧率$$

【例7—5】 东海公司某台生产设备原值20000元，预计净残值600元，清理费用400元，预计使用8年。该设备的折旧率和折旧额计算如下：

$$固定资产年折旧额=\frac{20000-600+400}{8}=2475(元)$$

$$年折旧率=2475\div 20000\times 100\%=12.375\%$$

$$月折旧率=12.375\%\div 12=1.03\%$$

上述折旧额和折旧率的计算，是就每一项固定资产分别计算的。按每一项固定资产分别计算应计提的折旧额准确性高，但计算工作繁杂。因此，企业固定资产折旧还可以按每一类固定资产分别计算其应计提的折旧额。

某类固定资产年折旧额＝（某类固定资产原值－净残值）÷平均使用年限

某类固定资产年折旧率＝（某类固定资产年折旧额÷某类固定资产原值）×100%

某类固定资产月折旧额＝某类固定资产原值×某类固定资产月折旧率

（二）工作量法

工作量法是按照固定资产原值、预计净残值和该固定资产所能生产产品或提供劳务的数量来计算折旧额的一种方法。如企业的客货运汽车、大型设备、大型建筑施工机械等专业设备一般采用工作量法计算其折旧额。其计算公式如下：

$$工作量单位折旧额=\frac{固定资产原值-预计净残值}{预计总工作量（工作台班、行驶里程、工作小时）}$$

当期折旧额＝单位折旧额×当期实际工作量

【例7—6】 东海公司某大型施工机械原始价值150000元，预计残值4500元，清理费用1500元，使用3000台班。则折旧额计算如下：

$$每台班折旧额=\frac{150000-4500+1500}{3000}=49（元）$$

假设本月份该机械使用20个台班，则：

本月折旧额＝49×20＝980（元）

（三）双倍余额递减法

双倍余额递减法是以固定资产每一会计期间的期初账面净值作为计提折旧基数，以直线法折旧率的双倍作为折旧率来计算固定资产折旧额的一种方法。其计算公式如下：

$$固定资产年折旧率=\frac{2}{折旧年限}\times100\%$$

固定资产月折旧率＝固定资产年折旧率÷12

固定资产月折旧额＝固定资产账面净值×固定资产月折旧率

采用双倍余额递减法时要注意以下几点：一是计算双倍余额折旧率时对残值忽略不计；二是在最后两年改按直线法，将剩余净值减去预计残值后的差额平均摊销。

【例7—7】 东海公司某项固定资产原值为604000元，预计净残值4000元，经批准用双倍余额递减法在5年内提完折旧，则年折旧率＝2÷5×100%＝40%。

5年内固定资产折旧的计算如表7—1所示。

表 7—1

单位:元

使用年份	年折旧率(%)	年折旧额	累计折旧额	年末账面净值
0				604000
1	40	241600	241600	362400
2	40	144960	386560	217440
3	40	86976	473536	130464
4		63232	536768	67232
5		63232	600000	4000

第四年、第五年折旧额 63232 元,是根据第三年末固定资产净值 130464 元扣除预计净残值 4000 元后,即(130464 - 4000)/2 = 63232 元,分两年全部计入成本、费用之中。折旧期满,账面净值即为预计净残值。

(四) 年数总和法

年数总和法是根据固定资产的原值减去预计净残值后的余额,按照各年不同的折旧率(逐年递减的分数)计算折旧的一种方法。递减分数的分母是固定资产使用年限的逐期年数总和,分子是逐期年数的倒转顺序数。其计算公式如下:

$$年折旧率 = \frac{尚可使用的年数}{年数总和} \times 100\%$$

或 $$年折旧率 = \frac{折旧年限 - 已使用年数}{折旧年限 \times (折旧年限 + 1) \div 2} \times 100\%$$

$$月折旧率 = 年折旧率 \div 12$$

$$月折旧额 = (固定资产原值 - 预计净残值) \times 月折旧率$$

【例 7—8】 东海公司某项固定资产账面原值为 16000 元,预计净残值为 400 元,使用年限为 5 年。年数总和为 1 + 2 + 3 + 4 + 5 = 15,或 5 × (5 + 1) ÷ 2 = 15。第一年折旧额为 5200 元,即(16000 - 400) × 5/15。第二年折旧额为 4160 元,即(16000 - 400) × 4/15。以后年度折旧额不再计算。该项固定资产折旧计算过程如表 7—2 所示。

表 7—2

单位:元

使用年份	原值减净残值	年折旧率	年折旧额	累计折旧	年末账面净值
1	15600	5/15	5200	5200	10800
2	15600	4/15	4160	9360	6640
3	15600	3/15	3120	12480	3520
4	15600	2/15	2080	14560	1440
5	15600	1/15	1040	15600	400

折旧期满,账面净值即为预计净残值。年数总和法是以折旧率为变量来达到在使用初期多提折旧,使用后期少提折旧的目的。

四、折旧的核算

企业为了核算固定资产价值的转移情况,揭示企业固定资产新旧程度,应设置"累计折旧"科目。该科目是"固定资产"的备抵科目,其借方核算转出固定资产计提的折旧额,贷方核算固定资产因磨损而计提的折旧额,期末贷方余额反映企业实有固定资产累计计提的折旧额。

固定资产折旧过程,实质上是固定资产价值的转移过程。固定资产折旧的核算就是要客观地反映固定资产价值损耗和成本费用形成的过程。因此,企业计提的折旧,按其使用对象分别记入有关成本、费用中:行政管理部门使用的固定资产折旧计入"管理费用"科目;车间使用的固定资产折旧计入"制造费用"科目;销售部门使用的固定资产折旧计入"销售费用"科目;在建工程使用的固定资产折旧计入"在建工程"科目,等等,如表 7—3 所示。

表 7—3

单位:元

固定资产类别	应计提折旧的固定资产原值	月折旧率(%)	月折旧额	按使用对象分配			
				制造费用	销售费用	在建工程	管理费用
房屋及建筑物	2940000	0. 2804	8244		600		7644
运输设备	100000	1. 20	1200	1200			
施工机械	1440000	1. 00	14400			14400	
生产设备	200000	0. 75	1500	1500			
合 计	4780000		25344	2700	600	14400	7644

根据表 7—3,编制会计分录如下:

借:制造费用 2700
　　销售费用 600
　　在建工程 14400
　　管理费用 7644
　贷:累计折旧 25344

第四节　固定资产的租赁

企业租入的固定资产,按照其租赁方式不同,分为经营租赁和融资租赁。

一、经营租赁固定资产的核算

经营租赁是指企业为了解决生产经营上的临时需要而租入的固定资产。租入的固定资产不能作为自有固定资产核算,租入的固定资产由出租方提取折旧,租赁期满后,由出租单位收回固定资产。承租单位对租入的固定资产只有使用权,而没有所有权。租入的固定资产应设置"租入固定资产登记簿",详细记录其租入、归还和使用情况,保证其完好无损和合理使用。

1. 租出固定资产的核算。企业租出固定资产时,应由"固定资产——未使用固定资产"科目转入"固定资产——租出固定资产"科目,收取租金时,借记"银行存款"科目,贷记"其他业务收入"科目;租出固定资产提取折旧时,借记"其他业务成本"科目,贷记"累计折旧"科目。

【例7—9】 东海公司将未使用的一台设备以经营租赁方式租给其他单位使用,原值65000元,编制会计分录如下:

借:固定资产——租出固定资产 65000
　贷:固定资产——未使用固定资产 65000

收到承租单位交来的租金4000元,存入银行,编制会计分录如下:

借:银行存款 4000
　贷:其他业务收入 4000

计提该设备的折旧费650元,编制会计分录如下:

借:其他业务成本 650
　贷:累计折旧 650

2. 租入固定资产的核算。企业以经营方式租入的固定资产只有使用权,而没有所有权,在租入固定资产时,只需登记"租入固定资产登记簿",而不需要进行账务处理。租入单位根据市场价格和租入数量计付租金。计付租金时,分别按使用对象计入成本费用中:管理部门租入的固定资产借记“管理费用”科目,生产车间租入的固定资产借记“制造费用”科目,贷记“银行存款”科目。

【例7—10】 东海公司以经营租赁方式租入生产设备一台,以银行存款支付本月租金6500元,编制会计分录如下:

借:制造费用　　6500

　贷:银行存款　　6500

二、融资租赁固定资产的核算

融资租赁固定资产的核算上节已阐述。

第五节　固定资产的后续支出

固定资产在使用过程中,由于各种因素的影响会使其发生故障并降低使用效能。为了充分发挥固定资产的生产能力,保证固定资产的正常使用,企业需要有计划地对固定资产进行维护、扩建或改建。固定资产后续支出就是指固定资产在使用过程中发生的维护、扩建或改建支出等。它包括费用化的后续支出和资本化的后续支出。

一、费用化的后续支出

为了维持固定资产的正常运转和使用,充分发挥其使用效能,企业应对固定资产进行必要的维护。固定资产的日常维护支出只是确保固定资产的正常工作状况,通常不满足固定资产的确认条件,应在发生时计入当期损益。

【例7—11】 东海公司对生产车间进行修理,修理过程中领用原材料一批,价值为120000元,为购买该批原材料支付的增值税进项税额为20400元,支付维修人员薪酬为43320元,编制会计分录如下:

借:管理费用　　183720

　贷:原材料　　120000

　　应交税费——应交增值税　　20400

　　应付职工薪酬　　43320

二、资本化的后续支出

当固定资产在使用过程中发生的支出符合下列条件之一者即被确认为资本化的后续支出:(1) 使固定资产的使用年限延长;(2) 使固定资产的生产能力提高;(3) 使产品质量实质性提高;(4) 使产品成本实质性降低;(5) 使企业经营管理环境或条件改善。

对于资本化的后续支出按现行规定计入固定资产价值,借记“在建工程”科目,贷记有关科目。

第六节　固定资产的处置

固定资产的处置包括固定资产的出售、转让、报废和毁损、对外投资、非货币性资产交换、债务重组等。

一、固定资产的出售、报废或毁损

企业出售、转让、报废固定资产或发生固定资产毁损,应当将处置收入扣除账面价值和相关税费后的金额计入当期损益。固定资产的账面价值是固定资产成本扣减累计折旧和累计减值准备后的金额。固定资产的处置一般通过“固定资产清理”科目进行核算。“固定资产清理”科目是用以核算企业因出售、报废和毁损等原因转入清理的固定资产净值以及在清理过程中所发生的清理费用和清理收入。其借方核算转入清理的固定资产的净值和发生的清理费用以及清理净收益,贷方核算清理固定资产的变价收入和应由保险公司或过失人承担的赔偿款以及净损失。期末结转后,本科目无余额。

固定资产出售、报废、毁损的会计核算,可分以下几个步骤:

企业出售、报废和毁损的固定资产转入清理时,应按清理的固定资产净值借记“固定资产清理”科目,按已提的折旧借记“累计折旧”科目,按已计提的减值准备借记“固定资产减值准备”科目,按固定资产原值贷记“固定资产”科目。

固定资产清理过程中发生的清理费用,按实际发生的清理费用借记“固定资产清理”科目,贷记“银行存款”等科目。

企业收回出售固定资产的价款、报废固定资产的残料价值和变价收入等,应冲减清理支出,即按实际收到的出售价款及残料变价收入等借记“银行存款”、“原材料”等科目,贷记“固定资产清理”科目。

企业计算或收到应由保险公司或过失人赔偿的报废、毁损固定资产的款项时,应冲减清理支出,借记“银行存款”或“其他应收款”科目,贷记“固定资产清理”科目。

固定资产清理后发生的净收益,借记“固定资产清理”科目,贷记“营业外收入”科目;发生的净损失,借记“营业外支出”科目,贷记“固定资产清理”科目。企业出售不动产,还应按销售额计算营业税,借记“固定资产清理”科目,贷记“应交税费”科目。

【例 7—12】 东海公司因正常原因而报废机器设备一批,原值 650000 元,已提折旧 635000 元。在报废清理过程中,以银行存款支付清理费用 12700 元,收回拆除的残料 18000 元入库,变卖收入 7000 元存入银行,编制会计分录如下:

1. 固定资产转入清理时:

借:固定资产清理 15000
　　累计折旧 635000
　贷:固定资产 650000

2. 支付清理费用时:

借:固定资产清理 12700
　贷:银行存款 12700

3. 残料入库并收到变价收入时:

借:原材料 18000
　　银行存款 7000
　贷:固定资产清理 25000

4. 结转固定资产清理净损失时:

借:营业外支出 2700
　贷:固定资产清理 2700

二、投资转出固定资产的核算

企业以部分固定资产作为资本对外投资时,固定资产转入清理,按固定资产账面价值记入“固定资产清理”科目的贷方,按投资合同约定的价值作为投资额记入“长期股权投资”科目的借方,投资合同约定价值与固定资产账面价值的差额记入“营业外收入”科日或“营业外支出”科目。

【例 7—13】 东海公司将一台设备向某集团公司投资,账面原值 93300 元,累计折旧 36700 元,双方约定以 56600 元作为投资额,编制会计分录如下:

借:固定资产清理　　56600
　累计折旧　　36700
　贷:固定资产　　93300
借:长期股权投资　　56600
　贷:固定资产清理　　56600

三、盘亏固定资产的核算

盘亏固定资产的核算将在本章第七节详述。

第七节　固定资产的清查和期末计量

一、固定资产清查的核算

为了保证固定资产核算的真实性,保护国家财产的安全与完整,企业必须进行定期的清查盘点。通过清查盘点,掌握固定资产的实有数及其分布情况,摸清固定资产的质量和利用情况,及时发现短缺、毁损和未列账的固定资产,从而改进企业固定资产的管理工作,提高固定资产的利用率。

企业对固定资产至少每年要全面清查一次。平时可根据实际需要组织局部的轮流清查。企业对固定资产的清查盘点,必须依靠群众,组织有关人员参加清查盘点小组。在清查盘点之前,财会部门应将“固定资产”科目的余额,同固定资产登记簿和固定资产登记卡相核对,保证账、卡相符。清点时,应将固定资产登记卡同实物逐件核对,并根据盘点结果,编制“固定资产盘点单”。

在清查过程中发现多余和长期闲置不用的固定资产,应在盘点单的备注栏中加以说明,并应尽快查明原因,积极处理,充分利用,对发现的磨损过大或带病运转的设备,也应在盘点单上注明,以便及时维护修理。盘点中发现盘盈的固定资产,应由管理部门组织有关人员查明原因,鉴定其重置完全价值、估计折旧、尚可使用年限等。

企业为了核算在清查盘点中发现的盘亏的固定资产,应设置“待处理财产损溢——待处理固定资产损溢”科目。该科目的借方核算盘亏或毁损固定资产的净值,贷方核算按规定程序批准转销的盘亏固定资产的净值,期末借方余额表示尚待批准转销的盘亏或毁损固定资产的净值。盘盈的固定资产,作为前期差错处理,记入“以前年度损益调整”科目核算。

【例 7—14】 东海公司盘盈机器一台，市场价格为 30000 元，估计已提折旧 5000 元，编制会计分录如下：

借：固定资产　　25000
　贷：以前年度损益调整　　25000

【例 7—15】 东海公司盘亏设备一台，账面原值 6000 元，已提折旧 3000 元，编制会计分录如下：

借：待处理财产损溢——待处理固定资产损溢　　3000
　　累计折旧　　3000
　贷：固定资产　　6000

上述盘亏设备报经批准转销时，编制会计分录如下：

借：营业外支出　　3000
　贷：待处理财产损溢——待处理固定资产损溢　　3000

如果固定资产遭受自然灾害而毁损，可向保险公司收取保险赔偿款，借记“其他应收款”科目，扣除保险公司赔款后的净损失借记“营业外支出”科目，贷记“待处理财产损溢”科目。

二、固定资产期末计量

企业应当于期末对固定资产进行检查，如发现下列迹象，应当计算固定资产可收回金额，以确定固定资产是否发生减值：(1) 固定资产市价大幅度下跌；(2) 资产已经陈旧过时，其实体已经损坏或将被闲置、终止使用或者计划提前处置等；(3) 企业经营所处环境变化导致市场利率或者其他市场投资报酬率在当期已经提高等。

固定资产的可收回金额是根据固定资产的公允价值减去处置其费用后的净额与固定资产预计未来现金流量的现值两者之间较高者。固定资产可收回金额低于其账面价值时视为固定资产减值。如果固定资产发生减值，企业应计提固定资产减值准备，并计入当期损益，即借记“资产减值损失”科目，贷记“固定资产减值准备”科目。

固定资产减值损失一经确认，在以后会计期间不得转回。固定资产损失确认后，减值资产的折旧应当在未来期间作相应调整，以使该资产在剩余使用寿命内计提固定资产折旧。

【例 7—16】 东海公司 2002 年 12 月 23 日购入设备 130000 元，预计使用寿命 8 年，净残值 6500 元。2006 年 12 月 31 日公司检查发现该设备可能发生减

值,可收回金额预计28080元。该公司采用平均年限法计提折旧,编制会计分录如下:

2002年购入该设备时:

借:固定资产 130000

　贷:银行存款 130000

2003年计提折旧时:

年折旧额 =(130000 - 6500)/8 = 15437.5(元)

借:有关科目 15437.5

　贷:累计折旧 15437.5

2006年12月31日计提固定资产减值设备时:

账面价值 = 130000 -(15437.5 ×4) = 68250(元)

减值准备 = 68250 - 28080 = 40170(元)

借:资产减值损失 40170

　贷:固定资产减值准备 40170

2007年计提折旧时:

年折旧额 =(28080 - 6500)/4 = 5395(元)

借:有关科目 5395

　贷:累计折旧 5395

思考题

1. 固定资产有何特征?怎样确认固定资产?
2. 固定资产折旧的计算方法有几种,如何计算?
3. 固定资产租赁的两种方式各有什么特点,如何核算?
4. 如何进行固定资产清理的核算?
5. 如何进行固定资产减值损失的核算?

练习题

一、单项选择题

1. 某企业本期以300000元的价格转让出售以前年度接受捐赠的全新设备一台。该设备的原价为350000元,已提折旧120000元。转让时支付清理费用20000元。本期出售该设备计入当期损益的金额为(　　)。

A. 400000元　　B. 50000元　　C. 350000元　　D. 90000元

2. 某企业2007年6月28日自行建造的一条生产线投入使用,该生产线建造成本为3700000元,预计使用年限为5年,预计净残值为100000元。在采用年数总和法计提折旧的情况下,当年该设备应计提的折旧额为(　　)。

A. 600000元　　B. 700000元　　C. 1600000元　　D. 740000元

3. 下列固定资产中,属于不应计提折旧的是(　　)。

A. 暂停使用的房屋　　B. 经营租出的固定资产

C. 大修理停用的固定资产　　D. 经营租入的固定资产

4. 某企业一项固定资产的原价为10000元,预计使用年限为5年,预计净残值率为2%,按双倍余额递减法计算折旧,则该项固定资产第三年年末累计已提折旧额为(　　)。

A. 7683.2元　　B. 6400元　　C. 7840元　　D. 6272元

5. 若固定资产原值300000元,已提折旧50000元,已提减值准备10000元,则固定资产的账面价值为(　　)。

A. 250000元　　B. 240000元　　C. 290000元　　D. 300000元

二、多项选择题

1. 下列项目中,可以记入固定资产账面价值的有(　　)。

A. 支付的买价　　B. 支付的增值税

C. 运输费　　D. 安装成本

2. 企业经营租入的固定资产,其租金可能记入的账户有(　　)。

A. 销售费用　　B. 管理费用　　C. 财务费用　　D. 制造费用

3. 下列折旧方法中,属于加速折旧法的有(　　)。

A. 直线法　　B. 工作量法

C. 双倍余额递减法　　D. 年数总和法

4. “固定资产清理”账户借方核算的内容包括(　　)。

A. 转入清理的固定资产的净值　　　　B. 发生的清理费用

C. 结转的固定资产清理净损失　　　　D. 结转的固定资产清理净收益

5. 下列说法中,正确的有(　　)。

A. 接受捐赠的固定资产,捐赠方没有提供有关凭据的,且同类或类似的固定资产不存在活跃市场的,按该固定资产的预计未来现金流量现值,作为入账价值

B. 接受捐赠的固定资产,捐赠方提供了有关凭据的,按凭据上标明的金额加上应支付的相关税费,作为入账价值

C. 盘盈的固定资产,按同类或类似固定资产的市场价格,作为入账价值

D. 经批准无偿调入的固定资产,按调出单位的账面价值加上发生的运输费、安装费等相关费用,作为入账价值

三、实务题

1. 某企业 2007 年 5 月份发生下列有关经济业务:

(1) 购入不需安装的设备 2 台,每台买价 116000 元,支付包装费、运输费 7000 元,并交付使用。

(2) 接受投入机器设备一台,原单位的账面价值 160000 元,预计使用 20 年,现已使用 5 年,已提折旧 40000 元。经有关部门评估确认净值 115000 元。

(3) 有 2 台设备现已到达预计的使用年限,经批准转入报废清理。账面原值 35000 元,已提折旧 24000 元,残值变价收入 35000 元,款已存入银行。

(4) 将不需用的汽车一辆出售,原值 54000 元,已提折旧 24000 元,售价 35000 元,款已收回存入银行。

(5) 在财产清查中发现盘盈机器一台,市场价格为 116000 元,估计折旧程度 40%;盘亏不需用设备两台,账面原值 280000 元,已提折旧 80000 元。报经批准,同意转销。

要求:根据上述资料编制有关会计分录。

2. 某企业 2007 年 5 月 15 日购入设备一台,价值 200000 元,预计使用寿命 5 年,预计净残值 2000 元。

要求:分别按直线法、双倍余额递减法、年数总和法计算每年的固定资产折旧额。

第八章
无形资产

学习目标

通过本章学习，理解无形资产的内涵及分类，区分无形资产研究阶段与开发阶段的支出，掌握无形资产取得和处置的核算方法。

第一节　无形资产的分类和计量

一、无形资产的概念及确认条件

（一）无形资产的概念

无形资产是指企业拥有或控制的没有实物形态的可辨认非货币性资产，主要包括专利权、非专利技术、商标权、土地使用权、著作权和特许权等。无形资产只有满足下列条件之一的，符合无形资产定义中可辨认性标准：

1. 能够从企业中分离或者划分出来，并能够单独或者与相关合同、资产或负债一起，用于出售、转移、授予许可、租赁或者交换。

2. 源自合同性权利或其他法定权利，无论这些权利是否可以从企业或其他权利和义务中转移或者分离。

商誉的存在无法与企业自身分离，不具有可辨认性，因而不属于无形资产；土地使用权通常作为无形资产，但对于房地产开发企业取得的土地使用权用于建造对外出售的房屋建筑物时，其相关的土地使用权的价值应当计入所建造的房屋建筑物成本，不作为无形资产核算；企业外购房屋建筑物所支付的价款中包括土地使用权以及建筑物价值的，则应当对实际支付的价款按照合理的方法（例如公允价值相对比例）在土地使用权和地上建筑物之间进行分配。如果无法在土地使用权和地上建筑物之间进行合理分配的，应当全部作为固定资产，按照固定资产确认和计量的原则进行处理。

(二) 无形资产的确认条件

某个项目要确认为无形资产,应符合无形资产的定义,并同时满足下列条件:

1. 与该无形资产有关的经济利益很可能流入企业。作为无形资产,必须具备其所产生的经济利益很可能流入企业这一条件。通常情况下,无形资产产生的未来经济利益可能包括在销售商品、提供劳务的收入当中,或者企业使用该项无形资产减少或节约了成本,或者体现在获得的其他利益当中。比如,企业在生产工序中使用了某种知识产权,使其降低了产品生产成本。

在确定某项无形资产所创造的经济利益是否能流入企业,需要职业判断,对无形资产在预计使用寿命内可能存在的各种经济因素作出合理估计,并且有确凿的证据支持。比如,企业是否有足够的人力资源、高素质的管理队伍、相关的硬件设备、相关的原材料等来配合无形资产为企业创造经济利益。同时,关注某项无形资产是否与该无形资产相关的新技术、新产品有冲突,或据其生产的产品是否存在市场等。

2. 该无形资产的成本能够可靠地计量。成本能够可靠地计量是确认某项无形资产的一项重要条件。比如,企业自创商誉以及内部产生的品牌、报刊名等,因其成本无法可靠地计量,不能作为无形资产确认。

二、无形资产的分类

(一) 专利权

专利权是经政府依法批准的发明人对其发明成果的制造、使用和出售等方面在一定年限内享有的独占权或专用权。拥有专利权能使企业具有优势地位,获得经济上的优厚利益。专利权的成本包括试验试制费、制图费、律师费、注册登记费等项目。专利权一般有法定的有效期限。

(二) 非专利技术

所谓非专利技术,一般情况下,是指公众不知道的,在生产和经营的实践中已采用了的各种技术知识和经验。非专利技术可以用蓝图、配方、技术记录、操作方法的说明等具体资料表现出来,也可以通过向买方人员派出技术人员进行指导,或接受买方人员实习技术的手段来表现。

非专利技术在生产经营过程中表现出以下特征:(1) 经济性。非专利技术在生产经营中使用能够提高企业的经济能力和生产水平,给企业带来较高的经济效益。(2) 机密性。非专利技术是企业通过长期研究所掌握的不愿公开的方法、特长和经验,它一经公开,就失去其价值。(3) 动态性。非专利技术是企业或技术人员经过长期的经验积累而形成的,而且是在不断发展的。

(三) 商标权

商标权是企业拥有在某类指定的商品或产品上使用特定的名称或图案的权利。商标在商标注册登记后归使用人所拥有,商标权人可把自己拥有的商标依照法定程序转归他人所有,也可以允许他人使用其商标。在商标注册申请、转移商标注册和续展注册时,商标权人要依法交纳注册费、转移注册费和续展注册费。这些费用支出如果不大,一般可不列作无形资产入账。但对购入的或其他单位作为资产投入的商标权,应作为无形资产入账。

(四) 土地使用权

土地使用权或称场地使用权,是企业接受其他单位以场地使用权作为投入资产的价值。按我国法律规定,土地属国家所有,不得计价买卖。企业接受场地使用权应按取得同类场地使用权应当交纳的使用费入账。其价值按合同等规定的法律有效期限摊销。

(五) 著作权

著作权也称版权,是对编写或出版某一专门著作或创作某一艺术品所提供的专用权。由于企业申请版权的费用不大,此项费用可直接计入当期管理费用,不作无形资产入账,只有当购入或接受投资时,才能作为资本性支出,列作无形资产,并按法定有效期限摊销。

(六) 特许经营权

特许经营权是指在某一地区经营或销售某种特定商品的权利或是一家企业接受另一家企业使用其商标、商号、技术秘密等的权利。特许经营权可以由政府机关授予,如授予企业的烟草专卖权;也可以是通过协议有偿从别的企业取得的。在会计上只有通过支付了费用取得的特许经营权才能作为无形资产入账。

三、无形资产的研究与开发支出

对于企业自行进行的无形资产研究开发项目,应当区分研究阶段和开发阶段分别进行核算。

(一) 研究阶段

研究阶段是指为获取新的技术和知识等进行的研究活动,比如研究成果或其他知识的应用研究、评价和最终选择;材料、设备、产品、工序、系统或服务替代品的研究;新的或经改进的材料、设备、产品、工序、系统或服务的可能替代品的配制、设计、评价和最终选择等,均属于研究活动。

由于研究阶段是探索性的,是为进一步开发活动进行资料及相关方面的准备,已进行的研究活动将来是否会转入开发、开发后是否会形成无形资产等均具有较大的不确定性,因此,研究阶段的有关支出,在发生时应费用化计入当期损益。

(二) 开发阶段

开发阶段是指在进行商业性生产或使用前,将研究成果或其他知识应用于某项计划或设计,以生产出新的或具有实质性改进的材料、装置、产品等,比如生产前或使用前的原型和模型的设计、建造和测试;含新技术的工具、夹具、模具和冲模的设计;不具有商业性生产经济规模的试生产设施的设计、建造和运营;新的或经改造的材料、设备、产品、工序、系统或服务所选定的替代品的设计、建造和测试等,均属于开发活动。

相对于研究阶段,开发阶段应当已完成研究阶段的工作,在很大程度上已具备形成一项新产品或新技术的基本条件。此时,如果企业能够证明开发支出符合无形资产的定义及具备下列确认条件,则可将其确认为无形资产。

1. 完成该无形资产以使其能够使用或出售在技术上具有可行性。判断无形资产的开发在技术上是否具有可行性,应当以目前阶段的成果为基础,并提供相关的证据和材料,证明企业进行开发所需的技术条件等已经具备,不存在技术上的障碍或其他不确定性。比如,企业已经完成了全部计划、设计和测试活动,这些活动是使资产能够达到设计规划书中的功能、特征和技术所必需的活动,或经过专家鉴定等。

2. 具有完成该无形资产并使用或出售的意图。企业研发项目形成成果以后,对外出售或使用并从中获得经济利益,具有明确的意图。

3. 无形资产产生经济利益的方式,包括能够证明运用该无形资产生产的产品存在市场或无形资产自身存在市场,无形资产在内部使用,应当证明其有用性。无形资产能够为企业带来未来经济利益,应当对运用该无形资产生产产品的市场情况进行可靠预计,以证明所生产的产品存在市场并能够带来经济利益的流入,或能够证明市场上存在对该类无形资产的需求。如果无形资产开发以后,不是用于生产产品,也不是对外出售,而是企业内部使用,则企业应当能够证明其有用性。

4. 有足够的技术、财务资源和其他资源支持,以完成该无形资产的开发,并有能力使用或出售该无形资产。企业能够证明可以取得无形资产开发所需的技术、财务和其他资源,以及获得这些资源的相关计划。比如,企业自有资金不足以提供支持的,应能够证明存在外部其他方面的资金支持,如银行等金融机构申明愿意为该无形资产的开发提供所需资金等。

5. 归属于该无形资产开发阶段的支出能够可靠地计量。企业对研究开发的支出应当单独核算,比如,直接发生的研发人员工资、材料费以及相关设备折旧费等能够对象化。同时从事多项研究开发活动的,所发生的支出应当按照合理的标准在各项研究开发活动之间进行分配;无法合理分配的,应予以费用化计入当期损益。无法区分研究阶段和开发阶段的支出,应予以费用化,全部计入当期损益。

四、无形资产的计量

无形资产的计量分初始计量和后续计量。

(一) 无形资产的初始计量

由于无形资产取得的来源不同,其成本构成也不同。

1. 外购无形资产的成本,包括购买价款、相关税费以及直接归属于使该项资产达到预定用途所发生的支出。其中直接归属于使该项资产达到预定用途所发生的支出是指使无形资产达到预定用途所发生的专业服务费用、测试无形资产是否能够正常发挥作用的费用等。

2. 自行开发无形资产的成本,包括自满足无形资产确认条件后至该项资产达到预定用途前所发生的支出总额,但对于以前期间已经费用化的支出不再进行调整。

3. 投资者投入无形资产的成本,按照投资合同或协议约定的价值确定,但合同或协议约定的价值不公允的除外。

4. 非货币性资产交换、债务重组和政府补助取得的无形资产的成本,见本教材其他有关章节。

购买无形资产的价款超过正常信用条件延期支付的,实质上具有融资性质,无形资产的初始成本以购买价款的现值为基础确定。实际支付的价款与购买价款的现值之间的差额,应当在信用期间内采用实际利率法进行摊销,计入当期损益。

(二) 无形资产的后续计量

无形资产的后续计量是指无形资产进行初始计量并确定其成本之后,如何进行无形资产摊销和无形资产的期末价值的确定。在计算无形资产摊销额时，无形资产的使用寿命如为有限的，应当估计该使用寿命的年限或者构成使用寿命的产量等类似计量单位的数量。

估计无形资产的使用寿命，应考虑的因素主要包括：(1) 运用该资产生产的产品通常的寿命周期、可获得的类似资产使用寿命的信息；(2) 技术、工艺等方面的现阶段情况及对未来发展趋势的估计；(3) 以该资产生产的产品（或服务）的市场需求情况；(4) 现在或潜在的竞争者预期采取的行动；(5) 为维持该资产产生未来经济利益能力的预期维护支出，以及企业预计支付有关支出的能力；(6) 对该资产的控制期限，使用的法律或类似限制，如特许使用期间、租赁期间等；(7) 与企业持有的其他资产使用寿命的关联性等。

当企业持有的无形资产来源于合同性权利或是其他法定权利，且合同规定或法律规定有明确的使用年限，其使用寿命不应超过合同性权利或其他法定权利的期限；如果合同性权利或其他法定权利能够在到期时因续约等延续，且有证据表明企业续约不需要付出大额成本，续约期应当计入使用寿命。合同或法律没有规定使用寿命的，企业应当综合各方面情况判断，以确定无形资产能为企业带来未来经济利益的期限。比如，与同行业的情况进行比较，参考历史经验，或聘请相关专家进行论证等。

按照上述方法仍无法合理确定无形资产为企业带来经济利益期限的，该项无形资产应作为使用寿命不确定的无形资产。对于使用寿命不确定的无形资产，在持有期间不需要摊销，但应当在每个会计期间进行减值测试。

第二节　无形资产的取得和处置

一、无形资产取得的核算

企业为了核算各种无形资产的价值，应设置“无形资产”科目，其借方核算取得的各种无形资产的价值以及其他单位投入的各种无形资产的价值，贷方核算处置的无形资产价值及投资转出无形资产的价值，期末借方余额反映企业无形资产价值的实有数额。该科目应按无形资产的类别设置明细科目进行明细核算。

企业取得的各种无形资产，应按实际支出借记“无形资产”科目，贷记“银行存款”等科目；企业取得其他单位投资转入的无形资产，应按确认的价值借记

"无形资产"科目,贷记"实收资本"科目;企业接受捐赠的无形资产,应按确认的价值借记"无形资产"科目,贷记"营业外收入"科目。

【例 8—1】 东海公司购入专利权一项,一次支付价款 14000 元,另发生咨询费、法律手续费 2000 元,价款及各项费用均以银行存款支付,编制会计分录如下:

借:无形资产——专利权 16000

贷:银行存款 16000

【例 8—2】 东海公司取得一项商标使用权,使用期限为 3 年,一次以银行存款支付商标使用费 17000 元,编制会计分录如下:

借:无形资产——商标权 17000

贷:银行存款 17000

【例 8—3】 东海公司接受 A 公司投资的一项专利权,账面价值 80000 元,评估确认的价值为 64000 元,编制会计分录如下:

借:无形资产——专利权 64000

贷:实收资本 64000

二、无形资产摊销的核算

(一) 无形资产的摊销方法

对于使用寿命有限的无形资产,应在其使用寿命内系统地分摊其价值。无形资产摊销方法包括直线法、生产总量法等。企业选择的无形资产摊销方法,应能够反映与该项无形资产有关的经济利益的预期实现方式,并一致地运用于不同会计期间;无法可靠确定其预期实现方式的,应当采用直线法进行摊销。

无形资产的残值一般为零,在计算无形资产摊销额时不予考虑,但下列情况除外:

1. 有第三方承诺在无形资产使用寿命结束时购买此无形资产;

2. 可以根据活跃市场得到预计残值信息,并且该市场在无形资产使用寿命结束则可能存在。

无形资产的残值意味着,在其经济寿命结束之前,企业预计将会处置该无形资产,并且从该处置中获得利益。估计无形资产的残值应以资产处置时的可收回金额为基础,此时的可收回金额是指在预计出售日,出售一项使用寿命已满且处于类似使用状况下,同类无形资产预计的处置价格(扣除相关税费)。残值确定以后,在持有无形资产的期间内,至少应于每年年末进行复核,预计其残值与原估计金额不同的,应按会计估计变更进行处理。如果无形资产的残值重新估计以后高于其账面价值的,则无形资产不再摊销,直至残值降至低于账面价值时再恢复摊销。

(二) 无形资产摊销的核算

企业为了核算使用寿命有限的无形资产计提和转出的摊销额,应设置"累计摊销"科目。该科目贷方核算计提的摊销额,借方核算转出的摊销额,期末贷方余额反映无形资产的累计摊销额。

无形资产的摊销金额一般应当计入当期损益,但如果某项无形资产是专门用于生产某种产品或者其他资产,其所包含的经济利益是通过转入到所生产的产品或其他资产中实现的,则无形资产的摊销金额应当计入相关资产的成本。例如,某项专门用于生产过程中的无形资产,其摊销金额应构成所生产产品成本的一部分,计入该产品的制造费用。

【例8—4】 东海公司某专利权的取得成本为240000元,估计使用寿命10年,该专利用于产品生产,编制会计分录如下:

$$年摊销额=\frac{240000}{10}=24000(元)$$

$$月摊销额=24000\div12=2000(元)$$

借:无形资产——专利权　　240000

　贷:银行存款　　240000

借:制造费用　　2000

　贷:累计摊销　　2000

三、无形资产处置的核算

企业无形资产的处置包括无形资产出租和无形资产出售。

(一) 无形资产出租的核算

企业出租无形资产是指企业让渡其无形资产的使用权。企业出租无形资产取得的租金收入和发生的相关费用,分别确认为其他业务收入和其他业务成本。

(二) 无形资产出售的核算

企业出售无形资产是指企业放弃其无形资产的所有权。企业出售无形资产,应当将所取得的价款与该无形资产账面价值的差额确认为处置非流动资产的利得或损失,计入"营业外收入"或"营业外支出"账户。

【例8—5】 东海公司将自创的专利有偿转让给其他单位,取得转让收入

8000 元,账面净值 7000 元,编制会计分录如下:

借:银行存款　8000

　贷:无形资产　7000

　　营业外收入　1000

如果上例企业不转让该项专利的所有权,只是许可其他单位使用,由受让方每年按 5000 元支付使用费,则取得收入时,编制会计分录如下:

借:银行存款　5000

　贷:其他业务收入　5000

如进行技术指导,共开支 13000 元,编制会计分录如下:

借:其他业务成本　13000

　贷:银行存款　13000

（三）无形资产报废的核算

如果无形资产预期不能为企业带来经济利益,例如该无形资产已被其他新技术所代替,则应将其报废予以转销。转销时,按已计提的累计摊销额借记“累计摊销”科目,按其账面余额贷记“无形资产”科目,按其差额借记“营业外支出”科目。已计提减值准备的,还应同时结转减值准备。

第三节　无形资产的期末计量

企业应当至少于每年年度终了,对使用寿命有限的无形资产的使用寿命及未来经济利益消耗方式进行复核。无形资产的预计使用寿命及未来经济利益的预期消耗方式与以前估计不同的,应当改变摊销期限和摊销方法。对使用寿命不确定的无形资产的使用寿命也要进行复核。如果有证据表明无形资产的使用寿命是有限的,应当估计其使用寿命,并选择适当的方法对其成本进行摊销。

对使用寿命不确定的无形资产在每个会计期间进行减值测试。经减值测试表明已发生减值,则需要计提相应的减值准备。计提减值准备时,借记“资产减值损失”科目,贷记“无形资产减值准备”科目。

无形资产减值损失一经确认,在以后会计期间不得转回。无形资产损失确认后,减值资产的摊销额应当在未来期间作相应调整,以使该资产在剩余使用寿命内计提无形资产的摊销额。

思考题

1. 无形资产的确认应满足哪些条件?
2. 无形资产包括哪些内容,怎样进行分类、计量?
3. 无形资产开发阶段发生的支出是否应资本化,为什么?
4. 预计无形资产的使用寿命应当考虑哪些因素?
5. 使用寿命不确定的无形资产如何进行后续计量?

练习题

一、单项选择题

1. 某企业2007年1月1日出售一项专利权,该专利权为2004年1月1日购入,其入账价值为120000元,摊销期限为10年。取得转让收入100000元,转让专利权的营业税税额为5%。该企业转让该项专利权的净收益为(　　)。

A. 100000元　　B. 11000元　　C. 10000元　　D. 16000元

2. 接受捐赠的无形资产,应以(　　)作为入账价值的确认基础。

A. 同类无形资产的市场价格　　B. 评估机构确认的价格
C. 双方协商价格　　D. 捐赠企业的原账面价值

3. 当某项无形资产已丧失使用价值和转让价值,应将其账面价值(　　)。

A. 全部计提减值准备　　B. 全部转入当期损益
C. 采用加速摊销法　　D. 转入长期待摊费用

4. 下列各项中,不应作为无形资产入账的有(　　)。

A. 企业购入商标权而发生的费用
B. 企业拥有的良好商誉
C. 某项技术开发过程中发生的费用
D. 通过吸收投资方式取得的土地使用权

二、多项选择题

1. 下列各项中,不应作为无形资产入账的有(　　)。

A. 商誉
B. 房地产开发企业取得的土地使用权
C. 企业外购房屋建筑物所支付的价款中包括土地使用权

D. 企业建造对外出售的房屋建筑物中包括土地使用权

2. 属于无形资产开发阶段的支出可能计入“(　　)”科目。

A. 管理费用　　B. 制造费用

C. 无形资产　　D. 营业费用

3. 无形资产报废时可能涉及“(　　)”科目。

A. 管理费用　　B. 累计摊销

C. 无形资产　　D. 营业外支出

4. 无形资产定义中可辨认性标准指(　　)。

A. 能够从企业中分离或者划分出来

B. 能够单独或者与相关合同、资产或负债一起

C. 能够用于出售、转移、授予许可、租赁或者交换

D. 企业合并成本大于合并取得被购买方各项可辨认资产、负债公允价值的差额

三、实务题

1. A企业2006年1月1日从B企业购入一项专利,以银行存款支付买价和有关费用共计900000元。该专利权的法定有效期限为10年。2007年12月31日,由于与该项专利权相关的经济因素发生不利变化,致使该专利权发生减值,A企业估计其可收回金额为600000元。

要求:根据上述资料编制有关会计分录。

2. 某企业自行开发并按法律程序申请取得一项专利权,该专利权的法定有效年限为5年。在研究过程中领用材料100000元、分配直接参与开发人员的工资60000元及福利费8400元。

要求:根据上述资料编制有关会计分录。

第九章 非货币性资产交换

学习目标

非货币性资产交换是交易双方通过存货、固定资产、无形资产和长期股权投资等非货币性资产进行交换，有时也涉及少量货币性资产即补价。通过本章学习，理解非货币性资产交换的确认及非货币性资产交换采用公允价值计量的前提条件；掌握非货币性资产交换的核算方法。

第一节 非货币性资产交换的确认和计量

一、非货币性资产交换的概念和确认

货币性资产是指持有的现金及将以固定或可确定金额的货币收取的资产，包括现金、应收账款、应收票据、应收股利、应收利息、其他应收款以及准备持有至到期的债券投资等。非货币性资产是指货币性资产以外的资产，包括股权投资、存货、不准备持有至到期的债券投资、固定资产、工程物资、投资性房地产、在建工程、无形资产等。非货币性资产有别于货币性资产的最基本特征是，其在将来为企业带来的经济利益是不固定的或不确定的。例如，企业持有存货的主要目的，或者是在正常的生产经营过程中直接销售获利；或者作为劳动对象，在正常的生产经营过程中通过对其进行加工形成商品，然后通过销售获利；或者作为辅助手段，在正常的生产经营过程中有助于销售过程或者有助于加工过程。在这一过程中，存货在将来为企业带来的经济利益，可能受到内部、外部主客观因素的影响，是不固定的或者不确定的，因此，存货属于非货币性资产。非货币性资产交换是交易双方通过存货、固定资产、无形资产和长期股权投资等非货币性资产进行交换，有时涉及少量的货币性资产（即补价）。

通常情况下，企业在生产经营过程中所发生的各项交换都是货币性资产交换，其特点在于以放弃货币性资产的方式换入货币性资产或非货币性资产。而非货币性资产交换则是以非货币性资产交换作为前提的，在这种交换中不涉及或只涉及少量的货币性资产，按规定补价只能占整个资产交换金额的25%以下。支付的货币性资产占换入资产公允价值（或占换出资产公允价值与支付的货币性资产之和）的比例或者收到的货币性资产占换出资产公允价值（或占换入资产公允价值和收到的货币性资产之和）的比例低于25%的，视为非货币性资产交换，高于25%（含25%）的，不能视为货币性资产交换。

例如，东海公司决定以生产经营用的一辆A汽车与北方有限责任公司（以下简称北方公司）生产经营用的B汽车交换，A汽车账面价值为150000元，在交换日的累计折旧为15000元，公允价值为160000元；B汽车的账面价值为200000元，在交换日的累计折旧为64000元，公允价值为170000元。东海公司另外支付银行存款10000元。假定在整个交易过程中东海公司支付运杂费2100元，北方公司发生运杂费3200元。在这项交换中，由于东海公司支付货币性资产10000元占换入资产公允价值170000元的比例5.88%小于25%，所以可以认定这项交换是非货币性资产，按非货币性资产交换有关规定进行会计处理。

假如上例中B汽车的公允价值为250000元，东海公司另外以银行存款支付补价90000元，在其他条件不变的情况下，由于东海公司支付货币性资产90000元占换入资产公允价值250000元的比例36%大于25%，所以可以认定这项交换是货币性资产交换，按货币性资产交换有关规定进行会计处理。

二、非货币性资产交换的计量

企业在非货币性资产交换业务中，对换入资产的计量，有公允价值和账面价值两种计量方法。

（一）按公允价值计量

非货币性资产交换同时满足以下两个条件的，换入资产成本应当以换出资产的公允价值为计量基础。这两个条件是：（1）该项交换具有商业实质；（2）换入资产、换出资产的公允价值能够可靠地计量。

1. 具有商业实质的认定。企业应当遵循实质重于形式的原则，判断非货币性资产交换是否具有商业实质。根据换入资产的性质和换入企业经营活动的特征等因素，换入资产与换入企业其他现有资产相结合能够产生更大的作用，使换入企业受该换入资产影响产生的现金流量与换出资产明显不同的，表明该两项

资产的交换具有商业实质。根据有关规定,符合下列条件之一的,视为具有商业实质:

(1) 换入资产的未来现金流量在风险、时间和金额方面与换出资产显著不同。这种情况通常包括:①未来现金流量的风险、金额相同,时间不同。换入资产和换出资产产生的未来现金流量总额相同,获得这些现金流量的风险相同,但现金流量流入企业的时间不同。比如,企业以一批存货换入一项设备,因存货流动性强,能够在较短的时间内产生现金流量,设备作为固定资产要在较长的时间内为企业带来现金流量,两者产生现金流量的时间相差较大,上述存货与固定资产产生的未来现金流量显著不同。②未来现金流量的时间、金额相同,风险不同。风险不同是指企业获得现金流量的不确定性程度存在差异。比如,某企业以其不准备持有至到期的国库券换入一幢房屋以备出租,该企业预计未来每年收到的国库券利息与房屋租金在金额和流入时间上相同,但取得国库券利息通常风险很小,而房屋租金的取得则取决于承租人的财务及信用情况等,两者现金流量的风险或不确定性程度存在明显差异,上述国库券与房屋的未来现金流量显著不同。③未来现金流量的风险、时间相同,金额不同。换入资产和换出资产的现金流量总额相同,预计为企业带来现金流量的时间跨度相同,但各年产生的现金流量金额存在明显差异。比如,某企业以其商标权换入另一企业一项专利技术,预计两项无形资产的使用寿命相同,在使用寿命内预计为企业带来的现金流量总额相同,但是换入的专利技术是新开发的,预计开始阶段产生的未来现金流量明显小于后期,而该企业拥有的商标每年产生的现金流量比较均衡,两者产生的现金流量金额差异明显,未来现金流量因此显著不同。

(2) 换入资产与换出资产的预计未来现金流量现值不同,且其差额与换入资产和换出资产的公允价值相比是重大的。这种情况是指从市场参与者来看,换入资产和换出资产产生的未来现金流量风险、时间和金额基本相同或类似,但换入资产对换入企业的特定价值(即预计未来现金流量现值)与换出资产存在明显差异,而资产的预计未来现金流量现值,应当按照资产在持续使用过程和最终处置时所产生的预计税后未来现金流量,根据企业自身而不是市场参与者对资产特定风险的评价,选择恰当的折现率对其进行折现后的金额加以确定。比如,某企业以一项非专利技术换入另一企业拥有的长期股权投资,该项非专利技术与该项长期股权投资的公允价值相同,两项资产未来现金流量的风险、时间和金额亦相同,但对换入企业而言,换入该项长期股权投资使其对被投资方由重大影响变为控制关系,从而对换入企业的特定价值即预计未来现金流量现值与换出的非专利技术有较大差异;对方换入的非专利技术能够解决生产中的技术难题,从而对其特定价值即预计未来现金流量现值与换出的长期股权投资存在明显差异,因而两项资产的交换具有商业实质。

2. 公允价值可靠性的认定。对于“换入资产或换出资产的公允价值能够可靠确定的,非货币性资产交换才能以公允价值计量”。按有关规定,满足以下条件之一的资产,其公允价值才能可靠地计量。

(1) 换入或换出资产存在活跃市场的,表明该资产的公允价值能够可靠地计量。对于存在活跃市场的交易性证券、存货、长期股权投资、固定资产、无形资产等非货币性资产,应当以资产的市场价格为基础确定其公允价值。

(2) 换入或换出资产本身不存在活跃市场,但类似资产存在活跃市场的,表明该资产的公允价值能够可靠地计量。对于类似资产存在活跃市场的存货、长期股权投资、固定资产、无形资产等非货币性资产,应当以调整后的类似资产市场价格为基础确定其公允价值。

(3) 换入或换出资产不存在同类或类似资产的可比市场交易,采用估值技术确定的公允价值估计数的变动区间很小,或者在公允价值估计数变动区间内,各种用于确定公允价值估计数的概率能够合理确定的,视为公允价值能够可靠地计量。

(二) 按账面价值计量

非货币性资产交换不具有商业实质,或者换入资产或换出资产的公允价值不能可靠确定的,应当以换出资产的账面价值加上应支付相关税费作为换入资产的入账价值,不确认损益。

第二节 非货币性资产交换的会计处理

一、非货币性资产交换按公允价值计量的会计处理

非货币性资产交换满足条件的,应当以换出资产的公允价值为计量基础,具体又分不涉及补价与涉及补价两种交换方式。

(一) 不涉及补价

不涉及补价的非货币性交换具有商业实质且交换资产的公允价值是可靠的,换入资产的入账价值以换出资产公允价值加上应支付相关税费确认,换出资产公允价值与其账面价值的差额计入当期损益,并应分别下列情况处理:

1. 换出资产为存货的，应当作为销售处理，即以其公允价值确认收入，同时结转相应的成本。

2. 换出资产为固定资产、无形资产的，换出资产公允价值和换出资产账面价值的差额，计入营业外收入或营业外支出。

3. 换出资产为长期股权投资、可供出售金融资产的，换出资产公允价值和换出资产账面价值的差额，计入投资收益。可供出售金融资产原在资本公积中确认的前期公允价值变动，也应当一并转入投资收益。

【例 9—1】 东海公司以账面价值为 48500 元的库存商品办公桌换入北方公司的专利权，专利权的账面价值为 45000 元。北方公司换入办公桌作为库存商品，办公桌的公允价值为 60000 元，专利权的公允价值为 60000 元。东海公司办公桌的增值税率为 17%，北方公司复印机的增值税率为 17%，不考虑其他税费。假设双方交易具有商业实质，且办公桌、专利权的公允价值是可靠的，双方应编制的会计分录如下：

东海公司：

借：无形资产　　70200

　贷：主营业务收入　　60000

　　应交税费——应交增值税（销项税额）　　10200

同时结转其成本。

借：主营业务成本　　48500

　贷：库存商品　　48500

北方公司：

借：库存商品——办公桌　　60000

　应交税费——应交增值税（进项税额）　　10200

　贷：无形资产　　45000

　　营业外收入　　25200

（二）涉及补价

非货币性资产交换具有商业实质且公允价值能够可靠计量的，在发生补价的情况下，支付补价方应当以换出资产的公允价值加上支付的补价（或换入资产的公允价值）和应支付的相关税费，作为换入资产的成本；收到补价方，应当以换入资产的公允价值（或换出资产的公允价值减去补价）和应支付的相关税费，作为换入资产的成本。换出资产公允价值与其账面价值的差额计入当期损益。

【例9—2】　东海公司以生产经营使用的一辆货运汽车交换北方公司持有的A公司股份，换入的A公司股份准备长期持有。货运汽车的账面原值为240000元，在交换日的累计折旧为108000元，公允价值为130000元。北方公司持有的A公司股份账面价值为90000元，在交换日的公允价值为120000元，北方公司支付补价10000元。北方公司换入货运汽车作为固定资产。假如双方不考虑相关税费，该交易具有商业实质，且双方资产的公允价值是可靠的，双方应编制的会计分录如下：

东海公司：

由于收到补价10000元占换出资产公允价值130000元的比例为7.69%，该比例小于25%，属于非货币性资产交换，应按非货币性资产交换会计规定核算。

换入资产的入账价值＝130000－10000＝120000(元)

借：固定资产清理　132000

　累计折旧　108000

　贷：固定资产　240000

借：长期股权投资——A公司(投资成本)　120000

　银行存款　10000

　营业外支出——非货币性资产交换损失　2000

　贷：固定资产清理　132000

北方公司：

换入固定资产的入账价值＝120000＋10000＝130000(元)

借：固定资产　130000

　贷：长期股权投资——A公司(投资成本)　90000

　　银行存款　10000

　　投资收益　30000

在非货币性资产交换中，如果同时换入多项资产，即企业以一项非货币性资产换入多项非货币性资产，或者以多项非货币性资产换入一项或多项非货币性资产，在这种情况下，应当以换出资产的公允价值加上应支付的补价(或减去收到的补价)和相关税费作为换入资产总的入账价值，每项资产的入账价值按换入资产公允价值比例分配换入资产总的入账价值。

【例9—3】　东海公司以账面价值为65000元的库存商品办公桌换入北方公司的库存商品复印机和专利权，复印机账面价值为50000元，专利权账面价值为13000元。东海公司换入复印机作为固定资产，北方公司换入办公桌作为库存商品。办公桌的公允价值为80000元,复印机的公允价值为6000元,专利权的公允价值为20000元。东海公司办公桌的增值税率为17%,北方公司复印机的增值税税率为17%,不考虑其他税费。假设双方交易具有商业实质,且办公桌、专利权和复印机的公允价值是可靠的,东海公司应编制的会计分录如下:

换入资产总的入账价值 = 80000 + 80000 × 17% = 93600(元)

换入复印机的入账价值 = 93600 × 60000/80000 = 70200(元)

换入专利权的入账价值 = 93600 × 20000/80000 = 23400(元)

借:固定资产——复印机　　70200
　无形资产——专利权　　23400
　贷:主营业务收入　　80000
　　应交税费——应交增值税(销项税额)　　13600

同时结转其成本:

借:主营业务成本　　65000
　贷:库存商品——办公桌　　65000

二、非货币性资产交换按账面价值计量的会计处理

非货币性资产交换如果不能同时满足公允价值计量的两个条件,则应当以换出资产的账面价值作为换入资产的计价基础,具体有不涉及补价和涉及补价两种方式。

(一) 不涉及补价

按有关规定,不涉及补价非货币性资产交换,换入资产应当以换出资产的账面价值加上应支付的相关税费作为入账价值。

【例9—4】 东海公司以账面价值为48500元的库存商品10台电脑换入北方公司的库存商品复印机,复印机账面价值为45000元。东海公司换入复印机作为固定资产,北方公司换入10台电脑作为库存商品。10台电脑的公允价值为60000元,复印机的公允价值为60000元。东海公司10台电脑的增值税税率为17%,北方公司复印机的增值税税率为17%。假设此交换不涉及其他税费,且不具备商业实质,双方应编制的会计分录如下:

东海公司:

借:固定资产　　58700
　贷:库存商品——电脑　　48500
　　应交税费——应交增值税(销项税额)　　10200

北方公司：

借：库存商品——电脑 45000

应交税费——应交增值税（进项税额） 10200

贷：库存商品——复印机 45000

应交税费——应交增值税（销项税额） 10200

（二）涉及补价

按有关规定，收到补价方的换入资产应当以换出资产的账面价值加上应支付的相关税费减去应收到的补价作为入账价值。对于支付补价方来说，换入资产应当以换出资产的账面价值加上应支付的相关税费和补价作为入账价值。

【例9—5】 东海公司以生产经营使用的一辆货运汽车交换北方公司生产经营使用的专利权。货运汽车的账面价值为400000元，在交换日的累计折旧为100000元，已提资产减值准备10000元，公允价值为280000元。专利权的账面原值为380000元，在交换日的累计摊销为90000元，公允价值为300000元，换入货运汽车作为固定资产。东海公司支付北方公司补价20000元。假如此交换不考虑税费，且双方的公允价值不可靠，双方应编制的会计分录如下：

东海公司：

由于支付补价20000元占换出资产公允价值与应支付的补价之和300000元的比例为15%小于25%，属于非货币性资产交换，应按非货币性资产交换规定核算。

换入专利权的入账价值 = 400000 − 100000 − 10000 + 20000 = 310000（元）

借：固定资产清理 290000

累计折旧 100000

固定资产减值准备 10000

贷：固定资产 400000

借：无形资产 310000

贷：固定资产清理 290000

银行存款 20000

北方公司：

换入固定资产的入账价值 = 380000 − 90000 − 20000 = 270000（元）

借：固定资产 270000

累计摊销 90000

银行存款 20000

贷:无形资产　　380000

在非货币性资产交换中,同时换入多项资产的核算,应当以换出资产的账面价值加上应支付的补价(或减去收到补价)和相关税费作为换入资产总的入账价值,每项资产的入账价值按换入资产公允价值比例分配换入资产总的入账价值。

【例9—6】 东海公司以账面价值为65000元的库存商品办公桌换入北方公司的库存商品复印机和专利权,复印机账面价值为40000元,专利权账面价值为13000元。东海公司换入复印机作为固定资产,北方公司换入办公桌作为库存商品。办公桌的公允价值为80000元,复印机的公允价值为49000元,专利权的公允价值为21000元。北方公司支付东海公司补价10000元。东海公司办公桌的增值税税率为17%,北方公司复印机的增值税税率为17%,不考虑其他税费。假设双方交易不具有商业实质,东海公司应编制的会计分录如下:

换入资产总的入账价值 $= 65000 + 80000 \times 17\% - 10000 = 68600$(元)

换入复印机的入账价值 $= 68600 \times 49000/70000 = 48020$(元)

换入专利权的入账价值 $= 68600 \times 21000/70000 = 20580$(元)

借:固定资产——复印机　　48020

　无形资产　　20580

　银行存款　　10000

　贷:库存商品——办公桌　　65000

　　应交税费——应交增值税(销项税额)　　13600

思考题

1. 什么叫非货币性资产交换?
2. 什么叫货币性资产?什么叫非货币性资产?
3. 商业实质交换认定的条件有哪些?
4. 非货币性资产交换有几种计量方法?
5. 非货币性资产交换有哪些会计处理方法?

练习题

一、单项选择题

1. 下列属于货币资产的是(　　)。

A. 存货　　B. 固定资产

C. 应收股利　　D. 投资性房地产

2. 下列属于非货币性资产的是(　　)。

A. 应收账款　　B. 应收票据

C. 持有至到期债券投资　　D. 长期股权投资

3. 下列交易中属于非货币性资产交换的是(　　)。

A. 以准备持有至到期债券投资与固定资产交换

B. 以固定资产与无形资产交换

C. 以准备持有至到期债券投资与股权投资交换

D. 以准备持有至到期债券投资与无形资产交换

4. 某企业以账面价值为40000元的库存商品换入北方公司账面价值为45000元的全新设备。该企业换入设备作为固定资产,库存商品和设备的公允价值为60000元。库存商品增值税税率为17%。假设此交换不涉及其他税费,且不具备商业实质。该企业换入设备的入账价值为(　　)。

A. 50200元　　B. 60000元　　C. 70200元　　D. 45000元

5. 非货币性资产交换不涉及或只能涉及少量的货币性资产(即补价)。通常以支付的货币性资产占换入资产公允价值的比例或者收到的货币性资产占换出资产公允价值的比例低于(　　)的,视为非货币性资产交换。

A. 50%　　B. 25%　　C. 70%　　D. 20%

二、多项选择题

1. 下列交易中属于非货币性资产交换的是(　　)。

A. 以准备持有至到期债券投资与固定资产交换

B. 存货与无形资产交换

C. 存货与股权投资交换

D. 固定资产与无形资产交换

2. 符合下列条件之一的非货币性资产交换具备商业实质的是(　　)。

A. 换入资产与换出资产的未来现金流量的风险、金额相同,时间不同

B. 换入资产与换出资产的未来现金流量的风险、时间相同,金额不同

C. 换入资产与换出资产的未来现金流量的金额、时间相同,风险不同

D. 换入资产与换出资产的预计未来现金流量现值相同

3. 按有关规定,满足以下条件之一的资产,其公允价值才能可靠计量的是(　　)。

A. 换入或换出资产存在活跃市场的

B. 换入或换出资产本身不存在活跃市场,但类似资产存在活跃市场的

C. 换入或换出资产不存在同类或类似资产的可比市场交易,但可以采用估值技术确定的公允价值

D. 换入或换出资产账面价值与公允价值比较接近

4. 非货币性资产交换具备商业实质且换入或换出资产的公允价值能够可靠地计量,换入资产的入账价值为(　　)。

A. 换出资产的公允价值　　B. 加上应支付的相关税费

C. 加上应支付的补价　　D. 减去收到的补价

5. 非货币性资产交换不具备商业实质或者换入或换出资产的公允价值不能可靠地计量,换入资产的入账价值为(　　)。

A. 换出资产的公允价值　　B. 加上应支付的相关税费

C. 加上应支付的补价,减去收到的补价　　D. 换出资产的账面价值

三、实务题

1. 甲公司以账面价值为100000元的库存商品卡车换入乙公司的库存商品设备,设备账面价值为120000元。甲公司换入设备作为固定资产,乙公司换入卡车作为固定资产。卡车的公允价值为110000元,设备的公允价值为120000元。卡车、设备的增值税率为17%,不考虑其他税费。假设双方交易具有商业实质,且卡车、设备的公允价值是可靠的。

要求:编制两公司有关的会计分录。

2. 甲公司以生产经营使用的一辆货运汽车交换乙公司生产经营使用的商标权。货运汽车的账面价值为200000元,在交换日的累计折旧为85000元,公允价值为100000元。商标权的账面原值为130000元,在交换日的累计摊销为10000元,公允价值为90000元,换入货运汽车作为固定资产。甲公司收到乙公司支付的补价10000元。假如此交换不考虑税费,且双方的公允价值不可靠。

要求:编制两公司有关的会计分录。

第十章
负 债

学习目标

负债是指企业过去的交易或者事项形成的、预期会导致经济利益流出企业的现时义务。负债按其流动性划分,可以分为流动负债和长期负债。流动负债是指将在一年或超过一年的一个营业周期以内偿还的债务,包括短期借款、应付账款、应付票据、预收账款、应付职工薪酬、应付股利、应交税费、其他应付款等。长期负债是指将在一年或者超过一年的一个营业周期以上偿还的债务,包括长期借款、应付债券、长期应付款、预计负债、递延所得税负债等。通过本章学习,掌握负债的确认及核算方法。

第一节 应付账款、应付票据及预收账款

一、应付账款的核算

应付账款是指因购买材料、商品或接受劳务供应等而应支付给供应单位的款项。

应付账款一般应按到期应付金额入账。但是,当形成一笔应付账款时附有现金折扣条件,应付账款的入账金额的确定一般有两种会计处理方法。

1. 总价法。是指应付账款按未扣减现金折扣前的价款入账,即企业在收到发票账单时,按发票账单等凭证上记载的应付金额入账。在折扣期内付款,获得的现金折扣,直接冲减当期财务费用。现行有关规定采用此方法。

2. 净价法。是指应付账款按扣减最大现金折扣后的价款入账。如果丧失现金折扣,则将丧失的现金折扣记入财务费用。

应付账款入账的时间应以所购货物的所有权转移为标志。但在实际工作中

应区别不同情况进行处理:在货物和发票账单同时到达的情况下,企业一般应于货物验收后,按发票账单凭证上记载的应付账款金额记账;在货物已到,劳务已接受,但发票账单等凭证未到的情况下,企业应在月末按估计应付金额入账,下月初用红字冲销估计应付金额;待收到发票账单时,再按应付账款的实际金额入账。

企业为了核算应付账款的发生及其偿还情况,应设置“应付账款”科目,其贷方核算发生的应付账款,借方核算偿还的应付账款,期末贷方余额反映尚未偿还的应付账款。本科目按供应单位设置明细账进行核算。

二、应付票据的核算

应付票据是指企业购买材料、商品和接受劳务供应等开出、承兑的商业汇票,包括银行承兑汇票和商业承兑汇票。

应付票据按是否带息分为带息的应付票据和不带息的应付票据两种。带息的应付票据,在票面上应注明利率,票据到期时不仅要支付票面金额,还要支付按票面利率计算的利息。不带息的应付票据到期只支付票面金额。

企业为了核算因商品交易而签发、承兑的商业汇票的增减变动情况,应设置“应付票据”科目。其贷方反映企业因采购材料、商品等签发承兑的商业汇票面额,借方反映已支付的应付票据面额,期末贷方余额反映尚未到期票据金额。

企业还应设置“应付票据备查簿”,详细登记每一应付票据的种类、号数、签发日期、到期日、票面金额、票面利率、合同交易号、收款人姓名或单位名称,以及付款日期和金额等资料。应付票据到期结清时,应在备查簿内逐笔注销。

(一) 不带息应付票据的核算

企业签发、承兑商业汇票采购材料、商品等物品时,应借记“材料采购”、“应交税费——应交增值税”等科目,贷记“应付票据”科目。若为银行承兑汇票,支付银行承兑手续费时,借记“财务费用”科目,贷记“银行存款”科目。票据到期支付票据款时,借记“应付票据”科目,贷记“银行存款”科目。如果银行承兑汇票到期时未能如数支付,则承兑银行代公司付款后,企业应借记“应付票据”科目,贷记“短期借款”科目。如果商业承兑汇票到期时未能如数支付,企业应借记“应付票据”科目,贷记“应付账款”科目。

【例10—1】 东海公司2000年9月30日购进一批材料,货款100000元,增值税额17000元,开出期限为6个月的商业承兑汇票,编制会计分录如下:

公司购入材料开出商业承兑汇票时:

借:材料采购 100000

应交税费——应交增值税(进项税额) 17000

贷:应付票据 117000

3 月 31 日公司支付 6 个月到期的商业承兑汇票时:

借:应付票据 117000

贷:银行存款 117000

如果 3 月 31 日公司不能如数支付 6 个月到期的商业承兑汇票时:

借:应付票据 117000

贷:应付账款 117000

(二) 带息的应付票据的核算

带息票据的核算与不带息票据基本相同。但带息的应付票据,在票据到期时,不仅要支付票据的票面金额,而且还要支付按票面利率计算的应付利息。对于带息票据,企业应在资产负债表日计算利息,借记"财务费用"科目,贷记"应付利息"科目。

三、预收账款的核算

预收账款是指企业在商品尚未销售时,按销售合同规定向购货单位预收的货款或定金。当企业收到预收的货款时,由于销售尚未实现,取得货款的权利没有发生,从而形成一项流动负债,而这项流动负债要用以后交付给购货单位的商品或提供的劳务来偿付。

预收账款业务发生较多的企业,应单独设置"预收账款"科目进行核算。该科目的贷方反映预收货款的数额,借方反映商品或劳务提供时应结清的数额,期末贷方余额反映已预收而尚未结清的数额。单独设置"预收账款"科目的企业,在收到预收款项时,应借记"银行存款"科目,贷记"预收账款"科目;当发出商品进行结算时,借记"预收账款"科目,贷记"主营业务收入"、"应交税费——应交增值税(销项税额)"科目。但预收账款业务不多的企业,也可以不设"预收账款"科目,而是将预收货款并入"应收账款"科目进行核算。

预收账款应按不同的购买单位或个人设置明细账,进行明细分类核算。

【例 10—2】 南方公司向东海公司订购甲产品 200 件,按合同规定东海公司预收货款 10000 元,存入银行。收款 2 个月后,东海公司向对方提供甲产品,应收含税金额 13000 元,其中增值税 1888.80 元。同时收到南方公司补付的货款 3000 元,编制会计分录如下:

借:银行存款　　10000
　贷:预收账款——南方公司　　10000
借:预收账款——南方公司　　13000
　贷:主营业务收入　　11111.20
　　应交税费——应交增值税(销项税额)　　1888.80
借:银行存款　　3000
　贷:预收账款——南方公司　　3000

第二节　应付职工薪酬

一、应付职工薪酬的内容

职工薪酬是指企业为获得职工提供的服务而给予各种形式的报酬以及其他相关支出,包括:工资、奖金、津贴和补贴;职工福利费;医疗保险、养老保险、失业保险、工伤保险和生育保险等社会保险费;住房公积金;工会经费和职工教育经费;非货币性福利;因解除与职工的劳动关系给予的补偿;其他与获得职工提供的服务相关的支出。

二、应付职工薪酬的确认原则

企业在职工为其提供服务期间,除将解除劳动关系补偿(又称辞退福利)全部计入当期费用以外,其他职工薪酬(包括货币性薪酬和非货币性薪酬)均应根据职工提供服务的受益对象,计入相关资产成本或当期费用。

三、应付职工薪酬的核算

企业为了核算按有关规定应付给职工的各种薪酬,应设置"应付职工薪酬"科目。其借方反映支付的职工薪酬以及扣还的各种款项,贷方反映分配的职工薪酬。本科目按"工资"、"职工福利"、"社会保险费"、"住房公积金"、"工会经费"、"职工教育经费"、"非货币性福利"、"辞退福利"、"股份支付"等设置明细科目,进行明细核算。

(一) 分配职工薪酬的核算

1. 应付货币性职工薪酬。企业支付的货币性职工薪酬,根据职工提供服务的收益对象分别计入有关科目。其中产品生产、劳务提供人员的职工薪酬计入

"生产成本"、"制造费用"、"劳务成本"等科目;在建工程、研发支出人员的职工薪酬计入"在建工程"、"研发支出"等科目;行政管理人员的职工薪酬计入"管理费用"科目;销售人员的职工薪酬计入"销售费用"科目。

【例 10—3】 东海公司分配职工工资 100000 元,其中生产工人工资 60000 元,车间管理人员工资 10000 元,行政管理人员工资 30000 元,编制会计分录如下:

借:生产成本 60000
　制造费用 10000
　管理费用 30000
　贷:应付职工薪酬——工资薪酬 100000

【例 10—4】 东海公司提取职工福利费 14000 元,其中提取生产工人福利费 8400 元,车间管理人员福利费 1400 元,行政管理人员福利费 4200 元,月末企业根据"应付福利费计算表"编制会计分录如下:

借:生产成本 8400
　制造费用 1400
　管理费用 4200
　贷:应付职工薪酬——职工福利 14000

【例 10—5】 东海公司按工资总额的一定比例计算应交的社会保险费 16000 元,其中生产工人社会保险费 7500 元,车间管理人员社会保险费 1500 元,行政管理人员社会保险费 6000 元,在建工程人员社会保险费为 1000 元,编制会计分录如下:

借:生产成本 7500
　制造费用 1500
　管理费用 6000
　在建工程 1000
　贷:应付职工薪酬——社会保险费 16000

2. 非货币性职工薪酬。

(1) 企业以产成品、外购商品作为职工薪酬的,借记"管理费用"等科目,贷记"应付职工薪酬"科目。无偿向职工提供住房等固定资产使用的,按应计提的折旧额借记"管理费用"等科目,贷记"应付职工薪酬"科目;同时,借记"应付职工薪酬"科目,贷记"累计折旧"科目。租赁住房等资产供职工无偿使用的,按每期应支付的租金借记"管理费用"等科目,贷记"应付职工薪酬"科目。

(2) 因解除与职工的劳动关系给予的补偿,借记“管理费用”科目,贷记“应付职工薪酬”科目。

(3) 企业以现金结算的股份支付,借记“管理费用”等科目,贷记“应付职工薪酬”科目。在可行权日之后,以现金结算的股份支付金额的变动金额,借记或贷记“公允价值变动损益”科目,贷记或借记“应付职工薪酬”科目。

企业(外商)按规定从净利润中提取的职工奖励及福利基金,借记“利润分配——提取的职工奖励及福利基金”科目,贷记“应付职工薪酬”科目。

(二) 发放职工薪酬的核算

1. 向职工支付工资、奖金、津贴、福利费、从应付职工薪酬中扣还的各种款项(代垫的家属药费、个人所得税等)等,借记“应付职工薪酬”科目,贷记“银行存款”、“库存现金”、“其他应收款”、“应交税费——应交个人所得税”等科目。

【例10—6】 东海公司提取库存现金100000元备发职工薪酬,编制会计分录如下:

借:库存现金　　100000

　贷:银行存款　　100000

【例10—7】 东海公司支付工资100000元,编制会计分录如下:

借:应付职工薪酬——工资薪酬　　100000

　贷:库存现金　　100000

2. 支付工会经费和职工教育经费用于工会运作和职工培训,借记“应付职工薪酬”科目,贷记“银行存款”等科目。

3. 按照国家有关规定缴纳社会保险费和住房公积金,借记“应付职工薪酬”科目,贷记“银行存款”科目。

4. 以产成品、外购商品作为职工薪酬发放给职工时,借记“应付职工薪酬”科目,贷记“主营业务收入”等科目;同时,还应结转产成品、外购商品的成本。

支付租赁住房等资产供职工无偿使用所发生的租金,借记“应付职工薪酬”科目,贷记“银行存款”等科目。

在行权日,企业以现金与职工结算的股份支付,借记“应付职工薪酬”科目,贷记“银行存款”、“库存现金”等科目。

5. 企业因解除与职工的劳动关系给予职工的补偿,借记“应付职工薪酬”科目,贷记“银行存款”、“库存现金”等科目。

【例10—8】 东海公司用库存现金支付职工医药费1500元、职工困难补助2000元,编制会计分录如下:

借:应付职工薪酬——职工福利 3500
　贷:库存现金 3500

第三节 应付债券

一、应付债券概念及种类

债券是举债企业依照法定程序发行,约定在一定日期偿付债券本金和利息的一种有价证券。它是举债企业为筹集资金而承诺的一种长期负债的书面凭证。

企业债券一般应载明:(1) 债券面值,表明举债人到期应偿还债券持有人的本金数额。(2) 债券利率,又称票面利率或者名义利率,一般以年利率表示。(3) 付息日,是债券契约规定支付利息的日期,可定期付息,也可到期一次付息。(4) 到期日,即允诺偿还债券本金的特定日期。

企业债券可以按不同的标准予以分类:(1) 按有无担保分为抵押债券和信用债券。(2) 按还款方式分为一次还本债券、分期还本债券和通知还本债券。(3) 按是否记名分记名债券和无记名债券。(4) 按是否可以调换分为可调换债券和不可调换债券。可调换债券是股份有限公司发行的一种债券,这种债券发行时规定在一定条件下,债券持有人可将债券调换为公司股票。不可调换债券是指不可以调换成公司股票的债券。

二、应付债券的核算

企业为了核算债券发行和偿还的情况,应设置"应付债券"科目,其贷方反映应付债券的本金和应计利息,借方反映偿还的债券本息,期末贷方余额表示尚未偿还的债券本息。

在"应付债券"科目下应设置"面值"、"利息调整"、"应计利息"三个明细科目,并按应付债券种类进行明细核算。(1) "应付债券——面值"。该科目贷方反映企业发行债券的面值,借方反映归还债券的面值,期末贷方余额反映尚未归还的债券面值。(2) "应付债券——利息调整"。该科目贷方反映债券的溢价或摊销的折价金额,借方反映债券的折价或摊销的溢价金额。期末贷方余额反映尚未摊销的溢价,期末借方余额反映尚未摊销的折价。(3) "应付债券——应计利息"。该科目贷方登记资产负债表日到期一次还本付息债券应计提的利息，借方登记实际支付的利息，期末贷方余额反映已计提但尚未支付的利息。

为了便于对发行的债券进行管理，还应设置“应付债券备查簿”，登记企业发行的各种债券票面金额、债券票面利率、还本期限及方式、发行总额、发行日期和编号、委托代销部门等。

（一）债券发行的核算

【例10—9】 东海公司2007年1月5日发行5年期一次还本的公司债券，面值为500000元，票面利率为10%，每半年付息一次，若发行当时市场利率为8%、10%或12%，则债券的发行价格分别为540775元、500000元、463000元，编制会计分录如下：

1. 债券平价发行时：

借：银行存款　　500000

　贷：应付债券——面值　　500000

2. 债券溢价发行时：

借：银行存款　　540755

　贷：应付债券——面值　　500000

　　应付债券——利息调整　　40755

3. 债券折价发行时：

借：银行存款　　463000

　应付债券——利息调整　　37000

　贷：应付债券——债券面值　　500000

（二）债券借款费用的核算

应付债券的借款费用包括债券发行费用、债券按票面利率计算的利息费用以及债券溢价和折价摊销。

在资产负债表日，对于分期付息、一次还本的债券，应按摊余成本和实际利率计算确定的债券利息费用，借记“在建工程”、“制造费用”、“财务费用”、“研发支出”等科目，按票面利率计算确定的应付未付利息，贷记“应付利息”科目，按其差额，借记或贷记“应付债券”（利息调整）科目。

对于一次还本付息的债券，应于资产负债表日按摊余成本和实际利率计算确定的债券利息费用，借记“在建工程”、“制造费用”、“财务费用”、“研发支出”等科目，按票面利率计算确定的应付未付利息，贷记“应付债券（应计利息）”科目，按其差额，借记或贷记“应付债券（利息调整）”科目。

（三）债券溢价与折价摊销的核算

为了能在各计算期进行债券溢价或折价摊销，举债公司在公司债券发行后应编制债券溢价（或折价）摊销表。债券溢价或折价的摊销方法有直线摊销法和实际利率摊销法两种，新规定要求采用实际利率摊销法。

1. 直线摊销法。是在每一计息期把相等金额的溢价或折价转作利息费用，即在全部计息期中平均计算出每一计息期应调整的数额的一种方法。将溢价发行时多收的溢价调整为对每期负担的利息费用的抵减，将折价发行时少收的折价调整为对每期负担的利息费用的增加。可用公式表示如下：

溢价摊销：

实际利息费用 = 支付利息 − 溢价的摊销额

折价摊销：

实际利息费用 = 支付利息 + 折价的摊销额

2. 实际利率摊销法。是在每一计息期以债券账面价值按发行时的市场利率计算出利息，作为本期负担的利息费用的一种方法。各期按票面利率计算支付的债券利息与本期应负担的实际利息费用的差额作为债券溢价或折价的摊销部分，从而调整每期实际负担的利息费用。有关计算公式如下：

溢价的摊销额 = 应支付的利息 − 实际利息费用

折价的摊销额 = 实际利息费用 − 应支付的利息

实际利息费用 = 债券当期期初摊余价值 × 市场利率

（注：债券当期期初摊余价值为不含应计利息。）

【例10—10】 2007年1月1日东海公司发行债券面值1000000元，期限为5年，票面利率为8%，发行时市场利率为9%，发行价为961103元，债券利息每年年末支付。根据这项经济业务，企业作如下会计处理：

收到发行债券款时：

借：银行存款　　961103

　应付债券——利息调整　　38897

　贷：应付债券——债券面值　　1000000

折价采用直线法摊销，每年支付利息及折价摊销时：

每年支付利息 = 1000000 × 8% = 80000（元）

每年折价摊销 = 38897/5 = 7779.4（元）

借：财务费用　　87779.4

　贷：银行存款　　80000

应付债券——利息调整　　7779.4

3. 折价采用实际利率法摊销,每年支付利息及折价摊销如表10—1所示。

表10—1　　债券折价摊销表

（实际利率法）　　单位:元

付息日期	实际利息费用 ②=①×9%	支付利息 ③= 1000000×8%	折价摊销 ④=②-③	未摊销折价 ⑤= 前期⑤-当期④	摊余价值①
2007年01月01日				38897	961103
2007年12月31日	86499	80000	6499	32398	967602
2008年12月31日	87084	80000	7084	25314	974686
2009年12月31日	87722	80000	7722	17592	982408
2010年12月31日	88416	80000	8416	9176	990824
2011年12月31日	89476	80000	9176	0	1000000

2007年12月31日付息日编制的会计分录如下:

借:财务费用　　86499

　贷:银行存款　　80000

　　应付债券——利息调整　　6499

以后各年付息日所作的会计分录类似于2007年12月31日。

(四) 债券到期日还本的核算

借:应付债券——债券面值　　1000000

　贷:银行存款　　1000000

总之,债券溢价摊销或折价摊销的过程,实际上是将债券按票面利率计算的应付利息调整为实际利息费用的过程。同时,通过债券溢价或折价摊销的分期摊销,使"应付债券——利息调整"科目余额逐步减少,直至债券到期还本之前,"应付债券——利息调整"科目余额为零,"应付债券"科目(不含应计利息)的账面价值正好等于债券的面值。

三、可转换公司债券的核算

企业在发行债券的条款中,若规定债券持有者可以在一定时期之后,按规定的转换比率或转换价格,将持有的债券转换成该企业发行的股票,这种债券称可转换债券。可转换公司债券既有债券的性质,又有股票的性质。债券持有者在转换期间内行使转换权利,将债券转换为股份,则债券持有者成为企业的股东,享受股东的权利,债券持有者在转换期间内未行使转换权利,未将债券转换成股份的,则债券持有者作为债权人,有权要求企业清偿债券本息。

我国发行可转换公司债券采取记名式无纸化发行方式,债券最短期限为3年,最长期限为5年。在会计核算中,企业发行的可转换公司债券,在"应付债券"科目下应设置"可转换公司债券"明细科目进行核算。

企业发行的可转换公司债券,应当在初始确认时将其包含的负债成分和权益成分进行分拆,将负债成分确认为应付债券,将权益成分确认为资本公积。在进行分拆时,应当先对负债成分的未来现金流量进行折现确定负债成分的初始确认金额,再按发行价格总额扣除负债成分初始确认金额后的金额确定权益成分的初始确认金额。发行可转换公司债券发生的交易费用,应当在负债成分和权益成分之间按照各自的相对公允价值分摊。企业应按实际收到的款项借记"银行存款"科目,按可转换公司债券包含负债成分的面值,贷记"应付债券——可转换公司债券(面值)"科目,按权益成分的公允价值,贷记"资本公积——其他资本公积"科目,按借贷双方之间的差额,借记或贷记"应付债券——可转换公司债券(利息调整)"科目。

对于可转换公司债券的负债成分,在转换成股份前,其会计处理与一般公司债券相同,即按实际利率和摊余成本确认利息费用,按照面值和票面利率确认应付利息,差额作为利息调整。可转换公司债券持有者在债券存续期间内行使转换权利,将可转换公司债券转换成股份时,对于债券面额不足转换1股股份的部分,企业应当以现金偿还。

可转换公司债券转换为股份时,按债券账面价值结转,不确认转换损益。企业按可转换公司债券的面值借记"应付债券——可转换公司债券(债券面值)"科目,按未摊销溢价或折价借记或贷记"应付债券——可转换公司债券(利息调整)"科目,按已提的利息借记"应付债券——可转换公司债券(应计利息)"科目,按其权益成分的金额借记"资本公积——其他资本公积"科目,按股票面值和转换的股数计算的股票面值总额贷记"股本"科目,按实际用库存现金支付的不足转换股份的部分贷记"库存现金"等科目,借贷差额贷记"资本公积——股本溢价"科目。

【例10—11】 东海公司经批准于2006年1月1日发行5年期2亿元可转换公司债券,债券票面利率为6%,按面值发行(不考虑发行费用),债券发行一年后可转换成为股份，初始转股价为每股10元，每股面值1元。假如东海公司在债券发行时，二级市场上可转换债券与之类似的没有转换权的债券市场利率为9%，债券持有者全部将债券转换为股份，编制会计分录如下：

1. 收到债券发行收入时：

可转换公司债券负债成分的公允价值 = 200000000 × 0.6499 + 200000000 × 6% × 3.8897

= 176656400（元）

可转换公司债券权益成分的公允价值 = 200000000 − 176656400 = 23343600（元）

借：银行存款　200000000

　应付债券——可转换公司债券（利息调整）　23343600

　贷：应付债券——可转换公司债券（面值）　200000000

　　资本公积——其他资本公积　23343600

2. 计提利息时：

借：在建工程（或财务费用）　15899076

　贷：应付债券——可转换公司债券（应计利息）　12000000

　　应付债券——可转换公司债券（利息调整）　3899076

3. 转换股份时：

转换股份数 = （176656400 + 12000000 + 3899076） ÷ 10 = 19255547.6（股）

借：应付债券——可转换公司债券（面值）　200000000

　应付债券——可转换公司债券（应计利息）　12000000

　资本公积——其他资本公积　23343600

　贷：股本　19255547

　　应付债券——可转换公司债券（利息调整）　19444524

　　资本公积——股本溢价　196643528.4

　　库存现金　0.6

第四节　其他负债

一、短期借款的核算

短期借款是指企业为了补充生产经营资金或抵偿短期债务而向银行或其他金融机构等借入的期限在一年以下（含一年）的各种借款。短期借款的债权人一般为银行或其他金融机构。

企业为了核算短期借款的取得和归还情况,应设置“短期借款”科目。企业取得各种短期借款时记入该科目贷方,归还借款时记入该科目借方,期末贷方余额表示尚未归还的短期借款额。本科目还应按债权人设置明细账,并按借款种类进行明细核算。

企业取得各种短期借款时,借记“银行存款”科目,贷记“短期借款”科目;归还借款时,借记“短期借款”科目,贷记“银行存款”科目。

为了正确计算各期损益,在资产负债表日,将计算利息计入当期费用,即借记“财务费用”科目,贷记“应付利息”科目。

【例 10—12】 7 月 1 日,东海公司借入 9 月 30 日到期的贷款 500000 元,月息率为 0.5%,要求按季付息,编制会计分录如下:

1. 7 月 1 日收到借款时:

	借方	贷方
借:银行存款	500000	
贷:短期借款		500000

2. 各月末预提短期借款利息时:

	借方	贷方
借:财务费用	2500	
贷:应付利息		2500

3. 9 月 30 日归还到期借款时:

	借方	贷方
借:短期借款	500000	
应付利息	5000	
财务费用	2500	
贷:银行存款		507500

二、长期借款的核算

长期借款是指企业向金融机构或其他单位借入的,偿还期在一年或者超过一年的一个营业周期以上的各种借款。

企业向银行和其他金融机构借入的长期借款所发生的借款费用,包括因借款而发生的利息和相关费用(如发行费用、手续费等)以及外币借款发生的汇兑差额,应根据长期借款的用途,分别由不同的承受者承担。属于筹建期间的借款费用与固定资产购建无关,应计入管理费用;属于生产经营期间的,计入财务费用;属于与固定资产购建有关的专门借款费用,在固定资产达到预定使用状态前按规定可予以资本化的,应计入在建工程成本;固定资产达到预定可使用状态后所发生的借款费用以及按规定不能予以资本化的借款费用，计入财务费用。

企业为了核算长期借款的借入和本金的归还情况，应设置"长期借款"科目，其贷方反映取得的借款，借方反映归还的借款，期末贷方余额表示尚未归还的借款额。本科目还应按债权人设置明细账，并按"本金"、"利息调整"等进行明细科目核算。

企业借入长期借款，应按实际收到的金额，借记"银行存款"科目，贷记"长期借款"（本金）科目。如存在差额，还应借记"长期借款"（利息调整）科目。

在资产负债表日，按摊余成本和实际利率计算确定的长期借款的利息费用，借记"在建工程"、"制造费用"、"财务费用"、"研发支出"等科目，按合同利率计算确定的应付未付利息，贷记"应付利息"科目，按其差额，贷记"长期借款"（利息调整）科目。

【例10—13】 东海公司为购建厂房，于2007年1月1日从银行借入3年期借款400000元存入银行，年利率为6%，购建期为2年，利息每年12月31日支付，编制会计分录如下：

1. 2007年1月1日从银行借入借款时：

借：银行存款　400000

　贷：长期借款　400000

2. 2007年12月31日计提借款利息时：

借：在建工程　24000

　贷：应付利息　24000

支付利息时：

借：应付利息　24000

　贷：银行存款　24000

3. 2008年12月31日计提借款利息和支付利息的会计分录同2007年12月31日。

4. 2009年12月31日支付最后一年利息和借款本金时：

借：长期借款　400000

　　财务费用　24000

　贷：银行存款　424000

三、应交税费的核算

企业依法应缴纳的各种税费，主要有增值税、消费税、营业税、土地增值税、房产税、资源税、土地使用税、城乡维护建设税、所得税、教育费附加、矿产资源补偿费等。

(一) 应交增值税

增值税是对在我国境内销售货物或者提供加工、修理修配劳务以及进口货物的单位和个人,就其销售货物或者应税劳务新增价值部分,在销售环节征收的一种流转税。

增值税的纳税人分为一般纳税人和小规模纳税人。纳税人不同,增值税的计算及账务处理不同。

1. 一般纳税人增值税的核算。为了核算企业与税务部门有关增值税的结算关系,一般纳税人应在"应交税费"科目下设置"应交增值税"和"未交增值税"两个明细科目。

"应交税费——应交增值税"明细科目用来核算企业应交纳或应抵扣的增值税额。其贷方核算销售货物或提供应税劳务应交纳的增值税额、出口货物退税、转出已支付或应分担的增值税等;借方核算购进货物或接受应税劳务支付或承担的进项税额、实际已交纳的增值税等;月末将本月应交未交增值税自"应交税费——应交增值税(转出未交增值税)、(转出多交增值税)"科目转入"应交税费——未交增值税"科目,结转后期末借方余额反映企业尚未抵扣的增值税。该明细账采用多栏式账页设置"进项税额"、"已交税金"、"转出未交增值税"、"销项税额"、"出口退税"、"进项税额转出"、"转出多交增值税"等专栏。

"应交税费——未交增值税"明细科目用来核算企业增值税交纳情况。其贷方核算本月应交未交的增值税,借方核算本月多交的增值税和本月上交上期应交未交增值税;期末若为贷方余额表示欠交增值税,若为借方余额表示为多交增值税。

(1) 销售货物及提供应税劳务的核算。作为一般纳税人的企业,销售货物或提供应税劳务,其应纳税额为当期销项税额抵扣当期进项税额后的余额。其计算公式为:

应纳税额 = 当期销项税额 - 当期进项税额

其中销项税额是指企业当期销售货物或应税劳务,按照销售额和规定税率计算并向购买方收取的增值税额。一般纳税人销售货物的基本税率为17%。其计算公式为:

销项税额 = 销售额 × 税率

销售额是指企业销售货物或提供应税劳务向购买方收取的全部价款,但不包括收取的销项税。如果企业采用销售额和销项税额合并定价法，应将含税销售额还原为不含税销售额，并按不含税销售额计算销项税额。其还原公式为：

不含税销售额 = 含税销售额 ÷ (1 + 税率)

【例 10—14】 东海公司销售产品一批，含税价为 585000 元。产品已发出，款项尚未收到，编制会计分录如下：

借：应收账款　585000

　贷：主营业务收入　500000

　　应交税费——应交增值税（销项税额）　85000

企业将货物交付他人代销；销售代销货物；将自产或委托加工的货物用于非应税项目；将自产、委托加工或购买的货物作为投资，提供给其他单位或个体经营者；将自产、委托加工或购买的货物分配给股东或投资者；将自产、委托加工的货物用于集体福利或个人消费；将自产、委托加工或购买的货物无偿赠送他人等行为，视同销售货物，需要缴纳增值税。企业应按确认的营业收入和增值税额，借记"长期股权投资"、"应付职工薪酬"、"营业外支出"等账户，按确认的营业收入，贷记"主营业务收入"、"其他业务收入"等账户，按增值税专用发票上注明的增值税额，贷记"应交税费——应交增值税（销项税额）"账户。

【例 10—15】 东海公司因在建工程领用本公司生产的产成品一批，其成本为 15000 元，售价为 20000 元，按售价计算的增值税额为 3400 元，编制会计分录如下：

借：在建工程　18400

　贷：库存商品　15000

　　应交税费——应交增值税（销项税额）　3400

（2）购进货物及接受应税劳务的核算。一般纳税人购进货物或接受应税劳务时支付增值税，即进项税额，可以从当期销售货物或提供劳务按规定收取的增值税额中抵扣。准予从销项税额中抵扣的增值税额包括：①从销售方或投资方取得的增值税专用发票上注明的增值税额；②进口货物，从海关取得的完税凭证上注明的增值税额；③购进免税农产品、支付的外购货物运费、废旧物资经营企业收购废旧物资且不能取得增值税专用发票，按税法规定可分别按买价、运费（不包括随同运费支付的装卸费、保险费等杂费）、收购金额和一定比例的扣除率计算准予从销项税额中抵扣的进项税额。未按上述规定取得并保存增值税扣税凭证，或者增值税扣税凭证上未按规定注明增值税额及其他有关事项的，其进项税额不得从销项税额中抵扣，其所支付的增值税只能计入购入货物或接受劳务的成本。

【例10—16】 东海公司收到某股东投资转入的一批原材料，该批原材料增值税专用发票上注明的增值税额为25500元，投资各方确认的价值为150000元，编制会计分录如下：

借：原材料　　150000

　应交税费——应交增值税(进项税额)　　25500

　贷：实收资本　　175500

(3) 不予抵扣项目的核算。按增值税暂行条例及实施细则的规定，企业购进厂房等固定资产，用于非应税项目、免税项目、集体福利或个人消费的购进货物或应税劳务，非正常损失的购进物资，非正常损失的在产品、产成品所耗用的购进货物或应税劳务等不予抵扣增值税额。

对于按规定不予抵扣的进项税额，账务处理上采用不同的方法：①属于购入货物时即能认定其进项税额不能抵扣的，如购进固定资产、购进货物直接用于免税项目，或者直接用于非应税项目，或者直接用于集体福利或个人消费的，其增值税专用发票上注明的增值税额，记入购入货物及接受劳务成本。②属于购入货物时不能直接认定其进项税额能否抵扣的，其增值税专用发票上注明的增值税额，按照增值税会计处理方法计入"应交税费——应交增值税(进项税额)"科目，如果这部分购入货物以后用于按规定不得抵扣进项税额项目的，应将原已记入进项税额的增值税转入有关承担者予以承担，通过"应交税费——应交增值税(进项税额转出)"科目转入"待处理财产损溢"、"应付职工薪酬"等科目。属于转作待处理财产损失的部分，应与遭受非正常损失的购进货物、在产品、产成品成本一并处理。

(4) 增值税的解缴和结算的核算。企业当月交纳的增值税，通过"应交税费——应交增值税(已交税金)"科目核算；当月交纳上期的增值税，通过"应交税费——未交增值税"科目核算。

【例10—17】 11月20日东海公司开出转账支票，预交本月增值税47400元，编制会计分录如下：

借：应交税费——应交增值税(已交税金)　　47400

　贷：银行存款　　47400

【例10—18】 11月终了，东海公司计算并结转本月应交未交的增值税8350元，编制会计分录如下：

借：应交税费——应交增值税(转出未交增值税)　　8350

贷：应交税费——未交增值税　　8350

【例 10—19】 12 月 5 日东海公司上交上月未交增值税 8350 元，编制会计分录如下：

借：应交税费——未交增值税　　8350

贷：银行存款　　8350

2. 小规模纳税人的核算。

小规模纳税人的特点：(1) 小规模纳税人在销售货物或提供应税劳务时，不得开具增值税专用发票，只能开具普通发票；(2) 小规模纳税人在销售货物或提供应税劳务时，实行简易核算办法计算应纳税额，即按销售额和规定的征收率计算应纳税额；(3) 小规模纳税人的销售额不包括应纳税额。如果采用销售额和应纳税合并定价办法的，应将其还原为不含税销售额后计算。其计算公式如下：

不含税销售额 = 含税销售额/(1 + 征收率)

应纳税额 = 不含税销售额 × 征收率

从会计核算角度看，小规模纳税企业购入货物，无论是否有增值税专用发票，其支付的增值税额均不计入进项税额，不得由销项税额抵扣，只能计入购入货物的成本。与此对应的，其他企业从小规模纳税企业购入货物或接受劳务支付的增值税额，如果不能取得增值税专用发票，也不能作为进项税额抵扣，而应计入购入货物或应税劳务的成本。小规模纳税企业的销售收入应按不含税的销售价格计算。

小规模纳税企业只设置“应交税费——应交增值税”明细科目，并采用借、贷、余三栏式账页。该科目借方登记已交增值税，贷方登记应交增值税额，期末贷方余额表示尚未交纳的增值税，期末借方余额表示多交的增值税。

【例 10—20】 假定东海公司为小规模纳税人，购入材料一批进价 40000 元，支付增值税额 6800 元，以银行存款支付，材料已验收。本月销售商品含税价格 84800 元，已收到款项存入银行，编制会计分录如下：

(1) 购进材料时：

借：原材料　　46800

贷：银行存款　　46800

(2) 销售商品时：

不含税销售额 = 84800/(1 + 6%) = 80000(元)

应交增值税 = 80000 × 6% = 4800(元)

借:银行存款　　84800

　贷:主营业务收入　　80000

　　应交税费——应交增值税　　4800

（3）交纳增值税时:

借:应交税费——应交增值税　　4800

　贷:银行存款　　4800

（二）应交消费税

消费税是对从事生产、委托加工和进口应税消费品的单位和个人,依据销售额或销售数量征收的一种流转税。应税消费品包括烟、酒及酒精、化妆品、护肤护发品、贵重首饰及珠宝石、鞭炮焰火、汽油、柴油、汽车轮胎、摩托车、小汽车等。

1. 消费税的计算。消费税是一种价内税,其征收办法可采用从价定率征收和从量定额征收两种方法。从价定率法计算应纳税额的计税基数为销售额,这里的销售额是指不含增值税的应税产品销售额。从量定额法计算应纳税额的计税依据是销售量,这里的销售量是指应税产品的销售量。两种方法应纳税额的计算公式为:

应纳税额 = 应税产品销售额 × 税率

或　应纳税额 = 应税产品销售数量 × 单位税额

2. 消费税的核算。

（1）企业销售应税消费品,借记“营业税金及附加”科目,贷记“应交税费——应交消费税”科目。

【例10—21】 东海公司生产销售应交消费税产品,取得销售收入8000000元,增值税税率为17%,货税款均收,消费税税率为10%,编制会计分录如下:

应交消费税 = 8000000 × 10% = 800000(元)

借:营业税金及附加　　800000

　贷:应交税费——应交消费税　　800000

（2）以生产的商品换取生产资料、消费资料及作为股权投资、用于在建工程、非生产机构等,按规定应交纳的消费税,借记“原材料”、“长期股权投资”、“固定资产”、“在建工程”、“应付职工薪酬”、“营业外支出”等科目,贷记“应交税费——应交消费税”科目。

（3）委托加工的应税消费品,由受托方代收代交税额(除受托加工或翻新改制金银首饰按规定由受托方交纳消费税外)。若委托方收回加工产品后用于连续生产应税消费品时,所纳税款准予按规定抵扣,按代扣代缴的消费税额;若委托加工应税消费品直接出售的,不再征收消费税,委托方应将代扣代交的消费税计入委托加工应税产品成本。

(4) 需要交纳消费税的进口物资,其交纳的消费税应计入该项物资的成本,借记"固定资产"、"材料采购"、"库存商品"等科目,贷记"银行存款"科目。

(5) 企业交纳消费税,借记"应交税费——应交消费税"科目,贷记"银行存款"科目。

(三) 应交营业税

营业税是向提供的应税劳务、转让无形资产或销售不动产的单位和个人,就其营业额、转让额征收的一种流转税。

1. 营业税的计算。营业税的征收范围具体包括:交通运输业、建筑业、金融保险业、邮电通信业、文化体育业、娱乐业、服务业、转让无形资产和销售不动产9个项目。

企业提供劳务、转让无形资产或销售不动产,按营业额和规定税率计算应交营业税额。其计算公式为:

应交营业税额 = 营业额 × 税率

2. 应交营业税的核算。

(1) 企业提供应税劳务,借记"营业税金及附加"等科目,贷记"应交税费——应交营业税"科目。

【例 10—22】 南方公司取得营业收入 200000 元,营业税税率为 5%,编制会计分录如下:

应交营业税 = 200000 × 5% = 10000(元)

借:营业税金及附加　　10000

　贷:应交税费——应交营业税　　10000

(2) 企业销售不动产,按销售额计算的营业税,借记"固定资产清理"科目(房地产开发企业经营房屋不动产应交纳的营业税,应记入"营业税金及附加"科目借方),贷记"应交税费——应交营业税"科目。

(3) 出租无形资产、固定资产,按租金计算的营业税,借记"营业税金及附加"等科目,贷记"应交税费——应交营业税"科目。

【例 10—23】 东海公司出租专利权一项,取得租金收入 100000 元,营业税税率为 5%,编制会计分录如下:

借:营业税金及附加　　5000

　贷:应交税费——应交营业税　　5000

(4) 企业交纳营业税,借记“应交税费——应交营业税”科目,贷记“银行存款”科目。

(四) 应交所得税

所得税是就企业的生产、经营所得和其他所得,依照有关规定需要交纳的税款。企业按照规定计算应交纳的所得税,借记“所得税费用”科目,贷记“应交税费——应交所得税”科目。实际上交时,借记“应交税费——应交所得税”科目,贷记“银行存款”科目。

(五) 应交其他税金

应交其他税金是指企业除应交增值税、消费税、营业税、所得税以外,其他应交的税金,包括资源税、土地增值税、城市维护建设税、房产税、土地使用税、车船使用税、个人所得税等。企业交纳的印花税、契税、车辆购置税、耕地占用税以及不需要预计应交数的税,不属于此处的应交其他税金。

四、应付股利的核算

在我国,股利的支付通常有两种基本形式,即现金股利和股票股利。前者是指以现金形式向股东派发的股利;而后者是指企业以增发的股票向股东派发的股利。作为股利发放的股票,又称红利,俗称送股。企业为了核算应付、已付现金股利或利润的情况,应设置“应付股利”科目。该科目的贷方反映应付给投资者的现金股利或利润,借方反映已经支付给投资者的现金股利或利润,期末贷方余额反映尚未支付给投资者的现金股利或利润。在企业分配股票股利时,不通过本科目核算。

五、其他应付款的核算

其他应付款是指企业除应付票据、应付账款、预收账款、应付职工薪酬、应付利息、应付股利、应交税费、长期应付款等经营活动以外的其他各项应付、暂收的款项,如应付租入固定资产和包装物的租金、存入保证金等,具体包括:(1) 应付经营租入固定资产和包装物租金;(2) 职工未按期领取的工资;(3) 存入保证金(如收入包装物押金等);(4) 应付、暂收所属单位或个人的款项;(5) 其他应付、暂收款项。

企业为了核算应付、暂收其他单位或个人的款项,应设置“其他应付款”科目。该科目贷方反映企业按规定从成本、费用中提取的应付款或已收的暂收款,借方反映实际归还的应付款和暂收款,期末贷方余额反映企业尚未支付的其他应付款项。

六、预计负债的核算

预计负债是指企业对或有事项中很可能发生的经济利益的流出所预计的负债,包括对外提供担保、未决诉讼、产品质量担保、亏损性合同、重组义务等很可能产生的负债。

企业按规定的预计项目和预计金额确认的预计负债,借记“管理费用”、“营业外支出”等科目,贷记“预计负债”科目;实际偿付的负债,借记“预计负债”科目,“银行存款”等科目。

【例10—24】 东海公司于2006年12月31日以每台3000元的价格销售某种型号彩色电视机1000台,并提供为期一年的售后担保。根据以往的经验,每个客户提出修理诉求的可能性都在50%以上,每台彩电的担保费用约为120元,编制会计分录如下:

预计修理费用总额 = 1000 × 120 = 120000(元)

借:销售费用　　120000

　贷:预计负债——产品担保　　120000

【例10—25】 东海公司于当年受到另一家公司起诉,原告声称东海公司侵犯了该公司的专利权,要求东海公司予以赔偿,金额为300000元。东海公司在年末编制会计报表时,根据法律诉讼的进展情况以及律师的意见,认为对原告予以赔偿的可能性在50%以上,最有可能发生的赔偿金额达180000元,假如诉讼费20000元,编制会计分录如下:

东海公司年末确认的预计负债 = 180000 + 20000 = 200000(元)

借:管理费用——诉讼费　　20000

　营业外支出——诉讼赔偿　　180000

　贷:预计负债　　200000

七、长期应付款的核算

长期应付款是指企业除长期借款、应付债券以外的其他各种长期应付款,具体包括应付融资租入固定资产的租赁费、以分期付款方式购入固定资产等发生的应付款项等等。

(一)分期付款方式购入固定资产

购入固定资产超过正常信用条件延期支付价款,实质上具有融资性质的,应按购买价款的现值借记“固定资产”、“在建工程”等科目,按应支付的金额贷记“长期应付款”科目,按其差额借记“未确认融资费用”科目。

（二）应付融资租入固定资产的租赁费

融资租赁是指在实质上转移了与资产所有权有关的全部风险和报酬的租赁,其所有权最终可能转移,也可能不转移。按照有关规定,融资租入的固定资产,应当在租赁开始日按租赁资产的公允价值与最低租赁付款额的现值两者中的较低者,作为融资租入固定资产的入账价值,按最低租赁付款额作为长期应付款的入账价值,并将两者的差额,作为未确认融资费用,并在租赁期内按实际利率法摊销。

【例10—26】 东海公司2005年12月31日融资租入一台设备,租赁开始日该设备的公允价值为210000元,估计尚可使用年限为6年。租赁合同规定,租赁期限为5年,每年年末支付租金50000元,利率为6%。编制会计分录如下:

1. 租入时,确认租赁资产及负债:

最低租赁付款额的现值 = 每年租金 ×1 元年金现值系数 = 50000 ×4.212 = 210600(元)

由于最低租赁付款额的现值210600元高于设备公允价值210000元,故应按设备公允价值作为融资租入固定资产的入账价值。

最低租赁付款额 = 50000 ×5 = 250000(元)

借:固定资产——融资租入固定资产　　210000
　　未确认融资费用　　40000
　贷:长期应付款——应付融资租入固定资产租赁款　　250000

2. 每年支付租金时:

借:长期应付款——应付融资租入固定资产租赁款　　50000
　贷:银行存款　　50000

3. 采用实际利率法摊销未确认融资费用,如表10—2所示。

租赁开始日最低租赁付款额的现值 = 租赁资产公允价值

当 r = 6% 时,50000 ×4.212 = 210600(元),大于公允价值210000元。

当 r = 7% 时,50000 ×4.1002 = 205010(元),小于公允价值210000元。

因此,r 在6%和7%之间,采用插值法计算如下:

(210600 − 210000)/(210600 − 205010) = (6% − r)/(6% − 7%)

r = 6.1%

表 10—2　　未确认融资费用摊销表　　单位:元

日　期	租　金	确认的融资费用	应付本金减少额	应付本金余额
①	②	③ = 期初⑤ ×6.1%	④ = ② - ③	期末⑤ = 期初⑤ - ④
2005.12.31				210000
2006.12.31	50000	12810	37190	172810
2007.12.31	50000	10541	39459	133351
2008.12.31	50000	8134	41866	91485
2009.12.31	50000	5580	44420	47065
2010.12.31	50000	2935	47065	0
合　计	250000	40000	210000	

借:财务费用　　12810

　贷:未确认融资费用　　12810

租赁内折旧及期满的会计分录此处省略。

第五节　借款费用

一、借款费用的概念

借款费用是指企业因借款而发生的利息及其他相关成本。借款费用包括借款利息、折价或者溢价的摊销、辅助费用以及因外币借款而发生的汇兑差额等。其中,因借款而发生的利息包括企业从银行或者其他金融机构等借入资金发生的利息、发行债券发生的利息,以及为购建固定资产而发生的带息债务应承担的利息等;因借款而发生的折价或溢价的摊销主要是指发行公司债券所发生的折价或者溢价;因借款而发生的辅助费用指企业在借款过程中发生的诸如手续费、佣金、印刷费、承诺费等费用;因外币借款而发生的汇兑差额是指由于汇率变动导致市场汇率与账面汇率出现差异,从而对外币借款本金及其利息的记账本位币金额所产生的影响金额。

二、借款费用的确认和计量

企业发生的借款费用,可直接归属于符合资本化条件的资产的购建或者生产的,应当予以资本化,计入相关资产成本;其他借款费用,应当在发生时根据其发生额确认为费用,计入当期损益。符合资本化条件的资产是指需要经过相当长时间的购建或者生产活动才能达到预定可使用或者可销售状态的固定资产、投资性房地产和存货等资产。

三、借款费用允许开始资本化的条件

(一) 资产支出已经发生

资产支出包括为购建或者生产符合资本化条件的资产而以支付现金、转移非现金资产或者承担带息债务形式发生的支出。

(二) 借款费用已经发生

借款费用已经发生是指企业已经发生了因购建固定资产而专门借入款项的利息、折价或溢价的摊销和汇兑差额等借款费用。

(三) 为使资产达到预定可使用或者可销售状态所必要的购建或者生产活动已经开始

为使资产达到预定使用状态所必要的购建活动已经开始主要是指资产的实体建造工作,例如主体设备的安装、厂房的实际开工建造等。

四、资本化期间资本化金额的计算

(一) 利息资本化金额的计算

资本化期间是指从借款费用开始资本化时点到停止资本化时点的期间,借款费用暂停资本化的期间不包括在内。在资本化期间内,每一会计期间的利息(包括折价或溢价的摊销)资本化金额,应当按照下列规定确定:

1. 为购建或者生产符合资本化条件的资产而借入的专门借款,应当以专门借款当期实际发生的利息费用,减去尚未动用的借款资金存入银行取得的利息收入或进行暂时性投资取得的投资收益后的金额确定。专门借款是指为购建或者生产符合资本化条件的资产而专门借入的款项。它应当有明确的专门用途,即为购建或者生产某项符合资本化条件的资产而专门借入的款项。通常签订有标明该用途的借款合同。

2. 一般借款利息费用的资本化金额。一般借款是指除专门借款以外的其他借款。为购建或者生产符合资本化条件的资产而占用了一般借款的,企业应当根据累计资产支出超过专门借款部分的资产支出加权平均数乘以所占用一般借款的资本化率,计算确定一般借款应予资本化的利息金额。

$$\text{一般借款利息资本化金额} = \text{至当期末止超过专门借款部分的资产累计支出} \times \text{资本化率}$$

（1）至当期末止超过专门借款部分的资产累计支出加权平均数应当按照超过专门借款部分的每笔资产支出金额乘以每笔资产支出占用的天数与会计期间涵盖的天数之比计算确定。其计算公式为：

$$\begin{array}{c}\text{至当期末止超过专门借款部分的}\\\text{资产累计支出加权平均数}\end{array}=\sum\begin{array}{c}\text{超过专门借款部分}\\\text{的资产支出金额}\end{array}\times\frac{\text{该笔支出实际占用的天数}}{\text{会计期间涵盖天数}}$$

（2）资本化率的计算，如果只占用一笔一般借款，资本化率为该项借款的利率；否则，资本化率应当根据一般借款加权平均利率计算确定。

$$\text{一般借款加权平均利率}=\begin{array}{c}\text{所占用一般借款当期}\\\text{实际发生的利息之和}\end{array}\div\begin{array}{c}\text{所占用一般借款}\\\text{本金加权平均数}\end{array}$$

$$\begin{array}{c}\text{所占用一般借款}\\\text{本金加权平均数}\end{array}=\sum\left(\begin{array}{c}\text{所占用每笔}\\\text{一般借款本金}\end{array}\times\frac{\text{每笔一般借款在当期所占用的天数}}{\text{当期天数}}\right)$$

【例10—27】 东海公司于2007年1月1日动工兴建一幢办公楼，工期为一年，工程采用出包方式，分别于2007年1月1日和10月1日支付工程进度款500万元、1000万元。办公楼于2007年12月31日完工，达到预定可使用状态。

假定该工程占用一般借款。（1）向A银行长期借款2000万元，期限为2006年12月1日至2009年12月1日，年利率为6%，按年支付利息；（2）发行公司债券10000万元，于2006年1月1日发行，期限为5年，年利率为8%，按年支付利息。计算一般借款利息费用资本化金额。

一般借款利息费用资本化金额＝累计资产支出超过专门借款部分的资产支出加权平均数×所占用一般借款的资本化率

$$\begin{array}{c}\text{累计资产支出超过专门借款}\\\text{部分的资产支出加权平均数}\end{array}=500\times360/360+1000\times90/360=750\text{（万元）}$$

一般借款的借款利息＝2000×6%＋10000×8%＝920（万元）

一般借款资本化率＝（2000×6%＋10000×8%）/（2000＋10000）＝7.67%

一般借款利息费用资本化金额＝750×7.67%＝57.525（万元）

（二）借款溢价或者折价的摊销方法

如果借款存在折价或者溢价的，应当按照实际利率法确定每一会计期间应摊销的折价或者溢价金额，调整每期利息金额，详见本章第三节。

（三）外币专门借款本金及利息等的处理

在资本化期间内，外币专门借款本金及利息的汇兑差额，应当予以资本化，计入符合资本化条件的资产的成本。

（四）借款发生的辅助费用的处理

专门借款发生的辅助费用，在所购建或者生产的符合资本化条件的资产达到预定可使用或者可销售状态之前发生的，应当在发生时根据其发生额予以资本化，计入符合资本化条件的资产的成本；在所购建或者生产的符合资本化条件的资产达到预定可使用或者可销售状态之后发生的，应当在发生时根据其发生额确认为费用，计入当期损益。一般借款发生的辅助费用，应当在发生时根据其发生额确认为费用，计入当期损益。

五、暂停资本化

符合资本化条件的资产在购建或者生产过程中发生非正常中断、且中断时间连续超过 3 个月的，应当暂停借款费用的资本化。在中断期间发生的借款费用应当确认为费用，计入当期损益，直至资产的购建或者生产活动重新开始。

如果中断是所购建或者生产的符合资本化条件的资产达到预定可使用或者可销售状态必要的程序，借款费用的资本化应当继续进行。

六、停止资本化

购建或者生产符合资本化条件的资产达到预定可使用或者可销售状态时，借款费用应当停止资本化。购建或者生产符合资本化条件的资产是否达到预定可使用或者可销售状态，可从下列几个方面进行判断：

1. 符合资本化条件的资产的实体建造（包括安装）或者生产工作已经全部完成或者实质上已经完成。

2. 所购建或者生产的符合资本化条件的资产与设计要求、合同规定或者生产要求相符或者基本相符，即使有极个别与设计、合同或者生产要求不相符的地方，也不影响其正常使用或者销售。

3. 继续发生在所购建或生产的符合资本化条件的资产上的支出金额很少或者几乎不再发生。

购建或者生产符合资本化条件的资产需要试生产或者试运行的，在试生产结果表明资产能够正常生产出合格产品，或者试运行结果表明资产能够正常运转或者营业时，应当认为该资产已经达到预定可使用或者可销售状态。

如果购建或者生产的符合资本化条件的资产的各部分分别完工，且每部分在其他部分继续建造过程中可供使用或者可对外销售，且为使该部分资产达到预定可使用或可销售状态所必要的购建或者生产活动实质上已经完成的，应当停止与该部分资产相关的借款费用的资本化。如果购建或者生产的资产的各部分分别完工，但必须等到整体完工后才可使用或者可对外销售的，应当在该资产整体完工时停止借款费用的资本化。

第六节 债务重组

一、债务重组的概念及方式

债务重组是指债务人发生财务困难的情况下,债权人按照其与债务人达成的协议或法院的裁决作出让步的事项。这里的债务重组是指债务人在持续经营条件下进行的,即债务重组双方在可预见的将来仍然会继续经营下去的情况下进行的债务重组。而非持续经营条件下的债务重组,如债务人处于破产清算或企业改组等情况下与债权人之间进行的债务重组不属于会计准则所定义的债务重组。

债务重组的方式是指修改原定债务偿还条件,即债务重组时确定的债务偿还条件不同于原协议。未改变原定债务偿还条件的,如债务人发行的可转换债券按正常条件转为其股权;或债务人借新债偿还旧债等,均不属于债务重组。债务重组方式包括以下四种:

1. 以资产清偿债务。是指债务人以其拥有资产清偿债务。如债务人以低于债务账面价值的现金清偿债务,及以存货、金融资产、长期股权投资、固定资产、无形资产等非现金资产清偿债务。

2. 债务转为资本。是指债务人将债务转为资本,同时债权人将债权转为股权的债务重组方式,但不包括债务人将应付可转换公司债券转为资本。

3. 修改其他债务条件。是指债权人同意减少债务本金、降低利率、免去应付未付利息、延长债务偿还期限、延长债务偿还期限并加收利息、延长债务偿还期限并减少债务本金或利息等。

4. 混合重组(即以上两种或两种以上方式的组合)。是指采用两种以上的方法共同清偿债务的债务重组方式。如以转让非现金资产清偿某项债务的一部分,另一部分通过修改其他债务条件进行债务重组。

二、债务重组确认与计量的原则

在债务重组中,首先要明确债务重组的时间及债务重组中公允价值的问题。债务重组日是指债务重组完成日,即债务人履行协议或法院裁定,将相关资产转让给债权人、将债务转为资本或修改后的偿债条件开始执行的日期,从而确定了债务重组核算的时间。公允价值是指债务人与债权人自愿进行资产交换或债务清偿的金额。其次,债务重组的确认与计量要按下列原则进行:

1. 债务人以现金清偿债务的,支付的现金小于应付债务账面价值的差额,计入当期损益。债权人应将重组债权账面价值与收到现金差额计入当期损益。

2. 债务人以非现金资产清偿债务的,应按应付债务的账面价值结转,应付债务的账面价值与转让的非现金资产公允价值的差额计入当期损益;转让的非现金资产公允价值与其账面价值的差额计入当期损益。债权人接受的非现金资产应按其公允价值入账,重组债权账面价值与收到非现金资产公允价值的差额计入当期损益。

3. 债务人以债务转为资本的,应按债权人放弃债权而享有股份的面值总额作为股本(或实收资本),按应付债务账面价值与转作股本(实收资本)的公允价值的差额计入当期损益,转作股份的公允价值与面值的差额作为资本公积。债权人应将享有股份的公允价值确认为对债务人的投资,重组债权的账面价值与享有股份公允价值之间的差额计入当期损益。

4. 以修改其他债务条件进行债务重组的,债务人按修改其他债务条件后应付债务公允价值与债务重组前应付债务账面价值的差额计入当期损益;如果修改后的债务条件涉及或有应付金额,且或有应付金额符合预计负债确认条件的,应将或有应付金额确认为预计负债,重组债务账面价值与重组债务后账面价值加预计负债合计数的差额计入当期损益。债权人按修改其他债务条件后应收债权公允价值与债务重组前应收债权账面价值的差额计入当期损益;如果修改后的债务条件涉及或有应收金额,且或有应收金额符合资产确认条件的,应将或有应收金额的现值确认为应收资产,重组债权账面价值与重组债权后账面价值和确认资产的或有应收金额合计数的差额计入当期损益。

三、债务重组的核算

(一)以资产清偿债务

1. 以低于债务账面价值的现金清偿债务。债务人以低于债务账面价值的现金清偿债务,即债权人豁免债务人部分债务的,债务人应当将豁免的债务计入营业外收入;债权人应当将给予债务人豁免的债务作为损失,转入当期营业外支出,对已经计提坏账准备应结转。

【例10—28】 南方公司欠东海公司货款400000元,因现金流量不足,短期内不能全部支付。双方经多次协商达成协议，东海公司同意豁免 60000 元，余额用现金立即清偿。假设东海公司对该项应收账款已计提坏账准备 40000 元，双方应编制会计分录如下：

南方公司：

借：应付账款——东海公司　　400000

　贷：银行存款　　340000

　　营业外收入——债务重组利得　　60000

东海公司：

借：银行存款　　340000

　坏账准备　　40000

　营业外支出——债务重组损失　　20000

　贷：应收账款——南方公司　　400000

2. 以非现金资产抵偿债务。

（1）债务人以存货清偿债务。债务人应当按照重组债务账面价值结转债务，重组债务的账面价值与转让存货的公允价值的差额计入债务重组损益；转让的存货公允价值与其账面价值和应支付的相关税费的差额作为处置存货净损益。

债权人接受该项非现金资产作为本企业的存货，应当按照接受存货公允价值加上应支付的相关税费和补价（减去收取补价），作为存货的入账价值，同时确认重组损益。

【例 10—29】 南方公司欠东海公司的购货款 600000 元，由于南方公司财务发生困难，短期内无法支付货款。经协商，南方公司以其生产的产品偿还债务，该批产品的公允价值为 500000 元，实际成本为 400000 元，增值税税率为 17%。东海公司接受南方公司的产品并验收入库。东海公司对该项债权已计提坏账准备 3000 元。双方应编制的会计分录如下：

南方公司：

债务重组损益 = 600000 − 585000 = 15000（元）

处置存货净损益 = 500000 − 400000 = 100000（元）

借：应付账款——东海公司　　600000

　贷：主营业务收入　　500000

　　应交税费——应交增值税（销项税额）　　85000

　　营业外收入——债务重组利得　　15000

借:主营业务成本　　400000
　贷:库存商品　　400000

东海公司:

借:库存商品　　500000
　应交税费——应交增值税(进项税额)　　85000
　坏账准备　　3000
　营业外支出——债务重组损失　　12000
　贷:应收账款——南方公司　　600000

(2) 债务人以固定资产清偿债务。债务人应当按照重组债务账面价值结转债务,重组债务的账面价值与转让固定资产的公允价值的差额计入债务重组损益;转让的固定资产公允价值与其账面价值加应支付的相关税费的差额作为处置固定资产净损益。

债权人接受该项非现金资产作为本企业的固定资产,应当按照接受资产的公允价值加上应支付的相关税费,作为固定资产的入账价值,同时确认重组损益。

【例 10—30】 南方公司欠东海公司购货款 1000000 元,由于南方公司财务发生困难,短期内无法偿还货款。经协商,南方公司以生产用机器设备偿还债务,该设备的公允价值为 910000 元,账面原值为 1500000 元,已提折旧 600000 元,以银行存款支付清理费 1000 元。东海公司同意接受南方公司以设备偿还债务,并将该设备投入使用。东海公司应收账款已计提坏账准备 8000 元。双方应编制的会计分录如下:

南方公司:

债务重组损益 = 1000000 − 910000 = 90000(元)

处置资产净损益 = 910000 − (901000) = 9000(元)

借:固定资产清理　　900000
　累计折旧　　600000
　贷:固定资产　　1500000

借:固定资产清理　　1000
　贷:银行存款　　1000

借:应付账款——东海公司　　1000000
　贷:固定资产清理　　901000
　　营业外收入——债务重组利得　　90000

营业外收入——固定资产处置净收益 9000

东海公司：

借：固定资产 910000

坏账准备 8000

营业外支出——债务重组损失 82000

贷：应收账款——南方公司 1000000

(3) 债务人以金融资产清偿债务。债务人以持有的股票、债券、基金等金融资产清偿债务的，应当按照有关规定确定其公允价值，并按照重组债务的账面价值结转债务，重组债务的账面价值与转让金融资产的公允价值的差额计入债务重组损益；转让金融资产的公允价值与其账面价值加应支付的相关税费的差额作为处置对外投资的净损益。

债权人应当按照受让金融资产的公允价值加上应支付的相关税费，作为投资的入账价值，同时确认重组损益。

【例 10—31】 南方公司欠东海公司货款 400000 元，短期内不能支付。双方达成协议，南方公司用持有长期投资偿债，其账面余额为 420000 元，已提减值准备 5000 元，公允价值 390000 元，并以银行存款 2500 元支付转让费用。东海公司对该项应收款项已提坏账准备 4000 元。双方应编制的会计分录如下：

南方公司：

债务重组损益 = 400000 − 390000 = 10000（元）

转让长期股权投资损益 = 390000 − (420000 + 2500 − 5000) = −27500（元）

借：应付账款——东海公司 400000

长期股权投资减值准备 5000

投资收益——处置长期股权投资损失 27500

贷：银行存款 2500

长期股权投资 420000

营业外收入——债务重组利得 12500

东海公司：

借：长期股权投资 390000

坏账准备 4000

营业外支出——债务重组损失 6000

贷：应收账款——南方公司 400000

营业外收入——债务重组利得 10000

（4）债务人以无形资产清偿债务。债务人应当按照重组债务的账面价值结转债务，重组债务的账面价值与转让无形资产的公允价值的差额计入债务重组损益；转让的无形资产公允价值与其账面价值加应支付的相关税费的差额作为处置无形资产净损益。

债权人应当按照接受资产公允价值和应支付的相关税费，作为无形资产的入账价值，同时确认债务重组损益。

【例 10—32】 南方公司欠东海公司货款 400000 元，由于南方公司财务发生困难，不能按合同规定支付货款。双方多次协商达成如下协议：南方公司以一项专利技术偿还债务，该项专利技术的账面原值为 450000 元，已提摊销 90000 元，公允价值为 390000 元，转让此项专利应交营业税 20000 元。东海公司对该项应收款项已计提坏账准备 8000 元。双方应编制的会计分录如下：

南方公司：

	借方	贷方
借：应付账款——东海公司	400000	
累计摊销	90000	
贷：无形资产——专利技术		450000
应交税费——应交营业税		19500
营业外收入——处置非流动资产利得		10500

东海公司：

	借方	贷方
借：无形资产——专利技术	380000	
坏账准备	8000	
营业外支出——债务重组损失	1200	
贷：应收账款——南方公司		400000

（二）以债务转为资本清偿债务

1. 债务人为股份公司时，债务人应当将债权人因放弃债权而享有股份的面值总额作为股本，按重组债务的账面价值与转为股份公允价值的差额作为债务重组损益，转为股份的公允价值与其面值总额加应支付的相关税费的差额作为资本公积。

债权人应当按照享有股份的公允价值加上应支付的相关税费，作为股权投资的初始投资成本。

2. 债务人为其他企业时，债务人应当将债权人因放弃债权而享有股权份额作为实收资本，按重组债务的账面价值与转为股权的公允价值的差额作为债务重组损益，转为股权的公允价值与其面值总额加应支付的相关税费的差额作为资本公积。

债权人应当按照享有股权的公允价值加上应支付的相关税费，作为股权投资的初始投资成本。

【例10—33】 东海公司应收南方股份公司货款的账面余额208000元，由于南方公司财务困难，无法偿还应付账款。经双方协商同意，以南方公司普通股偿还债务，南方公司以100000股抵偿该项债务，股票每股市价为2元，每股面值为1元。东海公司未对应收账款计提坏账准备。双方应编制的会计分录如下：

南方公司：

借：应付账款——东海公司 208000

贷：股本 100000

资本公积——股本溢价 100000

营业外收入——债务重组利得 8000

东海公司：

借：长期股权投资——股票投资（投资成本） 200000

营业外支出——债务重组损失 8000

贷：应收账款——南方公司 208000

（三）修改其他债务条件的账务处理

以修改其他债务条件进行债务重组涉及的或有应付金额，且该或有应付金额符合有关预计负债确认条件的，债务人应将该或有应付金额确认为预计负债。比如，债务重组协议规定，债务人在债务重组后一定期间内，其业绩改善到一定程度或者符合一定要求（如扭亏为盈、摆脱财务困境等），则应向债权人额外支付一定金额，当债务人承担的或有应付金额符合预计负债确认条件时，应当将该或有应付金额确认为预计负债。上述或有应付金额在后期没有发生的，企业应当冲销已确认的预计负债，同时确认债务重组利得。

【例10－34】 南方公司2007年12月31日应付东海公司账款的账面余额为327000元，其中27000元为累计未付利息，年利率为9%。由于南方公司现金流量不足，不能偿付应于2007年12月31日前支付的应付账款。经协商，东海公司同意将债务本金减至250000元；免去债务人所欠全部利息；将利率从9%降低至5%，并将债务到期日延至2009年12月31日，利息按年支付；对该项应收款项已计提坏账准备8000元。双方应编制的会计分录如下：

南方公司：

未来应付本金＝250000（元）

借:应付账款——东海公司　　327000

　贷:应付账款——债务重组　　250000

　　营业外收入——债务重组利得　　77000

2008 年 12 月 31 日支付利息时:

借:财务费用　　12500

　贷:银行存款　　12500

2009 年 12 月 31 日偿还本金和最后一年利息时:

借:应付账款——债务重组　　250000

　财务费用　　12500

　贷:银行存款　　262500

东海公司:

重组后应收本金 = 250000(元)

应收债权账面价值 = 327000 - 8000 = 319000(元)

应计入营业外支出的重组损失 = 319000 - 250000 = 69000(元)

借:应收账款——债务重组　　250000

　坏账准备　　8000

　营业外支出——债务重组损失　　69000

　贷:应收账款——南方公司　　327000

2008 年 12 月 31 日收到利息时:

借:银行存款　　12500

　贷:财务费用　　12500

2009 年 12 月 31 日收到本金和最后一年利息时:

借:银行存款　　262500

　贷:应收账款——债务重组　　250000

　　财务费用　　12500

(四) 混合重组方式的账务处理

如前所述,混合重组方式是指债务重组方式中两种或两种以上方式的组合。各种混合重组方式下的会计处理,关键问题需确定清偿顺序,并按顺序进行会计处理。一般情况下,应当先以现金清偿债务,然后考虑非现金资产清偿和债务转为资本,最后考虑修改其他债务条件。其组合中某一方式的会计处理原则,应遵循前述各种单独的债务重组方式的会计处理原则进行核算。

【例 10—35】　南方公司欠东海公司的货款 600000 元无法全部归还,经双方协商达成协议，东海公司同意南方公司先偿还现金150000元，再用成本为400000元、公允价值为450000元的商品清偿其余欠款，增值税率为17%。东海公司已对该项应收款项计提坏账准备3500元。双方应编制的会计分录如下：

南方公司：

借：应付账款——乙企业　　600000

　营业外支出——债务重组损失　　7650

　贷：银行存款　　150000

　　主营业务收入　　450000

　　应交税费——应交增值税（销项税额）　　7650

借：主营业务成本　　400000

　贷：库存商品　　400000

东海公司：

借：银行存款　　150000

　库存商品　　450000

　应交税费——应交增值税（进项税额）　　76500

　坏账准备　　3500

　贷：应收账款——南方公司　　600000

　　营业外收入——债务重组利得　　80000

思考题

1. 何谓流动负债？流动负债包括哪几类？
2. 如何对应付票据进行会计处理？
3. 何谓长期负债？长期负债包括哪几类？
4. 如何对长期借款进行会计处理？
5. 何谓债务重组？债务重组的确认和计量原则有哪些？

练习题

一、单项选择题

1. 下列各项费用，计入财务费用的是（　　）。

A. 固定资产办理竣工决算前发生的借款利息

B. 支付的购买短期债券的手续费

C. 支付的银行承兑手续费

D. 筹建期间的长期借款利息

2. 企业开出的商业承兑汇票到期,如无款支付,则应将其转入“(　　)”科目。

A. 短期借款　　B. 应收账款

C. 应付票据　　D. 应付账款

3. 企业确定无法支付的应付账款,经批准予以注销,转入(　　)。

A. 产品销售收入　　B. 其他业务收入

C. 营业外收入　　D. 资本公积

4. 划分流动负债和长期负债的依据是(　　)。

A. 偿付期限的长短　　B. 偿还能力的大小

C. 数量金额的多少　　D. 综合以上条件区分

5. 融资租入固定资产应付的租赁费,应作为长期负债记入“(　　)”科目。

A. 其他应付款　　B. 应付账款

C. 长期应付款　　D. 其他应交款

二、多项选择题

1. 一般纳税企业对“应交税费——应交增值税”科目的核算应设置的专栏有(　　)。

A. 进项税额　　B. 销项税额

C. 已交税金　　D. 未交增值税

2. 长期借款利息费用可能计入“(　　)”科目。

A. 在建工程　　B. 财务费用　　C. 长期待摊费用　　D. 管理费用

3. 根据借款费用准则,下列借款费用中,不予以资本化的有(　　)。

A. 为投资而发生的长期借款费用

B. 清算期间发生的长期借款费用

C. 项目购建期间发生的长期借款费用

D. 项目筹建期间发生的注册登记费

4. 专门借款费用的会计处理方法有(　　)。

A. 预提　　B. 摊销　　C. 费用化　　D. 资本化

5. “应付债券”科目,应该设置的明细科目有(　　)。

A. 债券面值　　B. 应计利息　　C. 利息调整　　D. 应付利息

三、实务题

1. 某企业为一般纳税企业，增值税率为17%，其他未及事项均按税法有关规定处理。本年度7月发生下列有关经济业务：

（1）购进生产用材料一批，买价300000元，增值税51000元，款项用商业汇票结算。签发并承兑的商业汇票面值为351000元，期限为6个月，票面利率为6%；

（2）向其他单位捐赠产品一批，成本80000元，计税售价100000元；

（3）销售产品一批，售价1000000元，收取增值税170000元，货款及增值税均已收到；

（4）在建工程领用产品一批，成本250000元，计税售价300000元；

（5）上缴增值税71000元，其中11000元为上月份应交的增值税，60000元为本月应交的增值税；

（6）结算本月应付职工工资80000元，其中生产工人工资60000元，车间管理人员工资6000元，行政管理人员工资12000元。

（7）借入期限为3个月的贷款250000元，月息率为0.5%。

要求：根据以上经济业务编制会计分录。

2. 某企业2006年7月1日向银行贷款1000000元，两年期，借款年利率为5%，到期一次性还本，每年7月1日付息。该贷款用于一工程项目，该项目于2007年12月31日达到预定可使用状态，并办理了竣工决算手续。

要求：根据上述资料，编制从银行取得借款、每年年末计息、每年付息及到期还本付息的会计分录。

3. 某企业于2005年1月1日为购建固定资产发行5年期债券5000000元，发行价格为4630000元，票面利率为10%，发行当时市场利率为12%，利息每年支付一次，到期时本金一次偿付。该固定资产于2006年12月31日达到预定可使用状态并交付使用。

要求：（1）编制债券折价摊销表（实际利率法）；（2）编制公司发行债券、债券年末计息和债券到期还本时的会计分录。

第十一章
费用与成本

学习目标

费用是指企业在生产经营过程中所发生的各种耗费。成本是指企业取得资产时所发生的费用，按照成本计算对象加以归集、分配而形成的一种价值范畴。通过本章学习，理解费用和成本的含义；了解费用的分类以及如何正确划分各种费用界限；熟悉成本计算的程序；掌握产品成本计算的品种法、分批法、分步法和管理费用、销售费用、财务费用的核算方法。

第一节　费用与成本概述

一、费用与成本核算的意义

（一）支出、费用和成本的含义

凡引起企业资产减少或负债增加的经济事项，都属于支出。支出包括两方面内容，即资本性支出和收益性支出。作为资本性支出是指其支出的效益与若干个会计年度相关，如购置固定资产的支出，应根据配比原则，先将其作资本化处理，然后根据各会计期间使用该固定资产的受益情况，把资产价值结转为各期的费用。收益性支出是指凡为取得本期收益而发生的支出，即支出的效益仅与本会计年度相关。根据配比原则，将收益性支出作为当期费用，从企业本期已实现的收入中扣除。

费用是指企业在生产经营过程中所发生的各种耗费。企业的生产经营过程，既是创造价值和实现价值的过程，同时也是消耗资源的过程，经济资源的消耗便形成了企业的费用。例如，生产经营过程中消耗的劳动对象，表现为材料费用；消耗的劳动资料，表现为固定资产的折旧费用、修理费用等；消耗的活劳动，则表现为支付给职工的工资费用等。企业发生费用的目的是为了取得收入,实现盈利。所以,费用应当与相应的收入相配比,以正确计算各期的损益。制造企业的费用包括计入产品生产成本的费用和不计入产品生产成本的费用两个部分。

成本是指企业取得资产时所发生的费用,按照成本计算对象加以归集、分配而形成的一种价值范畴。简言之,成本就是费用的对象化。广义的成本包括材料采购成本、产品生产成本、商品销售成本和工程项目的建造成本(在建工程成本)。狭义的成本通常专指产品生产成本,即产品的制造成本。它是指企业为生产一定种类、数量的产品所支出的各种生产费用的总和。当产品生产成本计算出来,入库的产品经销售将产品生产成本结转为销售成本,再与相应的销售收入相配比。

(二) 费用与成本核算的意义

费用与成本的核算是企业会计核算的重要内容,其主要任务在于,正确核算和审核生产经营过程中发生的各项费用,真实合理地归集和分配各项费用,准确及时地计算各种产品的生产成本,为企业决策者提供有关费用成本的信息资料,促使企业严格控制费用开支,降低产品成本,改进生产经营管理,提高经济效益。由此可见,做好费用与成本的核算工作,对于降低成本、费用,增加企业利润,提高企业生产技术和经营管理水平以及正确处理企业与国家、企业与投资者之间的分配关系都具有十分重要的意义。

二、费用的分类

费用是企业进行会计核算的重要内容之一,计入产品成本的费用各种各样,为了科学地进行费用成本管理,使企业按照管理要求核算费用和成本,分析和考核生产费用预算和产品成本计划执行情况,有必要对企业生产经营费用进行合理的分类。

(一) 费用按经济内容分类

产品的生产经营过程,也是劳动对象、劳动手段和活劳动的耗费过程。从其经济内容或性质看,不外乎物化劳动消耗和活劳动消耗两方面。物化劳动消耗又包括劳动资料的消耗和劳动对象的消耗。这种按费用经济内容进行的分类,称作费用要素。为了具体反映各种生产经营费用的构成,可将生产经营费用具体划分为以下十个要素:

1. 外购材料。是指企业为进行产品生产经营而耗用的一切从外部购进的原料及主要材料、半成品、辅助材料、包装物、修理用备件和低值易耗品等。

2．外购燃料。是指企业为进行生产经营而耗用的一切从外部购进的各种燃料，包括固体的、液体的、气体的燃料。对于燃料耗费不多的企业，可将其包括在外购材料中，不单独考核。但在一般情况下，燃料作为重要能源，应单独列作一个要素进行核算。

3．外购动力。是指企业为进行生产经营而耗用的从外部购入的各种动力。

4．工资。是指企业应计入生产经营耗用的职员和工人的工资。

5．计提的职工福利费。是指按照计入生产经营费用的工资总额的14%计提的职工福利费。

6．折旧费。是指企业按照规定计算的应计入生产经营费用的固定资产折旧费。

7．修理费用。是指企业发生的或按照规定预提或摊销的大修理费用。

8．利息支出。是指企业应计入生产经营费用的为借入款项而发生的利息支出减去利息收入后的净额，不包括借款费用资本化的利息支出。

9．税金。是指企业计入生产经营费用的税金。包括应交房产税、车船使用税、印花税，土地使用税等。

10．其他费用。是指不属于以上各要素的费用，如邮电费、差旅费、保险费、租赁费及外部加工费等。

（二）费用按经济用途分类

企业发生的费用按其经济用途不同，可以分为计入产品生产成本的费用和不计入产品生产成本的费用两大类。

1．计入产品生产成本的费用。是指与生产产品直接有关的费用。这类费用在生产过程中的用途也不相同。有些直接用于产品生产，有些用于管理与组织生产，因而需要按经济用途划分为若干构成产品成本的项目。

（1）直接材料费用。是指直接用于产品生产并构成产品实体的原料、主要材料、外购半成品及有助于产品形成的辅助材料和其他材料的费用。

（2）直接人工费用。是指直接参加产品生产的工人工资以及计算提取的职工福利费。

（3）其他直接费用。是指直接用于产品生产的外购和自制的燃料及动力费用。

（4）制造费用。是指企业各生产单位（分厂、生产车间）为组织和管理生产而发生的各项间接费用，包括生产单位管理人员的工资和福利费、生产单位房屋建筑物和机器设备等的折旧费、办公费、机物料消耗、劳动保护费及其他制造费用。

将计入产品成本的生产费用按以上划分，可以从费用的不同用途考核各项费用定额或计划的执行情况，分析费用支出是否合理、节约，并进一步了解各项费用在产品成本中的构成，以便寻求降低产品成本的途径。

2. 不计入产品生产成本的费用。是指企业在生产经营过程中发生的，与产品生产活动没有直接联系，属于某一时期耗用的费用。这类费用容易确定其发生期间和归属期间，但不容易确定其归属的成本计算对象。所以不计入产品成本，不参与成本计算，而是按照一定期间（月度、季度或年度）进行汇总，直接计入当期损益。这类费用也称为期间费用，包括管理费用、财务费用和销售费用。

(1) 管理费用。是指企业行政管理部门为管理和组织经营活动而发生的各项费用，包括公司经费、工会经费、劳动保险费、税金、技术转让费、业务招待费、坏账损失、无形资产摊销、存货、毁损和报废（减盘盈）以及其他管理费用。

(2) 销售费用。是指企业在销售产品、自制半成品和提供劳务等过程中发生的各项费用以及专设销售机构的各项经费，包括应由企业负担的运输费、广告费、销售服务费、专设销售机构人员工资以及职工福利费和其他销售费用。

(3) 财务费用。是指企业为筹集资金而发生的各项费用，包括企业生产经营期间发生的利息支出（减利息收入）、汇兑净损失以及筹资发生的其他财务费用等。

企业生产费用的分类，除了按照经济内容和经济用途分类外，还有其他的分类方法。例如，按照生产费用与生产工艺之间的关系，可以分为基本费用和一般费用；按照生产费用计入产品成本的方法，可以分为直接费用与间接费用；按照生产费用与产品产量的关系，可以分为变动费用和固定费用，等等。

三、正确划分各种费用界限

为了合理地归集、分配各种费用，正确计算产品成本，加强对成本费用的控制，必须正确划清以下几个方面的费用界限：

（一）正确划分不同性质支出的界限

首先，必须划清资本性支出与收益性支出的界限。凡支出的效益涉及多个会计年度，应作为资本性支出，因为这往往表现为资产的增加，如固定资产的购置和无形资产的支出均属于资本性支出，应在其以后使用期间内通过折旧和摊销的方式逐步转为成本费用。凡支出的效益只涉及本年度的，它一般表现为本期成本费用的增加,直接与当期的收入相配比,如制造产品耗用的原材料、人工和制造费用及期间费用均属于收益性支出。区分资本性支出与收益性支出的目的,是为了正确计算资产的价值和正确计算各期的产品成本、期间费用和损益。如果会计核算中把资本性支出作为收益性支出处理,其结果必然是少计资产的价值,多计当期的成本费用,使当期利润虚减;相反,如果将收益性支出作为资本性支出来处理,就会多计资产价值,少计当期的成本费用,使当期的利润虚增。

其次,要区别正常生产经营支出与营业外支出。因为营业外支出是指企业发生的与正常生产经营无直接关系的各项支出,这种支出的发生有一定的偶然性,没有相应的收入与其配比,所以不能列为费用。

（二） 正确划分计入产品成本的费用与期间费用的界限

在制造成本法下,为制造产品而发生的直接材料,直接人工和制造费用等才能计入产品成本,而这些计入产品成本的费用只有在这些产品出售后才能与相应的收入相配比;而与产品制造无直接联系的期间费用则不予以成本化,在费用发生时与当期收入相配比,直接计入当期损益。显然,一项费用是计入产品生产成本,还是作为期间费用来处理,对当期产品成本、当期损益的影响是不同的。所以,应防止混淆产品成本与期间费用的界限,借以调节各产品成本和各月损益的错误做法。

（三） 正确划分各个会计期间的费用界限

企业会计核算是以权责发生制原则为基础。凡属于本期的费用都应在本期入账,不能将其递延到以后各期入账;凡不属于本期的费用,即使款项已在本期支付,也不能作为本期费用入账。对于本期支付但属于以后各期受益的费用,应作为待摊费用,在以后各期分摊;相反,对于那些本期已经受益,应由本期分担但尚未支付的费用,应采用预提的方法,先计入本期的成本和费用。所以,应防止利用费用的待摊和预提的方法人为调节各月份的产品成本和期间费用、人为调节各月损益的错误做法。

（四） 正确划分各种产品的费用界限

为了分析和考核各种产品的成本定额或成本计划的执行情况,应分别计算各种产品的成本。计入本月产品成本的生产费用还应在各种产品之间进行划分。属于某种产品单独发生,能够直接认定计入该种产品成本的费用,应该直接计入该种产品的成本;属于几种产品共同发生的,不能直接认定计入某种产品成本的费用,应当采用适当的分配方法,通过分配计入产品的成本。应该特别注意盈利产品与亏损产品、可比产品与不可比产品之间的费用界限的划分。防止在盈利产品与亏损产品之间、可比产品与不可比产品之间任意增减费用，以盈补亏，掩盖超支，或虚报产品成本，掩盖利润的错误做法。

（五）正确划分完工产品与在产品之间的费用界限

企业一般按月计算产品成本，月末通常会有尚未完工的在产品，这就需要将已计入某种产品成本的费用，采用适当的方法，在本月完工产品和月末在产品之间进行分配，以便正确计算完工产品成本和月末在产品成本，防止费用分配不当，任意提高或降低月末在产品费用，人为调节完工产品成本的错误做法。

第二节　成本计算程序及账户设置

一、成本计算的程序

产品成本计算是一项比较复杂的工作，所涉及的内容及运用的方法很多。但不同生产特点和管理要求下的企业产品成本核算程序是基本相同的，即确定产品成本计算对象以及产品成本项目、产品成本计算期，将生产费用进行归集和分配，计算出完工产品成本和月末在产品成本。

（一）确定产品成本计算对象

产品成本计算对象是生产费用的归集对象和生产耗费的承担者。由于企业的生产特点、管理要求、规模大小、管理水平不同，企业成本计算对象也不尽相同。就制造业而言，产品成本计算的对象可以是产品品种别，也可以是产品批别，还可以是产品的生产步骤别。企业应根据自身的生产特点和管理要求，选择合适的成本计算对象。

（二）确定产品成本项目

进行产品成本计算不能只算出一个总括的成本指标，而应当把产品成本的各种耗费按照直接材料、直接人工、其他直接费用、制造费用等四个成本项目予以分别反映，从而反映产品成本的构成，反映产品在生产过程中不同的耗费情况，以便更有效地挖掘降低产品成本的潜力。企业为了满足产品成本管理的需要，也可以在直接材料、直接人工、其他直接费用、制造费用等四个成本项目的基础上进行必要的调整，如果需要还可单设废品损失、停工损失等成本项目。

（三）确定成本计算期

成本计算期是指成本计算的间隔期，即多长时间计算一次成本。成本计算期的确定，主要取决于企业生产组织的特点。通常在大量、大批生产的情况下，成本计算期与会计期间相一致;在单件小批生产的情况下,产品成本的计算期间与产品的生产周期相一致。

(四) 生产费用的审核和控制

当产品成本计算对象、成本项目确定之后,应根据国家的有关经济法规、企业会计准则和会计制度以及企业的计划定额,对所发生的各项费用进行严格的审核和控制,确定各项费用是否应该开支、是否符合国家规定的成本开支范围,在此基础上确定是否应该计入产品成本。

(五) 生产费用的归集和分配

将应计入本月产品成本的各项费用在各有关产品之间,按照成本项目进行归集和分配,直接或间接计入产品成本。为此生产产品直接发生的费用直接作为产品成本的构成内容,直接记入该产品成本,对于那些为组织管理产品生产而发生的间接费用,可以先按发生地点和用途进行归集汇总,然后分配计入各受益产品。产品成本计算的过程也就是生产费用的分配和汇总的过程。

(六) 计算完工产品成本和月末在产品成本

月份终了,对已发生的生产费用,必须在完工产品与月末在产品之间采用适当的方法进行分配,求得完工产品的总成本和单位成本。

二、成本计算应设置的账户

企业为了核算在制造产品过程中所发生的各项生产费用,正确计算产品成本,应设置“生产成本”、“制造费用”和“劳务成本”等科目。

(一)“生产成本”科目

该科目用来核算企业生产的各种产品所发生的各项费用。其借方归集本期为生产产品而发生的各项直接材料、直接人工、其他直接费用和分配转入的制造费用,贷方结转本期完工入库产品的实际成本,期末借方余额反映尚未完工的在产品成本。“生产成本”科目按不同的成本计算对象设置明细分类账,并在明细分类中按产品成本项目设置专栏,进行明细核算。制造业通常在“生产成本”总分类科目下设置“基本生产成本”和“辅助生产成本”两个二级科目,以分别核算基本生产单位和辅助生产单位所发生的生产费用和产品成本。

(二)“制造费用”科目

该科目用来核算企业的生产车间在制造产品过程中发生的各项间接费用。其借方归集发生的制造费用,贷方反映分配结转到各成本计算对象的制造费用,期末分配结转后一般无余额。“制造费用”科目通常按不同的生产单位设置明细账，并按费用的用途或内容设置专栏，进行明细核算。

（三）“劳务成本”科目

该科目用来核算企业对外提供非建造合同劳务所发生的成本。其借方归集发生的各项劳务成本、贷方结转完成劳务的成本、期末借方余额反映尚未完成的劳务成本或尚未结转的劳务成本。“劳务成本”科目通常按劳务种类设置明细账，进行明细核算。

第三节　成本核算

一、产品成本计算方法的选择

产品成本计算就是对生产经营过程中发生的各项费用，按照一定的成本计算对象进行归集和分配，计算各种产品的总成本和单位成本。企业应该根据自身的生产特点和管理要求，来选择不同的成本计算方法。

工业企业生产工艺过程按其可否间断，分为单步骤生产和多步骤生产。单步骤生产是指生产工艺技术过程不能间断，或者由于工作地点的限制不便于分散在几个不同地点进行生产，如发电、采掘、供水、铸造等的生产。多步骤生产是指在生产工艺技术过程可以间断，即生产工艺技术过程中某些生产活动可以分散在不同的地点、不同时间进行，如纺织、钢铁等工业企业的生产。工业企业生产按照生产组织的特点，分为大量生产、成批生产和单件生产三种类型。大量生产通常指不断地重复生产一种或几种产品，一般生产的品种不多，而且比较稳定，如采掘、纺织、发电、供水等企业的生产。成批生产是指按照规定的产品批别数量进行生产，生产产品的品种较多，各种产品往往成批重复生产，如服装、机床等工业企业的生产。成批生产按生产批量大小，又可分为大批生产和小批生产。大批生产的性质接近于大量生产，小批生产的性质接近于单件生产。单件生产往往是按照需用单位的要求，生产个别的特定的产品。这种生产，产品品种一般较多，而且很少重复生产，如船舶制造、重型机器制造等，通常都是单件生产。在单步骤大量大批生产条件下，成本计算只需按品种进行成本计算，不需要也不可能分步骤计算成本。而在多步骤大量大批生产情况下，由于生产工艺过程由几个可间断的生产步骤组成，为了加强成本管理，则不但要计算产品的成本，而且还要按各个步骤计算成本。但如果管理上不要求计算各步骤成本，则多步骤生产也可以不分步骤计算成本。单件小批生产条件下一批产品往往同时完工，因而通常分批归集生产费用,计算各批产品的成本,这时成本计算对象为产品的批别。

总之,工业企业的生产特点和管理要求不同决定了工业企业有不同的三种成本计算方法,即以产品品种为成本计算对象的品种法、以产品生产批别为成本计算对象的分批法、以产品及其生产步骤为成本计算对象的分步法。但无论何种类型的生产,也不论采用哪种成本计算方法,最后都要按产品品种计算各产品的总成本和单位成本。

二、品种法

(一) 品种法的概念及适用范围

品种法是以企业生产的产品品种作为成本计算对象归集生产费用和计算产品成本的一种方法。它适用于单步骤大量大批生产的企业或车间,如发电、采掘等企业,也适用于管理上不要求核算产品成本的多步骤大量大批生产的企业或车间,如小型水泥厂。

品种法包含了产品成本计算的最一般、最基本的内容。所以,按品种法计算产品成本是成本计算的最基本要求,也是成本计算各种方法中最基本的方法。如果企业或车间只生产一种产品,成本计算对象只有这一种产品,生产过程中发生的有关费用全部都可以直接计入该产品的成本,不存在间接费用在各成本计算对象之间分配的问题,所以成本计算比较简单,也可以将单一品种的品种法称为简单法。

(二) 品种法的特点

1. 成本计算对象:品种法是以产品的品种作为成本计算对象。这是品种法区别于其他成本计算方法的主要特点。

2. 成本计算期:品种法适用于大量大批、生产过程连续不间断进行的生产。因此,品种法应按会计报告期,以日历月份作为成本计算期。一般按月进行成本计算,成本计算期与会计报告期一致。

3. 生产费用在完工产品与月末在产品之间的分配:采用品种法计算产品成本时,如果月末没有在产品,或在产品数量很少,可不计算在产品成本。如果月末在产品数量较多,应采用适当的方法,如约当产量比例法、定额比例法、定额成本法等,在完工产品和月末在产品之间进行分配,计算完工产品成本和月末在产品的成本。

（三）品种法成本计算程序

1. 按产品品种设置基本生产明细账，按成本项目设置专栏，用以归集有关费用和计算产品成本。

2. 编制各种费用计算表、汇总表和分配表，将生产费用在各种产品之间进行分配和归集。将生产产品发生的直接费用，如直接材料费用、直接人工费用、其他直接费用直接记入产品成本基本生产成本明细账；发生的间接费用可按其发生的地点归集，然后采用一定的分配标准和分配方法记入各种产品的基本生产成本明细账。

3. 编制辅助生产费用分配表，将辅助生产发生的各种费用采用一定方法，按受益部门或产品进行分配。分配的原则是谁受益谁负担，受益多少负担多少。辅助生产费用中属于各种产品负担的部分，应分配记入各有关基本生产成本明细账。

4. 编制制造费用分配表，将基本生产车间发生的制造费用按照一定的分配标准和分配方法记入各有关基本生产成本明细账。

5. 计算完工产品成本和期末在产品成本。

（四）品种法举例

【例 11—1】 东海公司设有两个车间，一个为基本生产车间，生产甲、乙两种产品，另一个为辅助生产的机修车间。根据该企业生产特点和管理要求，采用品种法计算产品制造成本。其计算过程如下：

1. 设置“生产成本——基本生产成本——甲产品”、“生产成本——基本生产成本——乙产品”、“生产成本——辅助生产成本——机修车间”、“制造费用——基本生产车间”、“制造费用——机修车间”明细账。

2. 编制各项生产费用分配表。

（1）编制材料费用分配表，如表 11—1 所示。

表 11—1 **材料费用分配表**

2007 年 4 月 单位：元

会计科目	明细科目	成本项目或费用项目	原料及主要材料	辅助材料	修理用备件	合计
基本生产成本	甲产品	直接材料	40000	800		40800
	乙产品	直接材料	30000	200		30200
	小计		70000	1000		71000

续表

会计科目	明细科目	成本项目或费用项目	原料及主要材料	辅助材料	修理用备件	合　计
辅助生产成本	机修车间	原材料			400	400
制造费用	基本生产车间	机物料消耗			1000	1000
	机修车间	机物料消耗			200	200
	小　计				1200	1200
管理费用		一般耗用			800	800
合　计			70000	1000	2400	73400

根据材料费用分配表,编制会计分录如下:

借:生产成本——基本生产成本——甲产品　40800
　生产成本——基本生产成本——乙产品　30200
　生产成本——辅助生产成本——机修车间　400
　制造费用——基本生产车间　1000
　制造费用——机修车间　200
　管理费用　800
贷:原材料　73400

(2)编制工资及福利费分配表,如表11—2所示。

表11—2　工资福利费分配表

2007年4月　单位:元

会计科目	明细科目	成本项目或费用项目	分配标准	工资费用		福利费	
				分配率	金额	计提比例	金额
基本生产成本	甲产品	直接人工	4000	5	20000	14%	2800
	乙产品	直接人工	2000	5	10000	14%	1400
	小　计		6000		30000		4200
辅助生产成本	机修车间	工资及福利费			8000	14%	1120
制造费用	基本生产车间	工资及福利费			3000	14%	420
	辅助生产车间	工资及福利费			1000	14%	140
管理费用					6000	14%	840
合　计					48000		6720

根据工资及福利费分配表,编制会计分录如下:

借:生产成本——基本生产成本——甲产品 20000

　生产成本——基本生产成本——乙产品 10000

　生产成本——辅助生产成本——机修车间 8000

　制造费用——基本生产车间 3000

　制造费用——机修车间 1000

　管理费用 6000

　贷:应付职工薪酬 48000

借:生产成本——基本生产成本——甲产品 2800

　生产成本——基本生产成本——乙产品 1400

　生产成本——辅助生产成本——机修车间 1120

　制造费用——基本生产车间 420

　制造费用——机修车间 140

　管理费用 840

　贷:应付职工薪酬 6720

(3) 编制外购动力费用分配表,如表11—3所示。

表11—3　外购动力费用分配表

2007年4月　单位:元

会计科目	明细科目	成本项目或费用项目	用电度数	分配率	金额
基本生产成本	甲产品	其他直接费用	5000	1	5000
	乙产品	其他直接费用	4000	1	4000
	小　计		9000		9000
辅助生产成本	机修车间	水电费	1000	1	1000
制造费用	基本生产车间	水电费	3000	1	3000
	机修车间	水电费	500	1	500
管理费用		水电费	2000	1	2000
合　　计			15500		15500

根据外购动力费用分配表,编制会计分录如下:

借:生产成本——基本生产成本——甲产品 5000

　生产成本——基本生产成本——乙产品 4000

　生产成本——辅助生产成本——机修车间 1000

制造费用——基本生产车间　　3000
制造费用——机修车间　　500
管理费用　　2000
贷:应付账款　　15500

(4) 编制折旧费用和大修理费用分配表,如表11—4所示。

表11—4　折旧费用和大修理费用分配表

2007年4月　　单位:元

会计科目	明细科目	费用项目	本月计提折旧费	本月大修理费
制造费用	基本生产车间	折旧费或大修理费	7000	2500
	机修车间	折旧费或大修理费	2000	600
管理费用		折旧费或大修理费	3000	400
合　计			12000	3500

根据折旧费用和大修理费用分配表,编制会计分录如下:

借:制造费用——基本生产车间　　7000
　制造费用——机修车间　　2000
　管理费用　　3000
　贷:累计折旧　　12000

借:制造费用——基本生产车间　　2500
　制造费用——机修车间　　600
　管理费用　　400
　贷:银行存款　　3500

(5) 编制制造费用支出汇总表,如表11—5所示。

表11—5　制造费用支出汇总表

2007年4月　　单位:元

会计科目	明细科目	费用项目			合　计
		办公费	修理费	劳动保护费	
制造费用	基本生产车间	2800		700	3500
	机修车间	600	300	200	1100
合　计		3400	300	900	4600

根据制造费用支出汇总表,编制会计分录如下:

借:制造费用——基本生产车间　　3500

制造费用——机修车间　　　　1100

贷:银行存款　　　　4600

3. 分配结转有关费用并登记有关账户。

(1) 将机修车间发生的制造费用转入机修车间辅助生产成本中,编制会计分录如下:

借:生产成本——辅助生产成本——机修车间　　　　5540

贷:制造费用——机修车间　　　　5540

并登记入账,如表11—6所示。

表11—6　　制造费用明细账

2007年4月

车间名称:机修车间　　　　单位:元

2007年 月	日	摘要	材料费	工资	职工福利费	外购动力折旧费	折旧费	修理费	办公费	劳保费	合计
		根据材料费用分配表	200								200
		根据工资及福利费分配表		1000	140						1140
		根据外购动力费用分配表				500					500
		根据折旧、大修理费用分配表					2000	600			2600
		根据制造费用支出汇总表						300	600	200	1100
		合　计	200	1000	140	500	2000	900	600	200	5540
		本月转出	200	1000	140	500	2000	900	600	200	5540

(2) 将机修车间辅助生产成本所归集的费用按耗用修理工时分配到有关受益对象,编制辅助生产费用分配表,如表11—7所示。

表11—7　　辅助生产费用分配表

2007年4月　　　　单位:元

项目 \ 借方科目		制造费用	管理费用	合　计
机修车间	耗用工时	200	121.20	321.20
	分配率			50.00
	分配金额	10000	6060.00	16060.00

根据表11—7辅助生产费用分配表,编制会计分录如下:

借:制造费用——基本生产车间　　10000

　管理费用　　6060

　贷:生产成本——辅助生产成本——机修车间　　16060

并登记入账,如表 11—8 所示。

表 11—8　　**辅助生产成本明细账**

2007 年 4 月

车间名称:机修车间　　单位:元

2007 年		摘　　要	直接材料	直接人工	其他直接费用	制造费用	合　计
月	日						
		根据材料费用分配表	400				400
		根据工资及福利费分配表		9120			9120
		根据外购动力费用分配表			1000		1000
		分配转入制造费用				5540	5540
		合　　计	400	9120	1000	5540	16060
		本月分配转出	400	9120	1000	5540	16060

(3) 将基本生产车间制造费用所归集的费用按生产产品耗用工时分配到甲、乙两种产品,如表 11—9 所示。

表 11—9　　**制造费用分配表**

2007 年 4 月　　单位:元

借方科目 \ 项目		分配标准(生产工时)	分配率(元/工时)	分配金额
生产成本	甲产品	4000	30420/6000	20280
	乙产品	2000		10140
合　　计		6000	5.07	30420

根据表 11—9 制造费用分配表,编制会计分录如下:

借:生产成本——基本生产成本——甲产品　　20280

　生产成本——基本生产成本——乙产品　　10140

　贷:制造费用——基本生产车间　　30420

并登记入账,如表 11—10 所示。

表 11—10　　制造费用明细账

2007 年 4 月

车间名称:基本生产车间　　单位:元

年		费用项目	材料费	工资	福利费	外购动力费	折旧费	修理费	办公费	劳保费	合计
月	日										
6	30	根据材料分配表	1000								1000
6	30	根据工资及福利费分配表		3000	420						3420
6	30	根据外购动力费用分配表				3000					3000
6	30	根据折旧修理辅助费用分配表					7000	12500			19500
6	30	根据制造费用支出汇总表							2800	700	3500
6	30	合　计	1000	3000	420	3000	7000	12500	2800	700	30420

4. 采用约当产量比例法计算完工产品与月末在产品成本。甲、乙产品均在生产开始时一次投料;甲产品本月完工 80 件,月末在产品 40 件,完工程度为 50%;乙产品本月完工 200 件,月末在产品 10 件,完工程度为 50%,具体如表 11—11、表 11—12 所示。

表 11—11　　基本生产成本明细账

2007 年 4 月

产品名称:甲产品　　完工:80 件

在产品:40 件,完工程度:50%

单位:元

摘要 \ 成本项目	直接材料	直接人工	其他直接费用	制造费用	合　计
月初在产品成本	4200	1200	600	1120	7120
本月发生费用	40800	22800	5000	20280	88880
合　　计	45000	24000	5600	21400	96000
约当总量	120	100	100	100	/
单位成本	375	240	56	214	885
结转完工产品成本	30000	19200	4480	17120	70800
月末在产品成本	15000	4800	1120	4280	25200

表 11—12

基本生产成本明细账

2007 年 4 月

产品名称:乙产品

完工:200 件

在产品:10 件,完工程度:50%

单位:元

成本项目 / 摘要	直接材料	直接人工	其他直接费用	制造费用	合计
月初在产品成本	5710	3565	510	1750	11535
本月发生费用	30200	11400	4000	10140	55740
合计	35910	14965	4510	11890	67275
约当总量	210	205	205	205	/
单位成本	171	73	22	58	324
结转完工产品成本	34200	14600	4400	11600	64800
月末在产品成本	1710	365	110	290	2475

根据基本生产成本明细账有关资料,编制完工产品成本汇总表,如表 11—13 所示。

表 11—13

完工产品成本汇总表

2007 年 4 月

单位:元

产品名称 / 成本项目	甲产品(产量 80 件)		乙产品(产量 200 件)	
	总成本	单位成本	总成本	单位成本
直接材料	30000	375	34200	171
直接人工	19200	240	14600	73
其他直接费用	4480	56	4400	22
制造费用	17120	214	11600	58
合计	70800	885	64800	324

根据表 11—13 完工产品成本汇总表,编制会计分录如下:

借:库存商品——甲产品 70800

库存商品——乙产品 64800

贷:生产成本——基本生产成本——甲产品 70800

生产成本——基本生产成本——乙产品 64800

三、分批法的特点

（一）分批法的概念及适用范围

分批法是以产品的批别为成本计算对象归集生产费用计算产品成本的一种方法。由于产品的生产批别是根据客户的定单或内部定单确定的,因此分批法亦称为定单法。

分批法适用于单件、小批生产的企业或车间,如重型机械船舶制造、精密仪器的制造企业内部的专用工具、模具、自制设备的制造、新产品试制的车间。这些企业或车间生产的共同特点是每一批次的产品一般不重复生产。如果有重复生产的情况也是不定期进行的。所以,生产、管理和核算都按批别进行。

（二）分批法的特点

1. 分批法的成本计算对象是产品的批别。在单件小批生产的企业,产品生产基本上是按照购货单位的定单作为不同批别进行组织的。但是一个批别与一张定单并非完全相同。如果在同一时期不同定单内有相同的产品,且数量不多,也可以将不同定单上的相同产品合为一批组织生产,并计算该批产品成本。如果在一张定单中的产品不止一种,为了便于生产管理、考核和分析各种产品成本水平,可按各产品品种划分批别,组织生产并计算其产品成本。

2. 分批法以每批(或每件)产品的生产周期为成本计算期。由于产品的交货期要视合同要求而定,因此产品成本计算期是不定期的,与会计核算期间不相同。但采用分批法计算产品成本时,各批产品发生的费用也是按月归集的。

3. 分批法计算产品成本一般不存在生产费用在完工产品和在产品之间分配的问题。因为一般小批单件生产月末计算成本时往往已全部完工或者全部未完工,这时通常不需要在完工产品和在产品之间分配费用。但如果批内产品有跨月陆续完工交货的情况,则月末计算成本时,一部分产品已完工,另一部分产品尚未完工,这时就有必要将归集的生产费用在完工产品与在产品之间进行分配,以便计算完工产品成本和月末在产品成本。如果跨月陆续完工产品数量不多,则完工产品的成本可以采用按计划单位成本、定额单位成本或近期相同产品的实际单位成本计算完工产品成本,剩余的即为在产品成本。但在该批产品全部完工时还应计算该批产品的实际总成本的单位成本,但对已经结转的完工产品成本不作账面调整。这样做主要是为了计算先交货的成本。如果跨月陆续完工产品数量占批量比重较大时,为了提高成本计算的正确性,则应采用适当的方法在完工产品与月末在产品之间分配费用,以正确计算完工产品成本。

（三）分批法成本计算程序

1. 按各批别产品投产时批号（生产令号）设置基本生产成本明细账，账内应按成本项目分别设置专栏，用以归集有关费用和计算产品成本。

2. 各月份将各批别产品应负担的生产费用汇集到各批产品的成本计算单上。每批产品的直接费用应直接记入该批产品的基本生产成本明细账，各批产品共同负担的间接费用应按一定的标准分配计入各批产品的基本生产成本明细账。

3. 各批产品完工月份计算该批产品自开工之日起在基本生产成本明细账上所归集的生产费用作为其总成本，除以该批完工产品的产量，就是该批产品的单位成本，并将完工产品成本结转到产成品中去。未完工的各批别在产品，其基本生产成本明细账上归集的生产费用就是月末在产品成本，仍保留在各基本生产成本明细账上。

（四）分批法举例

【例 11—2】 东海公司根据购货单位的合同定单生产甲、乙两种产品，采用分批法计算产品成本。2007 年 5 月份的生产情况和生产费用支出情况的资料如下：

1. 本月生产产品的完工情况。

303 号甲产品 20 台，3 月份投产，本月全部完工。

406 号乙产品 10 台，4 月份投产，本月完工 2 台，其余均未完工。

508 号甲产品 18 台，本月投产，全部未完工。

2. 5 月份的有关成本资料。

（1）各批产品月初在产品成本核算资料如表 11—14 所示。

表 11—14 单位：元

批　号	直接材料	直接人工	其他直接费用	制造费用	合　计
303	72500	4600	5700	3800	86600
406	31000	2200	1900	2180	37280

（2）根据各种费用分配表汇总各批产品本月发生的生产费用，如表 11—15 所示。

表 11—15 单位：元

批　号	直接材料	直接人工	其他直接费用	制造费用	合　计
303	17500	5400	6300	4800	34000

续表

批　号	直接材料	直接人工	其他直接费用	制造费用	合　计
406	18000	7600	6200	8600	40400
508	37600	5600	4800	3200	51200

406 批号产品本月末完工产品数量为 2 台。为简化核算,完工产品按计划成本转出,每台计划成本为 5700 元。其中直接材料 4000 元,直接人工 700 元,其他直接费用 600 元,制造费用 400 元。

根据上述资料,登记各基本生产成本明细账,如表 11—16、11—17、11—18 所示。

表 11—16　　基本生产成本明细账

产品批号:303　　投产日期:3 月 5 日

产品名称:甲产品　　完工日期:5 月 29 日

批量:20 台　　单位:元

摘要 \ 成本项目	直接材料	直接人工	其他直接费用	制造费用	合　计
月初在产品成本	72500	4600	5700	3800	86600
本月发生费用	17500	5400	6300	4800	34000
累　计	90000	10000	12000	8600	120600
结转完工产品成本	90000	10000	12000	8600	120600
完工产品单位成本	4500	500	600	430	6030

表 11—17　　基本生产成本明细账

产品批号:406　　投产日期:4 月 10 日

产品名称:乙产品　　完工日期:5 月 30 日

批量:10 台　　完工 2 台　　单位:元

摘要 \ 成本项目	直接材料	直接人工	其他直接费用	制造费用	合　计
月初在产品成本	31000	2200	1900	2180	37280
本月发生费用	18000	7600	6200	8600	40400
累　计	49000	9800	8100	10780	77680
结转完工产品成本	8000	1400	1200	800	11400
月末在产品成本	41000	8400	6900	9980	66280

表 11—18　　基本生产成本明细账

产品批号:508　　投产日期:5 月 5 日

产品名称:甲产品　　完工日期:

批量:18 台　　单位:元

摘要 \ 成本项目	直接材料	直接人工	其他直接费用	制造费用	合　计
月初在产品成本					
本月发生费用	37600	5600	4800	3200	51200
累　计	37600	5600	4800	3200	51200
月末在产品成本	37600	5600	4800	3200	51200

月末根据表 11—16、表 11—17 结转完工产品成本,编制会计分录如下:

借:库存商品——甲产品　　120600

　　库存商品——乙产品　　11400

　贷:生产成本——基本生产成本——303 批号　　120600

　　　生产成本——基本生产成本——406 批号　　11400

四、分步法

(一) 分步法的概念及适用范围

分步法是以产品的生产步骤及各步骤半成品和产成品为成本计算对象归集和分配生产费用计算产品成本的一种成本计算方法。

分步法适用于大量大批多步骤生产的企业,如冶金、纺织、造纸和机械制造等企业。这些企业的产品生产过程可以划分为若干个生产步骤,如冶金的钢铁企业可分为炼铁、炼钢、轧钢等步骤;纺织可分为纺纱、织布、印染等步骤;造纸可分为制浆、制纸、包装等步骤;机械制造可分为铸造、加工、装配等步骤。前一个步骤的半成品转移到后一个步骤作为其加工对象继续加工直至最后步骤生产出产成品。为了加强各步骤的成本管理,不仅要求按照产品品种归集生产费用,计算产品成本,而且还要求按照产品的生产步骤归集生产费用,计算各步骤产品成本,以便分析、考核各种产品在各生产步骤的成本计划完成情况。

(二) 分步法的特点

1. 产品成本计算对象:分步法是以产品的品种及每一品种产品所经过的各个生产步骤的半成品作为产品成本计算对象。按产品成本计算对象分别设置基本生产成本明细账。

2. 成本计算期:由于分步法适用于多步骤大量大批生产的企业,产品成本计算一般都是在每月月末进行,成本计算期与会计报告期相一致。

3. 生产费用在完工产品与月末在产品之间的分配:采用分步法计算产品成本时,月末往往各个生产步骤都存在在产品,就需要将各步骤的基本生产成本明细账中归集的有关生产费用采用适当的分配方法在完工的半成品或产成品与在产品之间进行分配。

分步法按成本管理要求和各步骤的成本计算与结转程序的不同可以分为逐步结转分步法和平行结转分步法。

(三) 逐步结转分步法

1. 逐步结转分步法成本计算程序。逐步结转分步法是按产品生产加工步骤的先后顺序,先计算第一步骤半成品成本,然后将该半成品成本结转到第二步骤,第二步骤在原有半成品成本的基础上加上本步骤发生的直接材料费用、直接人工费用、制造费用等各种费用,计算出本步骤半成品的成本。这样按顺序逐步结转移下去直至最后步骤计算出完工产品成本。逐步结转分步法成本计算程序如表 11—19 所示。

表 11—19　　逐步结转分步法成本计算程序

第一步骤 基本生产成本明细账	第二步骤 基本生产成本明细账	最后步骤 基本生产成本明细账
直接材料 直接人工 制造费用	上步骤转来半成品成本 + 本步骤发生的各项费用	上步骤转来半成品成本 + 本步骤发生各项费用
完工半成品成本	完工半成品成本	完工产品成本
月末在产品成本	月末在产品成本	月末在产品成本

2. 逐步结转分步法举例。

【例 11—3】 东海公司大量大批连续式生产 A 产品,生产过程为三个步骤(这里的生产车间即为生产步骤)。第一步骤生产甲半成品,第二步骤将甲半成品继续加工制成乙半成品,第三步骤将乙半成品再继续加工制成最终产品 A 产品。原材料在第一步骤生产开始时一次投放,6 月份产量资料与成本资料汇总如表 11—20、11—21 所示。

表 11—20　　6 月份产量资料

单位:件

项　　目	一步骤	二步骤	三步骤
月初在产品成本	60	70	80
本月投入或上步骤转入	340	350	320
本月完工产品(或半成品)	350	320	360
月末在产品	50	100	40
在产品完工程度	50%	50%	50%

表 11—21　　6 月份成本资料　　单位:元

成本项目	月初在产品成本			本月发生费用		
	第一步骤	第二步骤	第三步骤	第一步骤	第二步骤	第三步骤
直接材料	2100	3780	5120	11900	—	—
直接人工	320	350	550	2680	2980	3250
制造费用	450	160	1210	1425	2060	4870
合　　计	2870	4290	6880	16005	5040	8120

根据上述有关资料,计算各步骤产品成本,如表 11—22、11—23、11—24 所示。

表 11—22　　基本生产成本明细账

200×年 6 月

步骤:第一步骤

产品名称:甲半成品　　单位:元

摘　要 \ 成本项目	直接材料	直接人工	制造费用	合　计
月初在产品成本	2100	320	450	2870
本月发生费用	11900	2680	1425	16005
合　计	14000	3000	1875	18875
约当产量	400	375	375	—
单位成本	35	8	5	48
结转完工半成品成本	12250	2800	1750	16800
月末在产品成本	1750	200	125	2075

根据表11—22结转完工甲半成品成本，编制会计分录如下：

借：生产成本——基本生产成本——第二步骤（乙半成品）　　16800

　贷：生产成本——基本生产成本——第一步骤（甲半成品）　　16800

表11—23　　**基本生产成本明细账**

200×年6月

步骤：第二步骤

产品名称：乙半成品　　单位：元

摘要 \ 成本项目	直接材料	直接人工	制造费用	合计
月初在产品成本	3780	350	160	4290
本月发生费用	16800	2980	2060	21840
合计	20580	3330	2220	26130
约当总量	420	370	370	—
单位成本	49	9	6	64
结转完工半成品成本	15680	2880	1920	20480
月末在产品成本	4900	450	300	5650

根据表11—23结转完工乙半成品成本，编制会计分录如下：

借：生产成本——基本生产成本——第三步骤（A产品）　　20480

　贷：生产成本——基本生产成本——第二步骤（乙半成品）　　20480

表11—24　　**基本生产成本明细账**

200×年6月

步骤：第三步骤

产品名称：A产品　　单位：元

摘要 \ 成本项目	直接材料	直接人工	制造费用	合计
月初在产品成本	5120	550	1210	6880
本月发生费用	20480	3250	4870	28600
合计	25600	3800	6080	35480
约当总量	400	380	380	—
单位成本	64	10	16	90
结转完工A产品成本	23040	3600	5760	32400
月末在产品成本	2560	200	320	3080

根据表 11—24 结转完工 A 成品成本,编制会计分录如下:

借:库存商品——A 产品　　32400

　贷:生产成本——基本生产成本——第三步骤(A 产品)　　32400

通过以上计算,可以看出各步骤间半成品成本的结转是采用综合结转法,即结转的是一个合计数,而没有按成本项目分别结转。这样还需要对完工产品所耗的半成品成本进行还原,得到原始的成本结构。如果各步骤半成品成本的结转是按其成本项目结转的,称为分项结转分步法,最终完工产品的成本就不必再进行成本还原了。

(四) 平行结转分步法

1. 平行结转分步法成本计算程序。在采用分步法的多步骤大量大批生产的企业中,有的产品生产过程是装配式生产,为了简化成本计算工作,在计算产品成本时,每一步骤只计算本步骤发生的费用以及这些费用应计入产成品成本的份额,这种结转各步骤成本的方法就是平行结转分步法。平行结转分步法的成本计算程序如表 11—25 所示。

表 11—25　　平行结转分步法成本计算程序　　单位:元

第一步骤 基本生产成本明细账	第二步骤 基本生产成本明细账	第三步骤 基本生产成本明细账
发生的各项费用 4300	发生的各项费用 2900	发生的各项费用 1500
本步骤应计入产品成本的份额 1700	本步骤应计入产品成本的份额 1500	本步骤应计入产品成本的份额 1000
月末在产品成本 2600	月末在产品成本 1400	月末在产品成本 500

本月完工产品成本 = 1700 + 1500 + 1000 = 4200(元)

根据上述资料,结转完工产品成本,编制会计分录如下:

借:库存商品——A 产品　　4200

　贷:生产成本——基本生产成本——第一步骤(甲半成品)　　1700

　　生产成本——基本生产成本——第二步骤(乙半成品)　　1500

　　生产成本——基本生产成本——第三步骤(A 产品)　　1000

2. 平行结转分步法的特点。

(1) 采用平行结转分步法计算产品成本时,各步骤之间只进行实物转移,不进行成本的结转,各步骤只归集本步骤发生的费用。

(2) 采用平行结转分步法计算产品成本时,所谓在产品成本是指广义的在产品成本。它包括本步骤加工中的在产品成本和本步骤已加工完成但尚未形成最终产品的半成品成本。

(3) 采用平行结转分步法计算产品成本时，产品完工入库时应计算各步骤应计入产成品成本的“份额”，从各步骤基本生产成本明细账的贷方直接转入“库存商品”明细账的借方，各步骤应计入产成品成本份额一般可按下列公式计算：

$$\text{某步骤应计入产成品成本的份额}=\text{完工产品数量}\times\text{单位产品耗用该步骤半成品的数量}\times\text{该步骤半成品的单位成本}$$

式中，“该步骤半成品的单位成本”可用约当产量比例法、定额比例法或定额成本法等具体分配方法求得。

第四节　期间费用

一、期间费用概述

如前所述，企业生产经营过程中发生的各项费用按其是否计入产品成本可分为两大类。一类为计入生产产品成本的费用。这类费用与产品生产有着密切的联系，形成产品的制造成本。它随着产品销售而转为产品销售成本，并从产品销售收入中得到补偿。另一类是与产品生产没有直接联系的费用，如营业费用、管理费用、财务费用等，也需要归集，但不计入产品成本，而是作为期间费用，直接从损益表中的销售利润项目下减除，以计算企业的营业利润。

期间费用是指不能直接归属于某个特定产品成本而能够确定其发生期间并计入当期损益的费用。这种与一定期间相联系的费用也称之为“期间成本”。期间费用一般包括销售费用、管理费用和财务费用三项内容。它具有以下特点：

1. 期间费用的发生与本期成本没有直接关系，如劳动保险费、房产税等；

2. 由于期间费用不能提供明确的未来收益，所以在发生时采用立即确认的原则，如广告费、新产品研究支出等；

3. 期间费用是本期发生的，但不一定是本期支付，如预提短期借款利息、摊销报刊杂志费等；

4. 期间费用不计入当期产品生产成本，而直接结转到“本年利润”科目计算当期损益。

综上所述，正确确认期间费用，严格划清期间费用与非期间费用的界限，掌握核算的具体内容及其特点，有利于企业加强费用管理，正确计算产品成本，准确计算当期损益。

二、管理费用

管理费用指企业为管理和组织生产经营活动所发生的各项费用。包括公司经费、工会经费、职工教育经费、劳动保险费、待业保险费、董事会费、咨询费、审计费、诉讼费、排污费、绿化费、税金、土地使用费(海域使用费)、土地损失补偿费、技术转让费、技术开发费、无形资产摊销、开办费摊销、业务招待费、存货盘亏、毁损和损废(减盘盈)以及其他管理费用。由于管理费用所包括的范围甚广,又是企业经营管理所必需发生的费用,为了进行费用控制,寻求降低管理费用的途径,必须加强对管理费用的核算和监督。管理费用是计算营业利润的重要因素之一,管理费用核算的正确与否直接关系到企业营业利润计算的准确性,故正确核算管理费用具有十分重要的意义。

企业为了核算管理费用的发生情况,应设置"管理费用"科目。当企业发生和支付各项管理费用时,借记"管理费用"科目,贷记"库存现金"、"银行存款"、"原材料"、"低值易耗品"、"应付职工薪酬"、"待摊费用"、"累计摊销"、"累计折旧"、"应交税费"等科目。月末将该科目借方归集的管理费全数从贷方转入"本年利润"科目的借方,结转后该科目无余额。该科目按管理费用的各项内容设置明细账,也可根据本企业的具体情况采用多栏式账页进行明细核算。

【例 11—4】 东海公司 2007 年 9 月份发生下列有关管理费用的业务:

1. 9 月 15 日以银行存款购买行政管理部门办公用品共计 600 元,编制会计分录如下:

借:管理费用——公司经费　　600
　贷:银行存款　　600

2. 9 月 16 日以现金支付退休人员退休金 2000 元,报销退休人员医药费 600 元,编制会计分录如下:

借:管理费用——劳动保险费　　2600
　贷:库存现金　　2600

3. 9 月 30 日以现金 300 元支付企业法律顾问费,编制会计分录如下:

借:管理费用——咨询费　　300
　贷:库存现金　　300

4. 9 月 30 日以银行存款 2100 元支付聘请中国注册会计师查账费用,编制会计分录如下:

借:管理费用——审计费　2100

　贷:银行存款　2100

5. 9月30日结转本月行政管理人员工资5700元,编制会计分录如下:

借:管理费用——公司经费　5700

　贷:应付职工薪酬　5700

6. 9月30日计提工会经费,计算出全厂本月应计提的工会经费1200元,编制会计分录如下:

借:管理费用——工会经费　1200

　贷:应付职工薪酬　1200

7. 9月30日摊销无形资产400元,编制会计分录如下:

借:管理费用——公司经费　400

　贷:累计摊销　400

8. 9月30日计提厂部管理部门固定资产折旧800元,编制会计分录如下:

借:管理费用——公司经费　800

　贷:累计折旧　800

9. 9月30日结转本月应交房产税、车船使用税等500元,编制会计分录如下:

借:管理费用——税金　500

　贷:应交税费　500

10. 9月30日以银行存款支付业务招待费1500元,编制会计分录如下:

借:管理费用——业务招待费　1500

　贷:银行存款　1500

11. 9月30日将本月发生的管理费用15700元结转至“本年利润”科目,编制会计分录如下:

借:本年利润　15700

　贷:管理费用——公司经费　7500

　　管理费用——工会经费　1200

　　管理费用——劳动保险费　2600

　　管理费用——咨询费　300

　　管理费用——审计费　2100

　　管理费用——税金　500

　　管理费用——业务招待费　1500

三、销售费用

随着社会主义市场经济的建立，企业供、产、销都将由市场这一无形的手来操纵。了解市场、预测市场、把握市场成为企业的重要任务。企业不仅要生产出适销对路的优质产品，而且还要将生产出来的产品销售出去，最终实现企业的经济效益。可以说产品销售状况的好坏决定了企业效益的高低，决定了企业活力的强弱。因此，抓好产品推销工作是保证企业再生产能正常进行的一个重要环节。

销售费用是指企业在销售产品、自制半成品和工业性劳务等过程中发生的各项费用，以及为销售本企业产品而专设销售机构的各项费用。企业为了保证产品的畅销，可以利用各种新闻媒介或宣传工具，如电视、广播、报纸、杂志宣传企业产品、扩大其影响；可以通过为客户提供各种便利条件促销企业产品；也可以建立独立的规模适当的销售机构，负责推销本企业产品。所有这些所耗费都属于销售费用。根据用途的不同，销售费用也可以包括下列三方面内容：

1. 企业利用各种新闻媒介或宣传工具如电视、广播、杂志、报纸、展览会等宣传企业产品所支付的费用，有广告费、展览费等。

2. 企业为促销产品根据交货条件由企业负担的各项费用如运杂费、包装费、保险费等。

3. 企业的专设销售机构所发生的有关费用如销售机构人员的工资、福利费、差旅费、办公费、折旧费、租金、修理费、机物料消耗、低值易耗品摊销和其他经费，等等。

企业为了核算销售费用的发生情况，应设置“销售费用”科目。企业发生和支付各项销售费用时，借记“销售费用”科目，贷记“库存现金”、“银行存款”、“应付职工薪酬”、“包装物”、“原材料”等科目。月末将该科目借方归集的销售费用全数从贷方转入“本年利润”科目的借方，结转后该科目无余额。该科目按销售费用的各项内容设置明细账，也可根据本企业的具体情况采用多栏式账页进行明细核算。

【例 11—5】 东海公司 2007 年 9 月份发生下列有关销售费用的业务：

（1）9 月 6 日企业以银行存款支付广告费 1500 元，编制会计分录如下：

借：销售费用——广告费　　1500

　贷：银行存款　　1500

（2）9 月 10 日企业用银行存款支付销售产品时应由本企业负担的运输费

1050 元,编制会计分录如下:

借:销售费用——运输费 1050

贷:银行存款 1050

(3) 9 月 12 日领用随同产品一起出售而不单独计价的包装物一批计 800 元,编制会计分录如下:

借:销售费用——包装费 800

贷:包装物 800

(4) 9 月 15 日以银行存款 700 元支付专设销售机构办公费,编制会计分录如下:

借:销售费用——专设销售机构费用 700

贷:银行存款 700

(5) 9 月 20 日企业专设销售机构领用材料 380 元,编制会计分录如下:

借:销售费用——专设销售机构费用 380

贷:原材料 380

(6) 9 月 30 日拨付专设销售机构人员工资 3420 元,编制会计分录如下:

借:销售费用——专设销售机构费用 3420

贷:应付职工薪酬 3420

(7) 9 月 30 日将本月发生的销售费用合计 7850 元转入"本年利润"科目,编制会计分录如下:

借:本年利润 7850

贷:销售费用——广告费 1500

销售费用——运输费 1050

销售费用——包装费 800

销售费用——专设销售机构费用 4500

四、财务费用

财务费用是指企业为进行资金筹集等理财活动而发生的各项费用。它包括企业生产经营期间所发生的利息支出(减利息收入)、汇兑损失(减汇兑收益)和金融机构手续费以及因筹集资金而发生的其他财务费用等。其中,利息支出包括短期借款利息、长期借款利息、应付票据利息、票据贴现利息、应付债券利息、长期应付引进国外设备款利息、长期应付融资租赁款利息,等等。汇兑损失指外币业务按人民币记账时,由于外汇牌价变动而产生的损失。金融机构手续费以及因筹集资金而发生的费用，如发行债券时所应支付的发行手续费、印刷费、开出银行承兑汇票手续费以及其他财务费用。

企业为了核算财务费用的发生情况，应设置“财务费用”科目。当企业发生各项利息支出、汇兑损失、金融机构手续费及其他财务费用时，借记“财务费用”科目，贷记“银行存款”、“应收票据”、“应付利息”、“长期借款”、“长期应付款”等科目。当发生利息收入、汇兑收益时，应借记“银行存款”科目，贷记“财务费用”科目。月末将该科目借方归集的财务费用全数从贷方转入“本年利润”科目的借方，结转后该科目无余额。该科目按财务费用的项目设置明细账，也可根据本企业的具体情况采用多栏式账页进行明细核算。

【例 11—6】 东海公司 2007 年 9 月份发生下列财务费用的业务：

1. 9 月 3 日企业支付银行的银行承兑汇票手续费 250 元，编制会计分录如下：

借：财务费用——手续费　　250

　贷：银行存款　　250

2. 9 月 8 日企业将未到期的商业承兑汇票向银行贴现，其票面金额 10000 元，实际收到银行存款 9500 元，编制会计分录如下：

借：银行存款　　9500

　财务费用——利息支出　　500

　贷：应收票据　　10000

3. 9 月 18 日以银行存款支付委托银行发行债券的手续费和印刷费等，计 1000 元，编制会计分录如下：

借：财务费用——支付手续费　　1000

　贷：银行存款　　1000

4. 9 月 30 日发生长期借款利息支出 700 元，该工程已达到预定使用状态，编制会计分录如下：

借：财务费用——利息支出　　700

　贷：长期借款　　700

5. 9 月 30 日结转本月应负担短期借款利息 800 元，编制会计分录如下：

借：财务费用——利息支出　　800

　贷：应付利息　　800

6. 9 月 30 日接银行通知本月利息收入 200 元，编制会计分录如下：

借：银行存款　　200

贷:财务费用——利息收入 200

7. 9月30日将本月发生的财务费用3050元结转至“本年利润”科目,编制会计分录如下:

借:本年利润 3050

贷:财务费用——利息支出 1800

财务费用——手续费 1250

思考题

1. 什么是支出？什么是费用？什么是成本？
2. 品种法有什么特点？适用范围如何？
3. 分批法有什么特点？适用范围如何？
4. 分步法有什么特点？适用范围如何？
5. 什么是期间费用？具体应包括哪些内容？
6. 管理费用如何核算？
7. 锁售费用如何核算？
8. 财务费用如何核算？

练习题

一、单项选择题

1. 企业任意扩大成本开支范围是没有正确划分(　　)所致。

A. 不同性质支出的界限

B. 完工产品与在产品之间的费用界限

C. 各种产品的费用界限

D. 各个会计期间的费用界限

2. “生产成本”科目的期末余额反映的是(　　)。

A. 月末库存商品成本　　B. 月末在产品成本

C. 月末库存原材料成本　　D. 月末发出商品成本

3. 分批法的成本计算对象应是(　　)。

A. 产品的品种别　　B. 产品的类别

C. 产品的步骤别　　D. 产品的批别

4. 以下不属于期间费用的有(　　)。

A. 管理费用　　B. 销售费用　　C. 制造费用　　D. 财务费用

5. 将支出的费用计入本月未完工产品的制造成本或期间费用对当期损益的影响程度(　　)。

A. 相同　　B. 不相同

C. 可能相同可能不相同　　D. 以上说法均不成立

二、多项选择题

1. 产品成本项目应包括(　　)。

A. 其他直接费用　　B. 制造费用

C. 修理费用　　D. 折旧费

E. 外购动力

2. 费用分配贯彻的受益原则是(　　)。

A. 何者受益何者承担费用

B. 何时受益何时承担费用

C. 承担费用多少应与受益程度大小成正比

D. 承担费用多少应与受益程度大小成反比

E. 以上说法均不成立

3. 属于管理费用核算的内容有(　　)。

A. 专设销售机构人员工资　　B. 厂部管理人员工资

C. 公司经费　　D. 劳动保险费

E. 无形资产摊销

4. 应当计入销售费用的有为销售产品而发生的(　　)。

A. 广告费　　B. 展览费

C. 出借包装物摊销　　D. 出租包装物摊销

E. 本企业负担的运杂费

5. 构成财务费用的内容有(　　)。

A. 短期借款利息　　B. 应付票据利息

C. 长期借款利息　　D. 票据贴现利息

E. 发行债券手续费

三、实务题

某企业 2007 年 6 月发生下列费用：

1. 以银行存款购买厂部管理部门办公用品共计 1800 元。

2. 以现金支付退休人员退休金6000元,报销退休人员医药费2300元。
3. 以现金支付企业法律顾问费900元。
4. 以银行存款支付业务招待费4500元。
5. 以银行存款支付银行承兑汇票手续费600元。
6. 以银行存款支付广告费4500元。
7. 以银行存款支付企业销售产品时应由本企业负担的运输费3150元。
8. 结转本月销售机构人员工资4260元。
9. 结转本月厂部管理人员工资45000元。
10. 计算出本月应计提的工会经费3600元。
11. 摊销无形资产价值1200元。
12. 计提厂部固定资产折旧2400元。
13. 接银行通知本月利息收入600元。
14. 结转本月应交房产税、车船使用税等1500元。
15. 结转本月应负担短期借款利息2400元。
16. 将本月发生的管理费用结转至"本年利润"科目。
17. 将本月发生的财务费用结转至"本年利润"科目。
18. 将本月发生的销售费用结转至"本年利润"科目。

要求:根据以上资料编制相关会计分录。

第十二章
所有者权益

学习目标

所有者权益(又称为股东权益)是指企业资产扣除负债后由所有者享有的剩余权益。它包括所有者投入的资本、直接计入所有者权益的利得和损失、留存收益等。通过本章的学习,了解所有者权益的含义及包括的内容;掌握实收资本(股本)、资本公积、留存收益的核算。

第一节　实收资本(股本)

一、实收资本(股本)的概念

实收资本(股本)是指投资者实际投入到企业中的各种资产的价值。按投资主体不同,投入资本可分为国家投入资本、法人投入资本、个人投入资本和外商投入资本;按筹资方式不同,可分为货币投入资本、实物投入资本和无形资产投入资本等。

二、实收资本(股本)的核算

企业为了核算资本增减变化情况,应设置"实收资本(股本)"科目。其贷方反映投入资本增加额,借方反映投入资本减少额,期末贷方余额反映投入资本实有数额。

我国目前的公司组织形式主要有有限责任公司和股份有限公司。其中有限责任公司的投入资本通过"实收资本"科目核算,按投资主体设置明细科目。股份有限公司的投入资本通过"股本"科目核算,按普通股和优先股及股东单位或姓名设置明细科目。

（一）一般企业实收资本的核算

企业接受投资者的资本可以是现金资产，也可以是非现金资产。

1. 企业接受现金资产投资。企业收到投资者以现金资产投入资本时，应以实际收到的现金资产借记“库存现金”、“银行存款”科目，贷记“实收资本”科目。对于实际收到的现金资产超过投资者在企业中所占份额的部分应贷记“资本公积——资本溢价”科目。

【例12—1】 南海公司收到国家投入的资本1000000元，法人投入的资本800000元，个人投入的资本400000元，已全部存入银行，编制会计分录如下：

借：银行存款　　2200000

　贷：实收资本——国家　　1000000

　　　实收资本——法人　　800000

　　　实收资本——个人　　400000

2. 企业接受非现金资产投资。企业收到投资者以非现金资产投入资本时，应按投资各方确认的价值借记“原材料”、“应交税费——应交增值税（进项税额）”、“固定资产”、“库存商品”、“无形资产”等科目，按其在注册资本中所占份额贷记“实收资本”科目。对于投资各方确认的价值超过其在注册资本中所占份额的部分应贷记“资本公积——资本溢价”科目。

【例12—2】 南海公司接受外单位丁公司投入的一批原材料，双方确认的价值为600000元。经税务部门核定，应交的增值税为102000元，编制会计分录如下：

借：原材料　　600000

　　应交税费——应交增值税（进项税额）　　102000

　贷：实收资本——丁公司　　702000

3. 中外合作企业在合作期间归还投资者投资。如果中外合作者在合作企业合同中约定合作期满时合作企业的全部固定资产归中国合作者所有的，可以在合作企业合同中约定外国合作者在合作期限内先行收回投资。在这种情况下，为了完整反映企业的原始总投资情况，同时反映已归还投资的情况，应对已归还的投资金额进行单独明细核算，设置“实收资本——已归还投资”科目。企业归还投资时，按实际归还的金额借记“实收资本——已归还投资”科目，贷记“银行存款”科目。

【例12—3】 某中外合作企业在成立的合同中规定，在合作5年后每年归还外方投资者100000元。在合作满5年后，编制会计分录如下：

借:实收资本——已归还投资　　100000
　贷:银行存款　　100000
同时:
借:利润分配——利润归还投资　　100000
　贷:盈余公积——利润归还投资　　100000

（二）股份有限公司股本的核算

1. 股票的种类。股份有限公司根据核定的资本总额及股份总额发行股票。公司发行的股票按股东享有的权利,可分为普通股和优先股。其中普通股是公司的基本股份,在公司只发行一种股票时,这种股票就称为普通股,它的基本权利有:

(1) 投票表决权。普通股的股东通过参加股东大会来行使这一权利。普通股股东有权出席股东大会,听取公司董事会的业务和财务报告,在股东大会上行使表决权和选举权,一股一票,对公司的经营管理,选举公司的董事会或监事会、公司章程的修改和细则的制定,公司资本结构的改变、公司规模的扩展方式等一系列重大问题,均有权表决。

(2) 利润分配权。公司实现税后利润按国家规定提取公积金后经董事会决定并宣告分派股利时,普通股股东有按其持股比例享有获得股利的权利。

(3) 优先认股权。公司因增加股本而需增发新股时,为了保持和不削弱每一普通股股东对公司净资产的原有权益比例,享有按其原持股比例优先认购新股票的权利。

(4) 剩余财产分配权。在公司终止营业清算解散时,公司在清偿全部负债后的剩余财产,普通股股东享有按照其所持股份比例分配的权利。

优先股是指优先于普通股股东分配公司收益和剩余资产的股票。优先股一般有以下权利:

(1) 在分派普通股股利前,按约定的股利率或金额,优先分得股利。

(2) 在公司终止营业清算解散时,清偿公司全部债务后,优先于普通股分得剩余财产。

(3) 优先股一般不享有公司公积的权益,包括资本公积和盈余公积。优先股享有的公司净资产,以优先股的面值为限,无权享有超面值缴入资本部分,也无权分享从税后利润中提取的盈余公积。

(4) 优先股股东一般在股东大会上没有表决权。根据有关规定,如公司连续三年未支付优先股股利时,优先股股东即可出席或委托代理人出席股东大会并行使表决权,同时还可行使其他规定的权利。

2. 股本的核算。股票可以按面值发行,也可以按溢价发行,但一般不允许折价发行。股票按面值发行,其发行费用计入“资本公积——股本溢价”科目的借方。股票按溢价发行,发行价格大于面值部分扣除发行费后计入“资本公积——股本溢价”科目的贷方。

(1) 股票按面值发行的核算

【例12—4】 东海公司核定股份4000万股,每股面值1元,按面值发行,发行费用为4000000元,编制会计分录如下:

借:银行存款　　36000000
　资本公积——股本溢价　　4000000
　贷:股本　　40000000

(2) 股票按溢价发行的核算

【例12—5】 东海公司根据业务发展需要,经批准增加发行新股1000万股,每股面值1元,发行价格每股3.2元,发行协议规定按发行价格的1%支付代理发行机构的手续费和佣金,编制会计分录如下:

借:银行存款　　31680000
　贷:股本　　10000000
　　资本公积——股本溢价　　21680000

三、企业资本(股本)增减变动的核算

根据我国有关法律的规定,企业增减资本(股本)如符合条件,按规定程序报经批准方可增减变动。

(一) 增资的核算

1. 企业接受投资者额外投入的资本。企业按规定接受投资者额外投入实现增资时,应按实际收到的款项或其他资产借记“银行存款”等科目,按增加的实收资本或股本金额贷记“实收资本”或“股本”科目,按两者之间的差额贷记“资本公积——资本(股本)溢价”科目。

2. 资本公积转增的资本。当企业将资本公积转增资本时,企业应按转增资本的金额借记“资本公积”科目,贷记“实收资本(股本)”科目。

【例12—6】 南海公司按有关规定,将资本公积2000000元转增资本,编制会计分录如下:

借:资本公积　　2000000

贷:实收资本 2000000

3. 盈余公积转增的资本。当盈余公积转增资本时,企业应按转增的资本金额借记“盈余公积”科目,贷记“实收资本(股本)”科目。

【例12—7】 南海公司按有关规定,将盈余公积1000000元转增资本,编制会计分录如下:

借:盈余公积 1000000

贷:实收资本 1000000

4. 以发放股票股利的方式增加资本。股份有限公司经股东大会或类似机构批准采用发放股票股利的方式增资时,公司应在实施该方案并办理完增资手续后,根据实际发放股票股利数额借记“利润分配——转作股本的股利”科目,贷记“股本”科目。

【例12—8】 东海公司经股东大会批准发放股票股利4000000元,已办理有关增资手续,编制会计分录如下:

借:利润分配——转作股本的股利 4000000

贷:股本 4000000

(二) 减资的核算

公司因经营不善、连年亏损或缩小经营规模,或资本过剩等原因,需要缩减资本。一般企业减资时,应借记“实收资本”科目,贷记“银行存款”等科目。

股份有限公司采用收购本企业股票方式减资的,按注销股票的面值总额减少股本,具体核算参照“库存股”的核算。

四、库存股的核算

库存股是企业收购的尚未转让或注销的本公司股份。企业因某些原因如为奖励本公司职工,股东因对股东大会作出的公司合并、分立决议持有异议而要求公司收购其股份等收购本公司的股份。

企业为了核算收购的本公司股份,应设置“库存股”科目。该科目借方反映企业收购本公司股份时实际支付的金额,贷方反映企业转让或注销库存股冲减的账面价值,期末借方余额表示企业持有本公司股份的金额。

企业收购本公司股份分别按以下情况核算:

1. 企业为减少注册资本而收购本公司股份,应按实际支付的金额,借记“库存股”科目,贷记“银行存款”等科目。

2. 企业为奖励本公司职工而收购本公司股份的,应按实际支付的金额借记

“库存股”科目，贷记“银行存款”等科目，同时做备查登记。将收购的股份奖励给本公司职工属于以权益结算的股份支付，如按实际收到的金额借记“银行存款”科目，按奖励股份的数量计算确定的金额借记“资本公积——其他资本公积”科目，按库存股的账面余额贷记“库存股”科目，按其差额贷记或借记“资本公积——股本溢价”科目。

3. 股东因对股东大会作出的公司合并、分立决议持有异议而要求公司收购其股份的，企业应按实际支付的金额借记“库存股”科目，贷记“银行存款”等科目。

4. 企业转让库存股，应按实际收到的金额借记“银行存款”等科目，按转让库存股的账面余额贷记“库存股”科目，按其差额贷记“资本公积——股本溢价”科目。如为借方差额的，借记“资本公积——股本溢价”科目，股本溢价不足冲减的，应依次冲减盈余公积、未分配利润，借记“盈余公积”、“利润分配——未分配利润”科目。

5. 企业注销库存股，应按股票面值和注销股数计算的股票面值总额借记“股本”科目，按注销库存股的账面余额贷记“库存股”科目，按其差额借记“资本公积——股本溢价”科目，股本溢价不足冲减的，应依次冲减盈余公积、未分配利润，借记“盈余公积”、“利润分配——未分配利润”科目。

【例12—9】 东海公司为奖励本公司职工而收购本公司股份，其股票面值为1元，原来以每股5元的价格发行，现以每股8元收回20000股，编制会计分录如下：

借：库存股	160000	
贷：银行存款		160000

同时做备查登记。

如果东海公司将这些收购来的股份奖励给本单位的职工，则应编制的会计分录如下：

借：资本公积——其他资本公积	160000	
贷：库存股		160000

如果东海公司为缩减股本而收购本公司股份，则应编制的会计分录如下：

借：股本	20000	
资本公积——股本溢价	80000	
盈余公积	60000	
贷：库存股		160000

五、可转换债券转换为股本

公司发行的可转换公司债券按规定转为股本时，应按“应付债券——可转换公司债券”科目余额借记“应付债券——可转换公司债券”科目，按“资本公积——其他资本公积”科目中属于该项可转换公司债券的权益部分的金额借记“资本公积——其他资本公积”科目，按股票面值和转换的股数计算股票面值总额贷记“股本”科目，按实际用现金支付的不可转换为股票的部分贷记“库存现金”等科目，按其差额贷记“资本公积——股本溢价”科目。

借：应付债券——可转换公司债券
　　资本公积——其他资本公积
　贷：股本
　　　库存现金
　　　资本公积——股本溢价

第二节　资本公积

一、资本公积的概念

资本公积主要是指直接计入所有者权益的利得和损失，即不应计入当期损益、会导致所有者权益发生增减变动的、与所有者投入资本或者向所有者分配利润无关的利得或者损失。其中利得是指由企业非日常活动所形成的、会导致所有者权益增加的、与所有者投入资本无关的经济利益的流入。损失是指由企业非日常活动所发生的、会导致所有者权益减少的、与向所有者分配利润无关的经济利益的流出。

资本公积与实收资本（股本）都属于所有者权益，但它们又有区别。实收资本（股本）是投资者对企业的投入，并通过资本的投入谋求一定的经济利益，而资本公积有特定的来源，并不需要由原投资者投入，也并不一定需要谋求投资回报。

二、资本公积的核算

企业为了核算直接计入所有者权益的利得和损失情况，应设置“资本公积”科目。该科目按“资本溢价（股本溢价）”、“其他资本公积”设置明细科目进行核算。

（一）资本溢价（股本溢价）的核算

资本溢价（股本溢价）是指有限责任公司出资者出资的金额大于注册资本中应享有的部分或股份有限公司溢价发行股票时实际收到的款项等超过面值的部分。企业取得的款项中相当于注册资本部分或股票面值部分借记“银行存款”科目，贷记“实收资本（股本）”科目；大于注册资本部分或超出股票面值部分借记“银行存款”科目，贷记“资本公积——资本溢价（股本溢价）”科目。发行股票发生的手续费、佣金等交易费用借记“资本公积——股本溢价”，贷记“银行存款”等科目。

经股东大会或类似机构决议，用资本公积转增资本（股本），借记“资本公积——资本溢价（股本溢价）”科目，贷记“实收资本”或“股本”科目。

（二）其他资本公积的核算

1. 长期股权投资采用权益法核算的，在持股比例不变的情况下，被投资单位除净损益以外所有者权益的其他变动，企业按持股比例计算应享有的份额，借记或贷记“长期股权投资——其他权益变动”科目，贷记或借记“资本公积——其他资本公积”科目，详见第六章“投资”有关内容。

2. 以权益结算的股份支付换取职工或其他方提供服务的，应按权益工具授予日的公允价值借记“管理费用”等科目，贷记“资本公积——其他资本公积”科目。在行权日，应按实际行权的权益工具数量计算确定的金额借记“资本公积——其他资本公积”科目，按计入实收资本或股本的金额贷记“实收资本”或“股本”科目，按其差额贷记“资本公积——资本溢价（股本溢价）”科目。

3. 自用房地产或存货转换为采用公允价值模式计量的投资性房地产时，应按该项房地产在转换日的账面价值借记“投资性房地产——成本”科目，按已计提的累计摊销或累计折旧借记“累计摊销”、“累计折旧”科目，已计提减值准备的，借记“存货跌价准备”、“无形资产减值准备”、“固定资产减值准备”科目，按其账面余额贷记“库存商品”、“无形资产”、“固定资产”科目。同时，按该项房地产在转换日的公允价值大于其账面价值的差额借记“投资性房地产——公允价值变动”科目，贷记“资本公积——其他资本公积”科目。处置该项投资性房地产时，应转销与其相关的其他资本公积。

第三节　留存收益

一、留存收益的概念

留存收益是指企业从历年实现的利润中提取或留存于企业内部的积累，其来源于企业生产经营活动所实现的利润，包括盈余公积和未分配利润两部分。

（一）盈余公积

盈余公积是指从企业实现的净利润中提取的积累资金，可分为法定盈余公积和任意盈余公积。法定盈余公积是按税后利润的10%计提的，法定盈余公积累计额超过注册资本的50%时可以不再提取。任意盈余公积是公司制企业按照股东大会的决议提取的，其他企业也可根据需要计提。盈余公积可以转增资本（股本），但转增后留存的盈余公积不得少于注册资本的25%。

外商投资企业的盈余公积包括储备基金、企业发展基金和利润归还投资等。

（二）未分配利润

未分配利润是企业留待以后年度进行分配的结存利润。企业对未分配利润的使用有较大的自主权。

未分配利润＝期初未分配利润＋本期实现的税后利润－提取的各种盈余公积及向投资者分配的股利或利润

二、留存收益的核算

企业为了核算盈余公积和未分配利润情况，应设置“盈余公积”、“利润分配——未分配利润”科目。

“盈余公积”科目的贷方反映按规定计提的法定盈余公积和任意盈余公积，借方反映盈余公积补亏和转增资本（股本）的盈余公积，期末贷方余额表示已提取但尚未转出的盈余公积结存数。该科目下设“法定盈余公积”、“任意盈余公积”明细科目。外商投资企业还应设置“储备基金”、“企业发展基金”等明细科目。

“利润分配——未分配利润”科目借方反映转入的本年亏损额以及“利润分配”科目下属有关明细账转入的利润分配数额，贷方反映转入的本年净利润或盈余公积补亏数，期末贷方余额表示年末累计未分配利润，借方余额反映企业年末累计未弥补的亏损。

（一）提取盈余公积的核算

企业按规定计提盈余公积时，应借记“利润分配——提取法定盈余公积、提取任意盈余公积、提取储备基金、提取企业发展基金”科目，贷记“盈余公积——法定盈余公积、任意盈余公积、储备基金、企业发展基金”科目。

【例12—10】 东海公司本年度实现税后利润为20000000元，按10%的比例计提法定盈余公积，编制会计分录如下：

借：利润分配——提取法定盈余公积　　2000000

　贷：盈余公积——法定盈余公积　　2000000

（二）盈余公积补亏的核算

企业用盈余公积补亏，应按补亏数借记“盈余公积——法定盈余公积、任意盈余公积”科目，贷记“利润分配——盈余公积补亏”。

【例12—11】 东海公司决定用以前年度的法定盈余公积弥补本年度的亏损，弥补数额为400000元，编制会计分录如下：

借：盈余公积——法定盈余公积　　400000

　贷：利润分配——盈余公积补亏　　400000

（三）盈余公积转增资本（股本）的核算

盈余公积经批准转增资本（股本）时，借记“盈余公积”科目，贷记“股本（或实收资本）”科目。

【例12—12】 东海公司经批准，将盈余公积1000000元用于转增资本，编制会计分录如下：

借：盈余公积　　1000000

　贷：股本　　1000000

（四）未分配利润的核算

企业应于年度终了，将利润分配下属的各个明细账转入“利润分配——未分配利润”科目的借方，将本年实现的净利润从“本年利润”科目借方转入“利润分配——未分配利润”的贷方。如果年末有亏损，则将亏损数转入“利润分配——未分配利润”科目的借方，如有盈余公积补亏，应将“利润分配——盈余公积补亏”转入“利润分配——未分配利润”科目的贷方。年末“利润分配——未分配利润”科目有贷方余额，表示年末累计未分配利润；如有借方余额，表示年末累计未弥补的亏损。

思考题

1. 怎样核算实收资本(股本)?
2. 普通股与优先股的权利有什么不同?
3. 留存收益包括哪些内容?这些内容怎样核算?
4. 所有者权益包括哪些内容?
5. 资本公积主要包括哪些内容?

练习题

一、单项选择题

1. 企业的法定盈余公积已达注册资本的(　　)时可不再提取。

A. 30%　　B. 20%　　C. 10%　　D. 50%

2. 企业发行股票时支付给证券代理机构的发行手续费,应借记(　　)科目。

A. 资本公积——股本溢价　　B. 资本公积——其他资本公积

C. 股本　　D. 财务费用

3. 下列会计事项中,会引起企业所有者权益变动的是(　　)。

A. 提取盈余公积　　B. 用盈余公积弥补亏损

C. 用盈余公积转增资本　　D. 股份公司宣告分配现金股利

4. 盈余公积可以转增资本(股本),但转增后留存的盈余公积不得少于注册资本的(　　)。

A. 30%　　B. 20%　　C. 25%　　D. 50%

5. 企业发行股票时收到的溢价收入应计入(　　)。

A. 股本　　B. 实收资本　　C. 资本公积　　D. 盈余公积

二、多项选择题

1. 普通股的权力有(　　)。

A. 投票表决权　　B. 利润分配权

C. 优先认股权　　D. 剩余财产分配权

2. 留存收益包括(　　)。

A. 盈余公积　　B. 资本公积　　C. 未分配利润　　D. 实收资本

3. 企业实收资本(股本)增加的途径有(　　)。

A. 投资者投入　B. 资本公积转入 C. 盈余公积转入 D. 发放股票股利

4. 企业净利润分配的去向有(　　)。

A. 提取法定盈余公积　　B. 提取任意盈余公积

C. 向投资者分配股利或利润　　D. 提取资本公积

5. 盈余公积的用途有(　　)。

A. 转增资本　　B. 经批准发放现金股利

C. 转增资本公积　　D. 弥补亏损

三、实务题

某企业 2007 年 9 月份发生下列经济业务:

1. 收到国家投入的资本 300000 元,同时收到 B 公司的投资 600000 元,款项均已存入银行。

2. 收到 E 公司投资的原材料一批,该批材料投资双方确认的价值为 100000 元,增值税 17000 元,材料已验收入库。E 公司已开具增值税专用发票。

3. 收到丙公司投资的一台已使用过的设备,其原价为 200000 元,已提折旧 50000 元,投资双方确认的价值为 120000 元。

4. 经批准发行普通股 1000000 股,每股面值 1 元,发行价 8 元。发行手续费 500000 元。有关款项已通过银行收妥。

5. 按税后利润 1000000 元的 10% 计提法定盈余公积,按 5% 的比例计提任意盈余公积。

6. 企业用盈余公积 200000 元转增资本。

要求:根据上述经济业务编制有关会计分录。

第十三章
收入与利润

学习目标

通过本章学习,应理解收入含义及收入确认和计量;掌握所得税费用和利润的计算;掌握收入、费用、利润及利润分配的核算方法。

第一节　收　入

一、收入的概念

收入是指企业在日常活动中形成的、会导致所有者权益增加的、与所有者投入资本无关的经济利益的总流入。其中"日常活动"是指企业为完成其经营目标所从事的经常性活动以及与之相关的活动。比如,工业企业制造并销售产品、商业企业销售商品、保险公司签发保单、咨询公司提供咨询服务、软件企业为客户开发软件、安装公司提供安装服务、商业银行对外贷款、租赁公司出租资产等,均属于企业为完成其经营目标所从事的经常性活动,由此产生的经济利益的总流入构成收入。

企业转让无形资产使用权、出售原材料、对外投资(收取的利息、现金股利)等,属于与经常性活动相关的活动,由此产生的经济利益的总流入也构成收入。而企业处置固定资产、无形资产等活动,不是企业为完成其经营目标所从事的经常性活动,也不属于与经常性活动相关的活动,由此产生的经济利益的总流入不构成收入,不应当确认为收入。

二、收入的确认与计量

企业的收入按照收入的性质分为销售商品的收入,提供劳务的收入和让渡资产使用权的收入;按收入经营业务的主次分为主营业务收入和其他业务收入。主营业务收入和其他业务收入的划分标准,一般应按营业执照上注明的主营业务和兼营业务予以确定。但是,如果兼营业务发生量较大且经常发生,也可以将其归入主营业务收入。

(一) 商品销售收入的确认与计量

1. 商品销售收入的确认。商品主要包括企业为销售而生产或购进的商品,如工业企业生产的产品、商品流通企业购进的商品等,企业销售的其他存货如原材料、包装物等也视同商品。商品销售仅包括取得货币资产方式的商品销售及正常情况下的以商品抵偿债务的交易,不包括非货币交换、期货、债务重组中的销售商品交易。企业以商品进行投资、捐赠及自用等,会计上均不作为销售商品处理,应按成本结转。

企业销售商品时,需要同时满足以下五个条件,才能确认收入:

(1) 企业已将商品所有权上的主要风险和报酬转移给购货方。这是指与商品所有权有关的主要风险和报酬同时转移。与商品所有权有关的风险,是指商品可能发生减值或毁损等形成的损失;与商品所有权有关的报酬,是指商品价值增值或通过使用商品等形成的经济利益。

判断企业是否已将商品所有权上的主要风险和报酬转移给购货方,应当关注交易的实质,并结合所有权凭证的转移进行判断。通常情况下,转移商品所有权凭证并交付实物后,商品所有权上的主要风险和报酬随之转移,如大多数零售商品。某些情况下,转移商品所有权凭证但未交付实物,商品所有权上的主要风险和报酬随之转移,企业只保留了次要风险和报酬,如交款提货方式销售商品。有时,已交付实物但未转移商品所有权凭证,商品所有权上的主要风险和报酬未随之转移,如采用支付手续费方式委托代销的商品。某些情况下,转移商品所有权证并交付实物后,商品所有权上的风险和报酬并未随之转移,如企业销售商品在质量、品种、规格等方面不符合合同或协议要求,又未根据正常的保证条款予以弥补,因而仍然负有责任。

(2) 企业既没有保留通常与所有权相联系的继续管理权,也没有对已售出的商品实施有效控制。如某制造商将商品销售给中间商后,如仍能要求中间商转移或退回商品,一般表明制造商对售出的商品仍在实施控制,不能确认此项销售收入。

(3) 收入的金额能够可靠计量。这是指收入的金额能够合理的估计,收入的金额不能合理的估计,则无法确认收入。企业在销售商品时,售价通常已经确定。但销售过程中由于某种不确定因素，也有可能出现售价变动的情况，则新的售价未确定前不应确认为收入。

（4）相关经济利益很可能流入企业。经济利益是指直接或间接流入企业的现金或现金等价物。在销售商品的交易中，与交易相关的经济利益即为销售商品的价款。销售商品的价款能否有把握收回，是收入确认的一个重要条件，企业在销售商品时，如估计价款收回的可能性不大，即收回的可能性小于50%，即使收入确认的其他条件均已满足，也不应当确认为收入。企业在判断价款收回的可能性时，应进行定性分析，当确定价款收回的可能性大于不能收回的可能性时，即认为价款能够收回。一般情况下，企业售出的商品符合合同或协议规定的要求，并已将发票账单交付买方，买方也承诺付款，即表明销售商品的价款能够收回。如企业判断价款不能收回，应提供可靠的证据。

（5）相关的、已发生的或将发生的成本能够可靠计量。这是指与商品销售相关的已发生的成本能够合理地估计。一般情况下，商品销售收入满足其他条件时，相关的已发生或将发生的成本通常能够合理地估计。有些特殊情况，如订货销售，即企业已收到买方全部或部分货款，但库存无现货，需要通过制造或通过第三方交货。在这种销售方式下，企业尽管已收到全部或部分货款，但商品尚在制造过程中或仍在第三方，相关的、已发生的或将发生的成本不能可靠地计量，因此只有在商品交付时才能确认收入。预收的货款应作为负债处理。

2. 商品销售收入的计量。企业应当按照从购货方已收或应收的合同或协议价款确定商品销售收入金额，已收或应收的合同或协议价款显失公允的除外。购货方已收或应收的合同或协议价款，通常为公允价值。合同或协议价款的收取采用递延方式，如分期收款销售商品，实质上具有融资性质的，应当按照应收的合同或协议价款的公允价值确定销售商品收入金额。应收的合同或协议价款与其公允价值之间的差额，应当在合同或协议期间内采用实际利率法进行摊销，计入当期损益。

销售商品涉及现金折扣的，应当按照扣除现金折扣前的金额来确认销售商品收入金额。现金折扣在实际发生时计入当期损益。销售商品涉及商业折扣的，应当按照扣除商业折扣后的金额来确认销售商品收入金额。

企业已经确认销售商品收入的售出商品发生销售折让的，应当在发生时冲减当期销售商品收入。销售折让属于资产负债表日后事项的，适用《企业会计准则第29号——资产负债表日后事项》。

企业已经确认销售商品收入的售出商品发生销售退回的，应当在发生时，冲减当期的销售商品收入。销售退回属于资产负债表日后事项的,适用《企业会计准则第29号——资产负债表日后事项》。

（二）劳务收入的确认与计量

提供一项劳务取得的总收入,企业应当按照从接受劳务方已收或应收的合同或协议价款确定提供劳务收入总额,已收或应收的合同或协议价款显失公允的除外。提供劳务的种类很多,其内容不同,完成劳务的时间也不同,因此,企业应分别按下列各种情况确认和计量劳务收入:

1. 企业在资产负债表日提供劳务交易的结果能够可靠估计的,应当按照完工百分比法确认提供劳务收入。提供劳务交易的结果能够可靠估计,是指同时具备以下条件:(1) 收入的金额能够可靠计量;(2) 相关的经济利益很可能流入企业;(3) 交易的完工进度能够可靠确定;(4) 交易中已发生的和将发生的成本能够可靠计量。

2. 企业在资产负债表日提供劳务交易结果不能够可靠估计的,应当分别下列情况处理:(1)已发生的劳务成本预计能够得到补偿,应按已经发生的劳务成本金额确认收入,并按相同金额结转成本;(2) 已发生的劳务成本预计只能够部分得到补偿的,应当按照能够得到补偿的劳务成本金额确认收入,并按已经发生的劳务成本结转成本;(3) 已发生的劳务成本预计不能够得到补偿的,应当将已经发生的劳务成本计入当期损益,不确认提供劳务收入。

企业与其他企业签订的合同或协议包括销售商品和提供劳务时,销售商品部分和提供劳务部分能够区分且能够单独计量的,将提供劳务的部分作为提供劳务处理;销售商品部分和提供劳务不能够区分的,或虽能区分但不能够单独计量的,应当将销售商品部分和提供劳务部分全部作为销售商品处理。

（三）让渡资产使用权收入的确认与计量

让渡资产使用权收入包括利息收入、使用费收入;对外出租资产收取的租金;进行债权投资收取的利息以及进行股权投资取得的股利。让渡资产使用权收入同时满足下列条件的,才能予以确认:(1) 相关的经济利益很可能流入企业;(2) 收入的金额能够可靠计量。

企业应当分别下列情况确定让渡资产使用权收入金额:

1. 利息收入金额,按照他人使用本企业货币资金的时间和实际利率计算确定;

2. 使用费收入金额,按照有关合同或协议约定的收费时间和方法计算确定;

3. 现金股利收入金额，按照被投资单位宣告的现金股利分配方案和持股比例计算确定。

三、收入的核算

（一）商品销售收入的核算

商品销售包括销售商品、半成品、自制半成品等，如为企业的主营业务收入，应设置"主营业务收入"科目。企业实现商品销售收入应借记"银行存款"、"应收账款"等科目，贷记"主营业务收入"，期末应将本科目余额转入"本年利润"科目，结转后本科目无余额。本科目按商品销售的种类设置明细账进行明细核算。

【例13—1】 东海公司销售一批商品，价款700000元，增值税额119000元，成本600000元，货款已收到存入银行，编制会计分录如下：

借：银行存款　　819000
　贷：主营业务收入　　700000
　　应交税费——应交增值税（销项税额）　　119000

期末结转商品销售成本：

借：主营业务成本　　600000
　贷：库存商品　　600000

如企业售出的商品不符合销售收入确认的5个条件中的任何一条，均不应确认为收入。为了单独反映已经发出但尚未确认销售收入的商品成本，企业应增设"发出商品"科目进行核算。当企业发出商品不能确认收入时，应按发出商品的实际成本借记"发出商品"科目，贷记"库存商品"科目。

【例13—2】 东海公司于2007年3月15日以托收承付的方式向甲公司销售商品一批，价款3000000元，增值税额为510000元，成本2000000元，商品已发出并办妥了托收手续。这时甲公司一项重大投资失败，发生巨额损失，现金流量严重不足，估计这笔货款收回的可能性不大，不能确认收入，编制会计分录如下：

借：发出商品　　2000000
　贷：库存商品　　2000000

同时，将增值税发票上注明的增值税额作如下处理：

借：应收账款——甲公司（应收销项税额）　　510000
　贷：应交税费——应交增值税（销项税额）　　510000

假定2007年12月2日，得知甲公司经营状况已开始好转，甲公司承诺近期付款，东海公司确认收入，编制会计分录如下：

借：应收账款——甲公司 3000000

贷：主营业务收入 3000000

同时

借：主营业务成本 2000000

贷：发出商品 2000000

收到货款时：

借：银行存款 3510000

贷：应收账款——甲公司 3000000

应收账款——甲公司（应收销项税额） 510000

【例13—3】 东海公司2007年9月1日销出商品一批，价款2000000元，增值税额340000元，并在合同中规定了现金折扣的条件为“2/10、1/20，n/30”，假定计算折扣时不考虑增值税，采用总价法核算，编制会计分录如下：

1. 9月1日，销售实现时：

借：应收账款 2340000

贷：主营业务收入 2000000

应交税费——应交增值税（销项税额） 340000

2. 如果9月10日前对方付款，折扣为40000元（2000000×2%）：

借：银行存款 2300000

财务费用 40000

贷：应收账款 2340000

3. 如果9月11日至9月20日期间对方付款，折扣为20000元（2000000×1%）：

借：银行存款 2320000

财务费用 20000

贷：应收账款 2340000

如果9月21日及以后对方付款，没有折扣：

借：银行存款 2340000

贷：应收账款 2340000

企业已售出的商品由于商品质量不符要求等原因而在售价上给予的减让为销售折让。销售折让在实际发生时冲减当期的收入。

【例13—4】 东海公司2007年9月10日售出商品一批，价款为1000000

元,增值税率为17%,货款尚未收到。货到后对方发现商品质量不符,要求在价格上给予10%折扣。东海公司予以同意,编制会计分录如下:

1. 销售时:

借:应收账款 1170000

  贷:主营业务收入 1000000

    应交税费——应交增值税(销项税额) 170000

2. 发生折让时:

借:主营业务收入 100000

  应交税费——应交增值税(销项税额) 17000

  贷:应收账款 117000

销售退回是指企业售出的商品,由于质量、品种不符合要求等原因而发生退货。退货若发生在销售确认之前,只需将发出商品的成本转回库存商品。如退货发生在收入确认之后,不论是当年销售的,还是以前年度销售的,一般均应冲减当月的销售收入,同时冲减销售成本或在月末结转销售成本时予以减去。

【例13—5】 东海公司2006年12月8日销售商品一批,售价为1000000元,增值税额170000元,成本650000元。2007年3月1日该批商品因质量不合格被退回,该批货款对方尚未支付,编制会计分录如下:

借:主营业务收入 1000000

  应交税费——应交增值税(销项税额) 170000

  贷:应收账款 1170000

借:库存商品 650000

  贷:主营业务成本 650000

或于月底结转销售成本时予以减去。

但销售退回发生在资产负债表日至财务报告批准日之间,且销售是发生在资产负债表日之前,为资产负债表日后发生的调整事项,其账务处理参见《企业会计准则第29号——资产负债表日后事项》。

企业除主营业务以外有时会销售一些过剩的材料、包装物等其他存货。相对而言,其他存货销售的收入在企业全部收入中所占的比重较小,具有业务量不稳定等特点,所以其收入通过“其他业务收入”科目核算。为实现其他业务收入而发生的成本、费用等,通过“其他业务成本”科目核算。“其他业务收入”和“其他业务成本”均按其他业务的种类设置明细账进行明细核算。

【例13—6】 东海公司销售材料一批,价款20000元,增值税率为17%,成本 12000 元，货款已收到并存入银行，编制会计分录如下：

借：银行存款　　23400

　贷：其他业务收入　　20000

　　应交税费——应交增值税（销项税额）　　3400

结转材料成本：

借：其他业务成本　　12000

　贷：原材料　　12000

（二）劳务收入的核算

1. 一次完成劳务。对于一次就能完成的劳务，企业应在提供劳务完成时按所确定的金额借记“银行存款”等科目，贷记“主营业务收入”等，对于发生的有关支出应借记“主营业务成本”，贷记“银行存款”等科目。

【例 13—7】 东海公司接收一项设备安装任务，可一次完成，合同收入为 20000 元，实际支出成本计 11000 元（假定发生的均属人工费），安装费尚未收到，编制会计分录如下：

（1）完工时确认收入：

借：应收账款　　20000

　贷：主营业务收入　　20000

（2）发生的费用予以确认：

借：主营业务成本　　11000

　贷：应付职工新酬　　11000

2. 同一年度开始并完成的劳务。对于持续一段时间但在同一年度内开始并完成的劳务，企业应在劳务完成时按所确定的金额借记“银行存款”等科目，贷记“主营业务收入”等科目。有关支出确认为费用之前，企业可增设“劳务成本”科目，归集相关支出，等到确认为费用时，再转入“主营业务成本”科目。

3. 不能在同一会计年度内完成的劳务。对于不能在同一会计年度内完成的劳务，在资产负债表日，企业能够对提供劳务的交易结果作出可靠地估计的，应采用完工百分比法确认收入，同时结转相关的成本。采用完工百分比法，收入和相关费用计算公式如下：

$$\text{本年确认的劳务收入} = \text{劳务总收入} \times \text{本期末止劳务完工程度} - \text{以前会计期累计已确认的劳务收入}$$

$$\text{本年确认的劳务成本} = \text{劳务总成本} \times \text{本期末止劳务完工程度} - \text{以前会计期累计已确认的劳务成本}$$

其中劳务完工程度可以选用下列方法确定：已完工作的测量；已经提供的劳

务占应提供的劳务总量的比例；已发生的成本占估计总成本的比例。

【例13—8】 东海公司2007年9月1日开始为客户进行一项安装工程，工期为6个月，合同总收入为1200000元，至2007年12月31日已预收600000元，发生成本560000元，估计还会发生成本240000元，按实际发生的成本占估计总成本的比例，可确定劳务的完工程度为70%（56÷（56+24）），编制会计分录如下：

2007年12月31日确认的劳务收入=120×70%－0=840000（元）

2007年12月31日确认的劳务成本=80×70%－0=560000（元）

（1）实际发生成本时：

借：劳务成本　　　　560000

　贷：银行存款等　　　　560000

（2）预收款项时：

借：银行存款　　　　600000

　贷：预收账款　　　　600000

（3）确定收入，结转成本时：

借：预收账款　　　　840000

　贷：主营业务收入　　　　840000

借：主营业务成本　　　　560000

　贷：劳务成本　　　　560000

（三）让渡资产使用权收入

1. 利息收入。企业应在每个会计期末，按未收回的存款或贷款等的本金、他人使用本企业货币资金的时间和实际利率计算收入。借记“应收利息”科目，贷记“利息收入”、“金融企业往来收入”等科目。

2. 使用费收入。使用费收入应按有关合同协议规定的收费时间和方法确认。不同的使用费收入，其收费时间和收费方法各不相同，有一次收回一笔固定的金额、有在协议规定的有效期内分期等额收回的、有分期不等额收回的等。

如果合同、协议规定使用费一次支付，且不提供后期服务的，应视同该项资产的销售一次确认收入；如提供后期服务的，应在合同、协议规定的有效期内分期确认收入。如合同规定分期支付使用费的，应按合同规定的收款时间和金额或合同规定的收费方法计算的金额分期确认收入。

使用费收入在确认时，应按确定的收入金额借记“应收账款”、“银行存款”等科目，贷记“主营业务收入”科目。

【例 13—9】 东海公司向 B 企业转让其商品的商标使用权，合同规定 B 企业每年年末按年销售收入的 10% 支付东海公司的使用费，使用期 10 年。假定第一年 B 企业销售收入 1500000 元，第二年销售收入 2000000 元，编制会计分录如下：

第一年年末应确认使用费收入 = 1500000 × 10% = 150000（元）

借：银行存款　　150000

　贷：主营业务收入　　150000

第二年年末应确认使用费收入 = 2000000 × 10% = 200000（元）

借：银行存款　　200000

　贷：主营业务收入　　200000

第二节　利得和损失、公允价值变动损益

一、利得和损失的核算

利得和损失指的是直接计入当期利润的利得和损失，它反映的是非日常活动的业绩。

（一）利得的核算

直接计入当期利润的利得包括：处置固定资产净收益、债务重组收益、罚款收入、政府补助等。

处置固定资产净收益是指企业处置固定资产所取得的收入扣除处置费用及固定资产净值后的余额，转入营业外收入的金额。

罚款收入是指企业取得的滞纳金和各种形式的罚款收入，在弥补由于对方违反合同或协议而造成的经济损失后的罚款净收入。

政府补助是指企业从政府无偿取得货币性资产或非货币性资产，但不包括政府作为企业所有者投入的资本。政府包括各级政府及其所属机构。

企业为了核算直接计入当期利润的利得，应设置“营业外收入”科目，并按营业外收入的具体项目设置明细账。企业发生营业外收入应借记“待处理财产损溢”、“应付账款”等科目，贷记“营业外收入”科目，期末应将本科目余额转入“本年利润”科目，结转后本科目无余额。

【例 13—10】 东海公司按规定转销固定资产处置净收益 50000 元，编制会计分录如下：

借:固定资产清理　　50000
　贷:营业外收入　　50000

(二)损失的核算

直接计入当期利润的损失包括:固定资产盘亏、处置固定资产净损失、出售无形资产净损失、非常损失、罚款支出、债务重组损失、捐赠支出等。

固定资产盘亏是指企业在财产清查盘点中,实际固定资产数量和价值低于固定资产账面数量和价值而发生的固定资产损失。对于固定资产盘亏,企业应当进行调查,查明原因后及时处理,其损失计入营业外支出。

处置固定资产净损失是指企业处置固定资产获得的收入不足以抵补处置费用和固定资产净值所发生的损失,应计入营业外支出的金额。

非常损失是指企业由于客观原因造成的损失,在扣除保险公司赔偿后应计入营业外支出的净损失,如自然灾害等造成的资产损失。

罚款支出是指企业由于违反经济合同、税法等规定而支付的各种罚款。

债务重组损失是指按照债务重组会计处理规定应计入营业外支出的债务重组损失。

捐赠支出是指企业对外捐赠的各种资产的价值。

企业为了核算直接计入当期利润的损失,应设置"营业外支出"科目,并按营业外支出的具体项目设置明细科目。企业发生营业外支出应借记"营业外支出"科目,贷记"待处理财产损溢"、"固定资产清理"、"银行存款"等科目,期末应将本科目余额转入"本年利润",结转后本科目无余额。

【例 13—11】 东海公司支付未交税款的滞纳金 2000 元,编制会计分录如下:

借:营业外支出　　2000
　贷:银行存款　　2000

【例 13—12】 东海公司经批准结转固定资产盘亏净损失 50000 元,编制会计分录如下:

借:营业外支出　　50000
　贷:待处理财产损溢　　50000

二、公允价值变动损益的核算

公允价值变动损益包括以公允价值计量且其变动计入当期损益的金融资产或金融负债(包括交易性金融资产或金融负债和直接指定为以公允价值计量且

其变动计入当期损益的金融资产或金融负债），以及采用公允价值模式计量的投资性房地产、衍生工具、套期业务中公允价值变动形成的应计入当期损益的利得或损失。

企业为了核算公允价值变动损益，应设置“公允价值变动损益”科目，按照“交易性金融资产”、“交易性金融负债”、“投资性房地产”等设置明细科目进行明细核算。期末，应将本科目余额转入“本年利润”科目，结转后本科目无余额。

资产负债表日，企业应按交易性金融资产或采用公允价值模式计量的投资性房地产等的公允价值高于其账面余额的差额借记“交易性金融资产”、“投资性房地产”等科目，贷记“公允价值变动损益”科目；公允价值低于其账面余额的差额，做相反的会计分录。出售交易性金融资产或采用公允价值模式计量的投资性房地产时，应按实际收到的金额借记“银行存款”、“存放中央银行款项”等科目，按其账面余额贷记“交易性金融资产”科目或“投资性房地产”、“公允价值变动损益”科目，贷记或借记“投资收益”科目。同时，按“交易性金融资产”科目或“投资性房地产”科目的余额借记或贷记“投资收益”科目。

资产负债表日，交易性金融负债的公允价值高于其账面余额的差额，借记“公允价值变动损益”，贷记“交易性金融负债”科目；公允价值低于其账面价值的差额，做相反的会计分录。出售交易性金融负债时，应按其账面余额借记“交易性金融负债”等科目，按实际支付的金额贷记“银行存款”、“存放中央银行款项”、“结算备付金”等科目，按其差额贷记或借记“投资收益”科目。同时，按“交易性金融负债”科目的余额，借记或贷记“公允价值变动损益”科目，贷记或借记“投资收益”科目。

第三节　所得税费用

一、所得税会计概述

财务会计和税收分别遵循不同的原则、服务于不同的目的。财务会计核算遵循一般会计原则，目的是为了真实、完整地反映企业的财务状况、经营业绩以及现金流量变动情况。税收则是以课税为目的，根据经济合理、公平税负、促进竞争的原则，依据有关的税收法规，确定一定时期内纳税人应交纳的税额。财务会计原则和税收法规的区别在于确认收益和费用的时间不同，以及某些费用是否可以在税前进行抵扣。因此，企业在核算所得税时需要解决如何处理按照会计制度计算的税前会计利润(或亏损,下同)(这里的税前会计利润是指利润总额)与按照税法计算的应税所得(或亏损,下同)(这里的应税所得是指应纳税所得额,不包括资产评估、接受捐赠资产等不涉及损益事项应交的所得税)之间的差异。我国会计准则规定,企业应采用资产负债表债务法来核算所得税。

资产负债表债务法是从资产负债表出发,通过将资产负债表上列示的资产、负债的账面价值同按照税法规定的计税基础比较,找出两者之间的差额即时间性差异,并将时间性差异区分为应纳税暂时性差异和可抵扣暂时性差异,来确认所产生的递延所得税资产或递延所得税负债,最后在此基础上确定每一期间利润表中的所得税费用。

二、计税基础

计税基础分为资产的计税基础和负债的计税基础。

资产的计税基础是指企业收回资产账面价值过程中,计算应纳税所得额时按照税法规定可以自应税经济利益中抵扣的金额。如某公司2006年末存货账面余额1000000元,已提存货跌价准备100000元,则存货账面价值为900000元;存货在出售时可以按其购入成本(账面余额)抵税1000000元,所以,存货的计税基础为1000000元。通俗地说,资产的计税基础就是将来收回资产时可以抵税的金额。

负债的计税基础是指负债的账面价值减去未来期间计算应纳税所得额时按照税法规定可予抵扣的金额。如某公司2006年末预计负债账面金额为1000000元(预提产品保修费用),假设产品保修费用在实际支付时抵扣,该预计负债计税基础为零。通俗地说,负债的计税基础就是将来支付时不能抵税的金额。

三、暂时性差异

暂时性差异是指资产或负债的账面价值与其计税基础之间的差额;未作为资产和负债确认的项目,按照税法规定可以确定其计税基础的,该计税基础与其账面价值之间的差额也属于暂时性差异。按照暂时性差异对未来期间应税金额的影响,分为应纳税暂时性差异和可抵扣暂时性差异。

应纳税暂时性差异是指在确定未来收回资产或清偿负债期间的应纳税所得额时,将导致产生应税金额的暂时性差异。资产的账面价值大于其计税基础或是负债的账面价值小于其计税基础时,会产生应纳税暂时性差异。

【例13—13】 某项固定资产原值50000元,预计使用年限5年,会计核算采用直线法计提折旧,期末无残值。税法规定采用双倍余额递减法计提折旧。其暂时性差异见表13—1所示。

表13—1 单位:元

各期末	1	2	3	4	5
账面价值	40000	30000	20000	10000	0
会计折旧	10000	10000	10000	10000	10000
税法折旧	20000	12000	7200	5400	5400
计税基础	30000	18000	10800	5400	0
应纳税暂时性差异	10000	12000	9200	4600	0

可抵扣暂时性差异是指在确定未来收回资产或清偿负债期间的应纳税所得额时,导致产生可抵扣金额的暂时性差异。资产的账面价值小于其计税基础或负债的账面价值大于其计税基础时,会产生可抵扣暂时性差异。

【例13—14】 东海公司2007年末应收账款账面余额5000000元,已提坏账准备1000000元,则应收账款账面价值为4000000元;因在确认应收账款时已作为收入交纳所得税,在收回应收账款时不用再交税,即可抵扣5000000元,其计税基础为5000000元。账面价值4000000元与计税基础5000000元的差额,形成暂时性差异为1000000元;因资产的账面价值小于其计税基础,形成可抵扣暂时性差异。

【例13—15】 东海公司2007年预计负债账面金额为1000000元(预提产品保修费用),假设产品保修费用在实际支付时抵扣,该预计负债计税基础为零(负债账面价值1000000元-其在未来期间计算应税利润时可予抵扣的金额1000000元)。因此,预计负债账面价值1000000元与计税基础零的差额,形成暂时性差异1000000元;因负债的账面价值大于其计税基础,形成可抵扣暂时性差异。

四、递延所得税的确认和计量

企业应将当期和以前期间应交未交的所得税确认为递延所得税负债。将已支付的所得税超过应支付的部分确认为递延所得税资产。

(一)递延所得税资产的确认和计量

企业对于可抵扣暂时性差异可能产生的未来经济利益,应以很可能取得用来抵扣可抵扣暂时性差异的应纳税所得额为限,确认相应的递延所得税资产,并减少所得税费用。在估计未来期间可能取得的应纳税所得额时,除正常生产经营所得外,还应考虑将于未来期间转回的应纳税暂时性差异导致的应税金额等因素。

【例13—16】 东海公司2007年末存货账面余额1000000元,已提存货跌价准备100000元。则存货账面价值为900000元,存货的计税基础为1000000元,形成可抵扣暂时性差异为100000元。假设东海公司所得税税率为25%,对于可抵扣暂时性差异可能产生的未来经济利益,应以很可能取得用来抵扣可抵扣暂时性差异的应纳税所得额为限,确认相应的递延所得税资产:

递延所得税资产=可抵扣暂时性差异×所得税税率
=100000×25%
=25000(元)

企业对于能够结转以后年度的可抵扣亏损和税款抵减,应当以很可能获得用来抵扣可抵扣亏损和税款抵减的未来应纳税所得额为限,确认相应的递延所得税资产。

【例13—17】 东海公司2007年发生亏损4000000元,假设可以由以后年度税前弥补,所得税税率为25%,则对于能够结转以后年度的未弥补亏损,应视同可抵扣暂时性差异,以很可能获得用来抵扣该部分亏损的未来应纳税所得额为限,确认相应的递延所得税资产:

递延所得税资产=可抵扣暂时性差异×所得税税率
=4000000×25%
=1000000(元)

(二) 递延所得税负债的确认和计量

除明确规定不应确认递延所得税负债的情况以外,企业应当确认所有应纳税暂时性差异产生的递延所得税负债,并计入所得税费用。

【例13—18】 东海公司2007年末长期股权投资账面余额为2200000元,其中原始投资成本为2000000元,按权益法确认投资收益200000元,没有计提减值准备。所得税税率为25%。长期投资账面价值为2200000元与其计税基础为2000000元之间形成应纳税暂时性差异,通常情况下应确认为递延所得税负债:

递延所得税负债=应纳税暂时性差异×所得税税率
=200000×25%
=50000(元)

下列交易中产生的递延所得税负债企业不予确认:(1) 商誉的初始确认;(2) 同时具有下列特征的交易中产生的资产或负债的初始确认:①该项交易不是企业合并;②交易发生时既不影响会计利润孔洞影响应纳税所得额(或可抵

扣亏损)。与子公司、联营企业及合营企业的投资相关的应纳税暂时性差异产生的递延所得税负债,也应当按照规定进行确认。

企业对与子公司、联营企业及合营企业投资相关的应纳税暂时性差异,应当确认相应的递延所得税负债。但是,同时满足下列条件的除外:(1) 投资企业能够控制暂时性差异转回的时间;(2) 该暂时性差异在可预见的未来很可能不会转回。

五、所得税费用的确认和计量

1. 当期所得税的确认和计量。资产负债表日,对于当期和以前期间形成的当期所得税负债(或资产),应当按照税法规定计算的预期应交纳(或返还)的所得税金额计量。按照税法规定计算的当期所得税为:

应交所得税 = 应纳税所得额 × 适用所得税税率

2. 递延所得税的确认和计量。资产负债表日,对于递延所得税资产和递延所得税负债,应当按照预期收回该资产或清偿该负债期间的适用税率计量。对于确认的递延所得税,分别计入递延所得税资产和递延所得税负债:

递延所得税资产期末余额 = 可抵扣暂时性差异期末余额 × 适用所得税税率

递延所得税负债期末余额 = 应纳税暂时性差异期末余额 × 适用所得税税率

企业经营过程中以各种方式取得的应税所得适用的所得税税率以及在不同会计期间适用的所得税税率一般不存在差别。某些情况下,适用税率发生变化的,应对已确认的递延所得税资产和递延所得税负债进行重新计量,除直接在所有者权益中确认的交易或者事项产生的递延所得税资产和递延所得税负债以外,应当将其影响数计入变化当期的所得税费用。

递延所得税资产和递延所得税负债的计量,应当反映资产负债表日企业预期收回资产或清偿负债方式的所得税影响,即在计量递延所得税资产和递延所得税负债时,应当采用与收回资产或清偿债务的预期方式相一致的税率和计税基础。企业不应当对递延所得税资产和递延所得税负债进行折现。

3. 所得税费用的确认和计量。企业在计算确定当期所得税(即当期应交所得税)以及递延所得税费用(或收益)的基础上,应将两者之和确认为利润表中的所得税费用(或收益)。

本期所得税费用 = 本期应交所得税 +(期末递延所得税负债 - 期初递延所得税负债)

-(期末递延所得税资产 - 期初递延所得税资产)

【例13—19】 东海公司2008年12月31日资产负债表中有关项目账面价值及其计税基础如表13—2所示：

表13—2　　单位：元

	项　　目	账面价值	计税基础	暂时性差异	
				应纳税暂时性差异	可抵扣暂时性差异
1	交易性金融资产	26000000	20000000	600000	
2	存　　货	20000000	22000000		2000000
3	预计负债	1000000	0		1000000
	合　　计			600000	3000000

假定该企业适用的所得税税率为25%，2008年按照税法规定确定的应纳税所得额为10000000元。2008年年初递延所得税资产、递延所得税负债皆为0。预计该企业会持续盈利，能够获得足够的应纳税所得额，应编制的会计分录如下：

应确认递延所得税资产＝3000000×25%＝750000（元）

应确认递延所得税负债＝600000×25%＝150000（元）

应交所得税＝10000000×25%＝2500000（元）

借：所得税费用　　1900000

　　递延所得税资产　　750000

　贷：应交税费——应交所得税　　2500000

　　　递延所得税负债　　150000

假定2009年12月31日东海公司资产负债表中有关项目账面价值及其计税基础如表13—3所示：

表13—3　　单位：元

	项　　目	账面价值	计税基础	暂时性差异	
				应纳税暂时性差异	可抵扣暂时性差异
1	交易性金融资产	2800000	3800000		1000000
2	存　　货	26000000	26000000		
3	预计负债	400000	0		400000
4	无形资产	2000000	0	2000000	
	合　　计			2000000	1400000

假定2009年该企业的应纳税所得额为18000000元,适用的所得税税率仍为25%。预计该企业会持续盈利,能够获得足够的应纳税所得额,应编制的会计分录如下:

1. 期末应纳税暂时性差异2000000元

期末递延所得税负债=2000000×25%=500000(元)

期初递延所得税负债=150000(元)

递延所得税负债增加=500000-150000=350000(元)

2. 期末可抵扣暂时性差异1500000元。

期末递延所得税资产=1400000×25%=350000(元)

期初递延所得税资产=750000(元)

递延所得税资产增加=350000-750000=-400000(元)

3. 应交所得税4500000元。

确认利润表中的所得税费用=本期应交所得税+(期末递延所得税负债-期初递延所得税负债)-(期末递延所得税资产-期初递延所得税资产)=4500000+350000-(-400000)=5250000(元)

借:所得税费用　　5250000
　贷:应交税费——应交所得税　　4500000
　　递延所得税负债　　350000
　　递延所得税资产　　400000

资产负债表日,企业应对递延所得税资产的账面价值进行复核。如果未来期间很可能无法获得足够的应纳税所得额用以抵扣递延所得税资产的利益,应当减记递延所得税资产的账面价值。在很可能获得足够的应纳税所得额时,减记的金额应当转回。

企业当期所得税和递延所得税应当作为所得税费用或收益计入当期损益,但不包括下列情况产生的所得税:(1) 企业合并;(2) 直接在所有者权益中确认的交易或者事项。与直接计入所有者权益的交易或者事项相关的当期所得税和递延所得税,应当计入所有者权益。

第四节　利　润

一、利润的核算

利润是指企业在一定会计期间的经营成果。利润包括收入减去费用后的净额、直接计入当期利润的利得和损失等。其中收入减去费用后的净额反映的是企业日常活动的业绩,直接计入当期利润的利得和损失反映的是企业非日常活动的业绩,直接计入当期利润的利得和损失最终会导致所有者权益发生增减变动,与所有者投入资本或者向所有者分配利润无关。用公式表示如下:

利润总额 = 营业利润 + 营业外收入 - 营业外支出

营业利润 = 营业收入 - 营业成本 - 营业税金及附加 - 销售费用 - 管理费用 - 财务费用 - 资产减值损失 + 公允价值变动损益 + 投资收益或损失

净利润 = 利润总额 - 所得税费用

企业为了核算本年度内实现的净利润(或发生的净亏损),应设置"本年利润"科目。其借方反映企业全年发生的成本支出,贷方反映企业全年实现的收入。年度终了,应将本年实现的净利润转入"利润分配"科目,借记"本年利润"科目,贷记"利润分配——未分配利润"科目,如为净亏损,作相反的会计分录。结转后,本科目应无余额。

【例 13—20】　东海公司 2007 年末,各损益类科目的余额如表 13—4 所示:

表 13—4

科目名称	结转前余额(元)	借或贷
主营业务收入	1250000	贷
主营业务成本	750000	借
营业税金及附加	2000	借
销售费用	20000	借
管理费用	157100	借
财务费用	41500	借
资产减值损失	30900	借
投资收益	31500	贷
营业外收入	50000	贷
营业外支出	19700	借
所得税费用	112596	借

根据上述资料,应编制的会计分录如下:

借:主营业务收入　　1250000
　投资收益　　31500
　营业外收入　　50000
　贷:本年利润　　1331500

借:本年利润　　1133796
　贷:主营业务成本　　750000
　　营业税金及附加　　2000
　　销售费用　　20000
　　管理费用　　157100
　　财务费用　　41500
　　资产减值损失　　30900
　　营业外支出　　19700
　　所得税费用　　112596

借:本年利润　　197704
　贷:利润分配——未分配利润　　197704

二、利润分配的核算

企业取得的净利润,应当按规定进行分配。利润的分配过程和结果,不仅关系到所有者的合法权益是否得到保护,而且还关系到企业能否长期、稳定地发展。

根据我国有关法规规定,一般企业和股份有限公司实现的净利润按下列顺序进行分配:(1) 提取法定盈余公积;(2) 提取任意盈余公积;(3) 向投资者分配利润或股利。

企业为了核算企业净利润的分配(或亏损的弥补)情况,应设置“利润分配”科目,并分别设置下列明细科目进行明细核算:

1. 盈余公积补亏;
2. 提取法定盈余公积;
3. 提取储备基金;
4. 提取企业发展基金;
5. 提取职工奖励及福利基金;
6. 利润归还投资;

7. 应付现金股利或利润；

8. 提取任意盈余公积；

9. 转作股本的股利；

10. 未分配利润。

企业用盈余公积弥补亏损，借记“盈余公积”科目，贷记“利润分配——盈余公积补亏”科目。按照规定从净利润中提取盈余公积等时，借记“利润分配——提取法定盈余公积、提取任意盈余公积、提取储备基金、提取企业发展基金”科目，贷记“盈余公积——法定盈余公积、任意盈余公积、储备基金、企业发展基金”等科目。向投资者分配股利或利润，借记“利润分配——应付现金股利和利润”科目，贷记“应付股利”科目。

企业经股东大会或类似机构批准的利润分配方案与董事会或类似机构提请批准的报告年度利润分配方案不一致时，其差额应当调整批准年度会计报表有关项目的年初数。调整增加的利润分配，借记“利润分配——未分配利润”科目，贷记“盈余公积”等科目；调整减少的利润分配，作相反的会计分录。

企业按股东大会或类似机构批准的应分配股票股利或应转增的资本金额，在办理增资手续后，借记“利润分配——转作股本的股利”科目，贷记“实收资本”或“股本”科目。如实际发放的股票股利的金额与股票票面额不一致，应按其差额贷记“资本公积——股本溢价”科目。

年度终了，企业应将全年实现的净利润，自“本年利润”科目转入本科目，借记“本年利润”科目，贷记“利润分配——未分配利润”科目。如为净亏损，作相反的会计分录；同时，将“利润分配”科目下的其他明细科目的余额转入“利润分配”科目的“未分配利润”明细科目。结账后，除“未分配利润”明细科目外，“利润分配”科目的其他明细科目应无余额。“利润分配”科目年末余额，反映企业历年结存的未分配利润（或未弥补亏损）。

【例13—21】 东海公司2007年实现净利润500000元，按10%提取法定盈余公积，分配给股东现金股利100000元，编制会计分录如下：

1. 结转本年利润。

借：本年利润	500000	
贷：利润分配——未分配利润		500000

2. 提取法定盈余公积。

借：利润分配——提取法定盈余公积	50000	
贷：盈余公积（500000×10%）		50000

3. 分配现金股利。

借:利润分配——应付现金股利 100000

贷:应付股利 100000

4. 结转利润分配科目中的明细科目。

借:利润分配——未分配利润 150000

贷:利润分配——提取法定盈余公积 50000

利润分配——应付现金股利 100000

思考题

1. 商品销售收入确认与计量的条件各是什么?

2. 劳务收入确认与计量的条件各是什么?

3. 什么是暂时性差异,如何进行分类?

4. 什么是递延所得税资产,什么是递延所得税负债,其确认计量的原则各是什么?

5. 利润分配的先后顺序是什么?

练习题

一、单项选择题

1. 我国的会计实务中通常采用(　　)方法核算现金折扣。

A. 总价法　B. 净价法　C. 售价法　D. 成本法

2. 企业对外销售需要安装的商品时,若安装和检验属于销售合同的重要组成部分,则确认该商品销售收入的时间是(　　)。

A. 发出商品时　B. 收到商品销售货款时

C. 商品运抵并开始安装时　D. 商品安装完毕并检验合格时

3. 下列不属于管理费用核算的内容有(　　)。

A. 专设销售机构人员工资　B. 厂部管理人员工资

C. 公司经费　D. 无形资产摊销

4. 应当计入销售费用的有(　　)。

A. 广告费　B. 短期借款利息

C. 生产车间固定资产的折旧　D. 采购材料运杂费

5. 以下不属于期间费用的有(　　)。

A. 制造费用　　B. 销售费用　　C. 管理费用　　D. 财务费用

二、多项选择题

1. 下列项目中,应计入营业外支出的有(　　)。

A. 对外捐赠支出　　B. 处理固定资产净损失

C. 违反经济合同的罚款支出　　D. 债务重组损失

2. 下列在劳务完成时确认收入的有(　　)。

A. 一次完成的劳务

B. 同一年度开始并完成的劳务

C. 不能在同一年度完成的劳务

D. 不能在同一年度完成但在资产负债日能够可靠计量的劳务

3. "本年利润"的核算方法有(　　)。

A. 账结法　　B. 表结法　　C. 递延法　　D. 债务法

4. 下列用于弥补亏损的有(　　)。

A. 税前利润补亏　　B. 税后利润补亏

C. 法定盈余公积补亏　　D. 任意盈余公积补亏

5. 按照暂时性差异对未来期间应税金额的影响,分为(　　)。

A. 应纳税暂时性差异　　B. 可抵扣暂时性差异

C. 永久性差异　　D. 时间性差异

三、实务题

(一) 某企业 2007 年 6 月发生下列经济业务:

1. 向本市甲公司销售 A 产品 600 件,售价 20 元/件,增值税率 17%,产品已发出并收到商业承兑汇票一张。

2. 销售给本市裕丰公司 B 产品 200 吨,每吨 30 元,增值税率为 17%,经商定同意给购买者 5% 的商业折扣,按净价法记账。

3. 赊销给光明公司 C 产品 300 吨,每吨 35 元,增值税率为 17%,付款条件 2/20、n/30,企业在发出商品后 20 天内收到货款存入银行。

4. 上月销售给太平洋公司 D 产品 100 吨,每吨 500 元,增值税率 17%,货款已在上月收妥入账。本月初,太平洋公司认为 D 产品的质量不符合要求,提出要按货款的 20% 给予折让,企业经核实同意对方要求,当即开出支票退回折让款和增值税额。

5. 上年销售给达欣公司 A 产品 500 件,本月达欣公司提出因产品质量问题要求退货,企业经协商同意退货,以转账支票支付退回 A 产品的贷款 90000 元,增值税额 15300 元,运杂费 2100 元,并把 A 产品收回入库,其成本每件 100 元。

6. 将库存积压的甲材料一批对外销售,价款 120000 元,增值税率为 17%,货款已收存银行。甲材料的成本为 100000 元,城乡维护建设税 6000 元,教育费附加 238 元。

要求:根据上述经济业务,编制相应的会计分录。

(二) 某企业 2007 年 12 月 31 日资产负债表中有关项目账面价值及其计税基础如下表所示:

单位:元

项　　目	账面价值	计税基础	暂时性差异	
			应纳税暂时性差异	可抵扣暂时性差异
存　　货	20000000	22000000		2000000
无形资产	6000000	0	6000000	
预计负债	1500000	0		1500000
合　　计			6000000	3500000

除上述项目外,该企业其他资产、负债的账面价值与其计税基础不存在差异,且递延所得税资产和递延所得税负债不存在期初余额,适用的所得税税率为 25%。假定当期按照税法规定计算确定的应交所得税为 6000000 元。该企业预计在未来期间能够产生足够的应纳税所得额用来抵扣可抵扣暂时性差异。

要求:计算该企业确认的递延所得税负债、递延所得税资产、递延所得税费用以及所得税费用,并作相关的会计分录。

(三) 某企业 2007 年末,各损益类科目的余额如下表所示:

科目名称	结转前余额(元)	借或贷
主营业务收入	500000	贷
主营业务成本	200000	借
营业税金及附加	15000	借
其他业务收入	25000	贷
其他业务成本	15000	借
销售费用	20000	借
管理费用	22000	借

续表

科目名称	结转前余额(元)	借或贷
财务费用	8000	借
资产减值损失	30900	借
投资收益	50000	贷
营业外收入	50000	贷
营业外支出	297000	借
所得税费用	96500	借

要求:根据上述资料,计算营业利润、利润总额和净利润,并结转到“本年利润”账户。

(四) 某企业 2007 年实现净利润 800000 元,按 10% 提取法定盈余公积,分配给普通股股东现金股利 200000 元。

要求:根据上述业务,作利润分配的会计分录,并结转利润分配各明细账。

第十四章
财务报告

学习目标

财务报告是指企业对外提供的反映企业某一特定日期的财务状况和某一会计期间的经营成果、现金流量等会计信息的文件。它包括会计报表及其附注和其他应当在财务报告中披露的相关信息和资料。其中,会计报表及其附注称为财务报表,是财务报告的核心,它以报表的形式向信息使用者传递会计信息。通过本章学习,了解财务报表的意义、种类和编制要求;掌握资产负债表、利润表、现金流量表、所有者权益变动表的内容、结构及其编制方法;熟悉财务报表附注应披露的内容。

第一节　资产负债表

一、资产负债表的概念和作用

资产负债表是反映企业在某一特定日期财务状况的报表。资产负债表提供企业在特定日期所拥有或控制的经济资源、所承担的债务责任和企业所有者所拥有的权益等方面的会计信息。

通过资产负债表提供的信息,有助于报表使用者了解企业资产的构成及状况,了解企业债务结构与资本结构,从而分析判断企业资金营运的能力,偿还债务的能力和具有的财务实力,为报表使用者按照各自的经济要求,进行科学有效的经济决策提供依据。

二、资产负债表的内容和格式

资产负债表是以“资产 = 负债 + 所有者权益”这一基本会计等式为理论依

据编制的。因此,资产负债表必须反映资产、负债和所有者权益三个方面的内容。

资产负债表的格式有报告式和账户式两种。报告式资产负债表是将资产项目、负债项目和所有者权益项目采用垂直排列的方式,表的上部为资产项目,下面依次是负债和所有者权益项目。报表中三要素的关系为"资产－负债＝所有者权益";而账户式资产负债表是将资产项目列示在表的左方,负债和所有者权益项目列示在表的右方,使资产负债表左右两方的资产总计金额和负债与所有者权益的总计金额相等。报表中三要素的关系为"资产＝负债＋所有者权益"。我国企业会计准则中规定资产负债表采用账户式。一般企业资产负债表的格式如表14—1所示。

三、资产负债表的编制方法

(一) 资产负债表的基本编制方法

1. 根据总账科目余额直接填列。资产负债表各项目的数据来源,主要是根据总账科目的期末余额直接填列,如"应收票据"项目,根据"应收票据"总账科目的期末余额直接填列;"短期借款"项目,根据"短期借款"总账科目的期末余额直接填列,等等。

2. 根据总账科目余额计算填列。资产负债表某些项目需要根据若干个总账科目的期末余额计算填列,如"货币资金"项目,根据"库存现金"、"银行存款"、"其他货币资金"科目的期末余额的合计数填列;"存货"项目,根据"原材料"、"库存商品"、"周转材料"等科目的期末余额的合计数填列。

3. 根据明细科目余额计算填列。资产负债表某些项目不能根据总账科目的期末余额,或若干个总账科目的期末余额计算填列,需要根据有关科目所属的相关明细科目的期末余额计算填列,如"应收账款"项目,根据"应收账款"、"预收账款"科目的所属相关明细科目的期末借方余额计算填列;"应付账款"项目,根据"应付账款"、"预付账款"科目的所属相关明细科目的期末贷方余额计算填列。

4. 根据总账科目和明细科目余额分析计算填列。资产负债表上某些项目不能根据有关总账科目余额计算填列,也不能根据有关科目所属相关明细科目的期末余额计算填列,需要根据总账科目和明细科目余额分析计算填列,如"长期借款"项目,根据"长期借款"总账科目余额扣除"长期借款"科目所属的明细科目中反映的将于一年内到期的长期借款部分分析计算填列。

5. 根据总账科目余额减去其备抵科目后的余额填列。如"存货"项目,是根据"原材料"、"库存商品"、"周转材料"、"发出商品"、"在途物资"等科目期末余额减去"存货跌价准备"科目余额后的净额填列。"持有至到期投资"项目,是根据"持有至到期投资"科目的期末余额减去其"持有至到期投资减值准备"科目余额后的净额填列。"长期股权投资"项目,是根据"长期股权投资"科目的期末余额减去"长期股权投资减值准备"科目期末余额后的净额填列。

(二) 资产负债表各项目具体填列方法

资产负债表反映企业一定日期全部资产、负债和所有者权益的情况。其中,本表"年初余额"栏内各项数字,应根据上年末资产负债表"期末余额"栏内所列数字填列。如果上年度资产负债表规定的各个项目的名称和内容同本年度不相一致,应对上年年末资产负债表各项目的名称和数字按照本年度的规定进行调整,填入本表"年初余额"栏内。本表"期末余额"栏各项目应根据资产、负债和所有者权益有关科目期末余额记录填列,其填列方法如下:

1. 货币资金"项目,反映企业期末持有的库存现金、银行存款和其他货币资金等总额。

2. "交易性金融资产"、"应收票据"、"预付账款"、"应收股利"、"应收利息"、"其他流动资产"、"可供出售金融资产"、"在建工程"、"工程物资"、"固定资产清理"、"研发支出"、"商誉"、"递延所得税资产"、"其他非流动资产"等项目,反映企业持有的相应资产的期末价值。其中,固定资产清理发生的净损失,以"－"号填列。

3. "应收账款"、"其他应收款"、"长期应收款"、"存货"、"消耗性生物资产"、"持有至到期投资"、"投资性房地产"、"长期股权投资"、"固定资产"、"生产性生物资产"、"油气资产"、"无形资产"等资产项目,反映企业期末持有的相应资产的实际价值,应当以扣减提取的相应资产减值准备后的净额填列。其中,"固定资产"、"无形资产"、"生产性生物资产"、"油气资产"项目,还应按减去相应的"累计折旧"、"累计摊销"、"生产性生物资产累计折旧"、"累计折耗"期末余额后的金额填列。材料采用计划成本核算以及库存商品采用计划成本或售价核算的,"存货"项目还应按加上或减去"材料成本差异"、"商品进销差价"期末余额后的金额填列。"代理业务资产"减去"代理业务负债"后的余额在"存货"项目反映。"长期应收款"项目,应按减去相应的"未实现融资收益"期末余额后的金额填列。建造承包商的"工程施工"期末余额大于"工程结算"期末余额的差额,应在"存货"项目反映。企业期末持有的公益性生物资产,应在"其他非流动资产”项目反映。

4. “短期借款”、“交易性金融负债”、“应付票据”、“应付账款”、“预收账款”、“应付职工薪酬”、“应交税费”、“应付利息”、“应付股利”、“其他应付款”、“预计负债”、“其他流动负债”、“长期借款”、“应付债券”、“专项应付款”、“递延所得税负债”、“其他非流动负债”等项目,一般应反映企业期末尚未偿还的短期借款、应付未付给职工的各种薪酬、应交未交税费等。其中,“应付职工薪酬”、“应交税费”等期末转为债权的,以“-”号填列。建造承包商的“工程施工”期末余额小于“工程结算”期末余额的差额,应在“应付账款”项目反映。“递延收益”应在“其他流动负债”项目反映。

5. “实收资本(或股本)”、“资本公积”、“盈余公积”、“库存股”等项目,一般应反映企业期末持有的接受投资者投入企业的实收资本、从净利润中提取的盈余公积余额、企业收购的尚未转让或注销的本公司股份金额等。其中,期末累计未分配利润、资本公积为负数的,以“-”号填列。

6. 企业与同一客户在购销商品结算过程中形成的债权债务关系,应当单独列示,不应当相互抵销。即应收账款不能与预收账款相互抵销、预付账款不能与应付账款相互抵销、应付账款不能与应收账款相互抵销、预收账款不能与预付账款相互抵销。

7. 长期应收款中将于一年内到期的部分,在“一年内到期的非流动资产”项目反映。

8. “长期应付款”项目,反映企业除长期借款、应付债券外的其他各种长期应付款项减去“未确认融资费用”。长期应付款中将于一年内到期的部分,在“一年内到期的非流动负债”项目反映。

9. 企业期末持有的“衍生工具”、“套期工具”、“被套期项目”,应在“其他流动资产”或“其他流动负债”项目反映。

(三) 举例

【例 14—1】 现以东海公司的经济业务为例说明资产负债表的编制方法。

1. 东海公司为增值税一般纳税企业,2007 年年初科目余额如表 14—1 所示。

表 14—1

单位:元

科目名称	借方余额	科目名称	贷方余额
库存现金	9315	短期借款	304000
银行存款	1265000	交易性金融负债	0
其他货币资金	150000	应付票据	200000
交易性金融资产	25000	应付账款	953800
应收票据	246000	预收账款	0
应收股利	0	应付职工薪酬	110000
应收利息	0	应付股利	0
应收账款	300000	应付利息	1000
坏账准备	-915	应交税费(所得税)	36600
预付账款	100000	其他应付款	59000
其他应收款	5000	代理业务负债	0
材料采购	500000	长期借款	1600000
原材料	900000	应付债券	0
周转材料	700000	长期应付款	0
委托加工物资	0	专项应付款	0
材料成本差异	80000	预计负债	0
库存商品	500000	递延所得税负债	0
存货跌价准备	0	股本	5000000
发出商品	0	资本公积	13000
持有至到期投资	0	盈余公积	150000
可供出售金融资产	0	未分配利润	200000
长期股权投资	250000		
长期股权投资减值准备	0		
固定资产	2018000		
累计折旧	-720000		
工程物资	0		
在建工程	1500000		
无形资产	800000		
累计摊销	-200000		
长期待摊费用	200000		
递延所得税资产	0		
合　　计	8627400	合　　计	8627400

2. 东海公司2007年发生如下经济业务：

（1）将已要到期的甲公司银行承兑汇票一张（面值为200000元），解讫通知连同进账单交银行办理转账，收到银行盖章退回的进账单一联，款项已收存工商银行账户。

（2）收到乙公司前欠货款351000元存入银行。

（3）由于资金紧张，将面值为292500元的甲公司商业承兑汇票一张到银行贴现，贴现息为20000元，贴现净额272500元。

（4）按应收账款余额的3‰计提坏账准备900元。

（5）购入A材料一批，增值税专用发票上注明购入材料的价款为561965元，增值税额为95534元，款项已转账支付300000元，其余尚未支付，材料未到。

（6）收到A材料一批，实际成本100000元，计划成本95000元，材料已验收入库，货款已于上月支付。

（7）以117000元的银行汇票支付采购B材料价款99800元，增值税额16966元，另收到开户银行转来银行汇票多余款项234元，原材料已验收入库，该批原材料的计划价格100000元。

（8）生产产品领用A材料和B材料各一批，计划成本分别为500000元和200000元；基本生产车间领用低值易耗品计划成本50000元，采用一次摊销法摊销。

（9）计算并结转领用原材料和低值易耗品的材料成本差异。其中计入生产成本35000元，计入制造费用2500元。

（10）企业将列入交易性金融资产的债券15000元转让，转让价值16500元，款项已存入工商银行账户。

（11）M公司宣告发放现金股利，本公司收到股利30000元，该股利为投资后M公司实现的利润本公司应享有的部分，款项已存入工商银行账户（股票投资采用成本法核算）。

（12）与丙公司达成投资协议，决定以一台设备向丙公司投资，该设备的原价为310000元，累计折旧100000元，设备的公允价值为210000元，占丙公司有表决权股份的5%。

（13）购入一座建筑物，价款100000元，支付运杂费1000元，价款及运杂费等均以银行存款支付。设备已交付使用。

（14）购入工程物资一批，价款250000元，款项已用银行存款支付，物资验收入库。

（15）工程领用工程物资 250000 元，计算工程人员工资 200000 元，提取职工福利费 28000 元。

（16）工程完工，计算工程建设期应负担的长期借款利息 150000 元。

（17）上年度开工的工程完工，已办理竣工手续，交付使用，固定资产价值 1400000 元。

（18）基本生产车间一台机床报废，原价 200000 元，已提折旧 180000 元，清理费用 500 元，残值收入 800 元，已用银行存款收支，该项固定资产已清理完毕。

（19）出售一台闲置设备，收到价款 300000 元，该设备原价 400000 元，已提折旧 150000 元，该设备已由购货单位运走。

（20）计提固定资产折旧 100000 元，其中车间固定资产折旧 80000 元，管理部门固定资产折旧 20000 元。

（21）收到工商银行通知，用银行存款支付到期的戊公司商业承兑汇票 100000 元。

（22）为购建固定资产，从建设银行借入三年期借款 400000 元存入银行。

（23）归还工商银行短期借款本金 250000 元，利息 12500 元(已计算)。

（24）提取现金 500000 元备发工资。

（25）发放工资 500000 元。

（26）分配职工工资 300000 元(不包括工程人员工资)，其中生产工人工资 275000 元，车间管理人员工资 10000 元，行政管理人员工资 15000 元。

（27）提取职工福利费 42000 元(不包括工程人员福利费)，其中生产工人福利费 38500 元，车间管理人员福利费 1400 元，行政管理人员福利费 2100 元。

（28）提取应计入本期损益的借款利息共 21500 元，其中短期借款利息 11500 元，长期借款利息 10000 元。

（29）计算本期应交纳的城市维护建设税和教育费附加分别为 7000 元和 2000 元。

（30）用银行存款交纳本期应交的增值税 100000 元、城市维护建设税 7000 元和教育费附加 2000 元。

（31）偿还工商银行长期借款本金 1000000 元。

（32）用银行存款交纳本期应交所得税 140000 元。

（33）接受捐赠现金 200000 元，已入公司账户(假定不考虑所得税)。

（34）根据业务发展需要，经批准发行新股 500 万股，每股面值 1 元，发行价格每股 1.60 元，发行协议规定按发行价格的 1% 支付代理发行机构的手续费和佣金。

（35）销售 A 产品一批，销售价款 300000 元，专用发票注明增值税额为 51000 元，该批产品实际成本 180000 元，产品已经发出，货款未收到，信用期限为 2 个月。

（36）销售 A 产品一批，价款 700000 元，增值税额 119000 元，销售产品的实际成本 420000 元，货款已收到存入银行。

（37）摊销无形资产价值 10000 元，摊销经营租入固定资产资产改良支出 100000 元，其中厂部应分摊 10000 元，生产车间应分摊 90000 元。

（38）用银行存款支付产品展览费 10000 元。

（39）分配结转制造费用 233900 元。

（40）本期产品全部完工入库，计算并结转本期产品生产成本 1282400 元。

（41）用银行存款支付广告费 10000 元。

（42）采用商业承兑汇票结算方式销售 A 产品一批，收到购货方承兑的商业汇票一张，价款 250000 元，增值税额 42500 元。产品实际成本 150000 元。

（43）提取现金 50000 元，用以支付职工退休金。

（44）结转销售产品制造成本 750000 元。

（45）期末计算并结转应交所得税 140000 元。

（46）年末对企业各项资产进行检查，计提存货跌价准备 8000 元，其中原材料跌价准备 3000 元，库存商品跌价准备 5000 元；L 公司长期股权投资减值准备 2000 元，M 公司长期股权投资减值准备 6000 元；固定资产减值准备 25000 元，其中设备减值准备 10000 元，厂房减值准备 15000 元；无形资产减值准备 9000 元。

（47）将各损益类科目结转到本年利润科目。其中主营业务收入 1250000 元，营业外收入 250000 元，投资收益 31500 元；主营业务成本 750000 元，营业税金及附加 9000 元，销售费用 20000 元，管理费用 107100 元，财务费用 41500 元，营业外支出 19700 元，资产减值损失 50900 元，所得税费用 140000 元。

（48）提取法定盈余公积和任意盈余公积均为 39330 元。

（49）宣告发放现金股利 60000 元。

（50）将本年实现的净利润及利润分配各明细科目的余额转入“未分配利润”明细科目。其中，本年利润 393300 元，提取盈余公积 78660 元，应付股利 60000 元。

3．根据上述经济业务编制会计分录。

(1) 借:银行存款 200000
贷:应收票据 200000
(2) 借:银行存款 351000
贷:应收账款 351000
(3) 借:银行存款 272500
财务费用 20000
贷:应收票据 292500
(4) 借:资产减值损失 900
贷:坏账准备 900
(5) 借:材料采购 561965
应交税费——应交增值税(进项税额) 95534
贷:银行存款 300000
应付账款 357499
(6) 借:原材料 95000
材料成本差异 5000
贷:材料采购 100000
(7) 借:材料采购 99800
应交税费——应交增值税(进项税额) 16966
银行存款 234
贷:其他货币资金——银行汇票 117000
借:原材料 100000
贷:材料采购 99800
材料成本差异 200
(8) 借:生产成本 700000
贷:原材料 700000
借:制造费用 50000
贷:周转材料 50000
(9) 借:生产成本 35000
制造费用 2500
贷:材料成本差异 37500
(10) 借:银行存款 16500
贷:交易性金融资产 15000

投资收益 1500

(11) 借:应收股利 30000

贷:投资收益 30000

借:银行存款 30000

贷:应收股利 30000

(12) 借:长期股权投资——丙公司 210000

累计折旧 100000

贷:固定资产 310000

(13) 借:固定资产 101000

贷:银行存款 101000

(14) 借:工程物资 250000

贷:银行存款 250000

(15) 借:在建工程——自营工程 478000

贷:工程物资 250000

应付职工薪酬 228000

(16) 借:在建工程——自营工程 150000

贷:长期借款 150000

(17) 借:固定资产 1400000

贷:在建工程——自营工程 1400000

(18) 借:固定资产清理 20000

累计折旧 180000

贷:固定资产 200000

借:固定资产清理 500

贷:银行存款 500

借:银行存款 800

贷:固定资产清理 800

借:营业外支出——非流动资产处置净损失 19700

贷:固定资产清理 19700

(19) 借:固定资产清理 250000

累计折旧 150000

贷:固定资产 400000

借:银行存款 300000

贷:固定资产清理 300000
借:固定资产清理 50000
贷:营业外收入——非流动资产处置净收益 50000

(20) 借:制造费用 80000
管理费用 20000
贷:累计折旧 100000

(21) 借:应付票据 100000
贷:银行存款 100000

(22) 借:银行存款 400000
贷:长期借款 400000

(23) 借:短期借款 250000
应付利息 12500
贷:银行存款 262500

(24) 借:库存现金 500000
贷:银行存款 500000

(25) 借:应付职工薪酬 500000
贷:库存现金 500000

(26) 借:生产成本 275000
制造费用 10000
管理费用 15000
贷:应付职工薪酬 300000

(27) 借:生产成本 38500
制造费用 1400
管理费用 2100
贷:应付职工薪酬 42000

(28) 借:财务费用 21500
贷:应付利息 11500
长期借款 10000

(29) 借:营业税金及附加 9000
贷:应交税费——应交城市维护建设税 7000
应交税费——应交教育费附加 2000

(30) 借:应交税费——应交增值税(已交税金) 100000

应交税费——应交城市维护建设税 7000

应交税费——应交教育费附加 2000

贷:银行存款 109000

(31) 借:长期借款 1000000

贷:银行存款 1000000

(32) 借:应交税费——应交所得税 140000

贷:银行存款 140000

(33) 借:银行存款 200000

贷:营业外收入——接受现金捐赠 200000

(34) 借:银行存款 7920000

贷:股本 5000000

资本公积——股本溢价 2920000

(35) 借:应收账款 351000

贷:主营业务收入 300000

应交税费——应交增值税(销项税额) 51000

(36) 借:银行存款 819000

贷:主营业务收入 700000

应交税费——应交增值税(销项税额) 119000

(37) 借:管理费用——无形资产摊销 10000

贷:累计摊销 10000

借:管理费用 10000

制造费用 90000

贷:长期待摊费用 100000

(38) 借:销售费用——展览费 10000

贷:银行存款 10000

(39) 借:生产成本 233900

贷:制造费用 233900

(40) 借:库存商品 1282400

贷:生产成本 1282400

(41) 借:销售费用——广告费 10000

贷:银行存款 10000

(42) 借:应收票据 292500

贷:主营业务收入 250000
应交税费——应交增值税(销项税额) 42500
借:产品销售成本 150000
贷:库存商品 150000
(43) 借:库存现金 50000
贷:银行存款 50000
借:管理费用——劳动保险费 50000
贷:库存现金 50000
(44) 借:主营业务成本 750000
贷:库存商品 750000
(45) 借:所得税费用 140000
贷:应交税费——应交所得税 140000
(46) 借:资产减值损失——计提的存货跌价准备 8000
资产减值损失——计提的长期股权投资减值准备 8000
资产减值损失——计提的固定资产减值准备 25000
资产减值损失——计提的无形资产减值准备 9000
贷:存货跌价准备——原材料 3000
存货跌价准备——库存商品 5000
长期股权投资减值准备——L 公司 2000
长期股权投资减值准备——M 公司 6000
固定资产减值准备——设备 10000
固定资产减值准备——建筑物 15000
无形资产减值准备——专利权 9000
(47) 借:主营业务收入 1250000
营业外收入 250000
投资收益 31500
贷:本年利润 1531500
借:本年利润 1138200
贷:主营业务成本 750000
营业税金及附加 9000
销售费用 20000
管理费用 107100

财务费用　　41500

营业外支出　　19700

资产减值损失　　50900

所得税费用　　140000

（48）借：利润分配——提取盈余公积　　78660

贷：盈余公积——法定盈余公积　　39330

盈余公积——任意盈余公积　　39330

（49）借：利润分配——应付普通股股利　　60000

贷：应付股利　　60000

（50）借：本年利润　　393300

贷：利润分配——未分配利润　　393300

借：利润分配——未分配利润　　138660

贷：利润分配——提取盈余公积　　78660

利润分配——应付普通股股利　　60000

4. 登记有关账簿（金额单位均为元）。

库存现金

期初余额	9315	（25）	500000
（24）	500000	（43）	50000
（43）	50000		
本期发生额	550000	本期发生额	550000
期末余额	9315		

应收股利

期初余额	0		
（11）	30000	（11）	30000
本期发生额	30000	本期发生额	30000

银行存款

期初余额	1265000	（5）	300000
（1）	200000	（13）	101000
（2）	351000	（14）	250000
（3）	272500	（18）	500
（7）	234	（21）	100000
（10）	16500	（23）	262500
（11）	30000	（24）	500000
（18）	800	（30）	109000
（19）	300000	（31）	1000000
（22）	400000	（32）	140000
（33）	200000	（38）	10000
（34）	7920000	（41）	10000
（36）	819000	（43）	50000
本期发生额	10510034	本期发生额	2833000
期末余额	8942034		

其他货币资金

借方		贷方	
期初余额	150000	(7)	117000
本期发生额	0	本期发生额	117000
期末余额	33000		

交易性金融资产

借方		贷方	
期初余额	25000	(10)	15000
本期发生额	0	本期发生额	15000
期末余额	10000		

应收票据

借方		贷方	
期初余额	246000	(1)	200000
(42)	292500	(3)	292500
本期发生额	292500	本期发生额	492500
期末余额	46000		

应收账款

借方		贷方	
期初余额	300000	(2)	351000
(35)	351000		
本期发生额	351000	本期发生额	351000
期末余额	300000		

坏账准备

借方		贷方	
		期初余额	915
		(4)	900
本期发生额	0	本期发生额	900
		期末余额	1815

预付账款

借方		贷方	
期初余额	100000		
本期发生额	0	本期发生额	0
期末余额	100000		

其他应收款

借方		贷方	
期初余额	5000		
本期发生额	0	本期发生额	0
期末余额	5000		

材料采购

借方		贷方	
期初余额	500000	(6)	100000
(5)	561965	(7)	99800
(7)	99800		
本期发生额	661765	本期发生额	199800
期末余额	961965		

原材料

借方		贷方	
期初余额	900000	(8)	700000
(6)	95000		
(7)	100000		
本期发生额	195000	本期发生额	700000
期末余额	395000		

周转材料

借方		贷方	
期初余额	700000	(8)	50000
本期发生额	0	本期发生额	50000
期末余额	650000		

材料成本差异

借方		贷方	
期初余额	80000	(7)	200
(6)	5000	(9)	37500
本期发生额	5000	本期发生额	37700
期末余额	47300		

库存商品

借方		贷方	
期初余额	500000	(44)	750000
(40)	1282400		
本期发生额	1282400	本期发生额	750000
期末余额	1032400		

长期股权投资权

借方		贷方	
期初余额	250000		
(12)	210000		
本期发生额	210000	本期发生额	0
期末余额	460000		

长期股权投资减值准备

借方		贷方	
		期初余额	0
		(46)	8000
本期发生额	0	本期发生额	8000
		期末余额	8000

固定资产

借方		贷方	
期初余额	2018000	(12)	310000
(13)	101000	(18)	200000
(17)	1400000	(19)	400000
本期发生额	1501000	本期发生额	910000
期末余额	2609000		

累计折旧

借方		贷方	
(12)	100000	期初余额	720000
(18)	180000	(20)	100000
(19)	150000		
本期发生额	430000	本期发生额	100000
		期末余额	390000

固定资产减值准备

借方		贷方	
		期初余额 0	
		(46)	25000
本期发生额	0	本期发生额	25000
		期末余额	25000

无形资产减值准备

借方		贷方	
		期初余额	0
		(46)	9000
本期发生额	0	本期发生额	9000
		期末余额	9000

在建工程

借方		贷方	
期初余额	1500000	(17)	1400000
(15)	478000		
(16)	150000		
本期发生额	628000	本期发生额	1400000
期末余额	728000		

无形资产

借方		贷方	
期初余额	800000		
本期发生额	0	本期发生额	0
期末余额	800000		

工程物资

期初余额	0		
(14)	250000	(15)	250000
本期发生额	250000	本期发生额	250000
期末余额	0		

累计摊销

		期初余额	200000
		(37)	10000
本期发生额	0	本期发生额	10000
		期末余额	210000

长期待摊费用

期初余额	200000	(37)	100000
本期发生额	0	本期发生额	100000
期末余额	100000		

生产成本

期初余额	0	(40)	1282400
(8)	700000		
(9)	35000		
(26)	275000		
(27)	38500		
(39)	233900		
本期发生额	1282400	本期发生额	1282400

短期借款

(23)	250000	期初余额	304000
本期发生额	250000	本期发生额	0
		期末余额	54000

应付票据

(21)	100000	期初余额	200000
本期发生额	100000	本期发生额	0
		期末余额	100000

应付账款

		期初余额	953800
		(5)	357499
		期末余额	1311299

其他应付款

		期初余额	59000
		期末余额	59000

应付职工薪酬

		期初余额	110000
(25)	500000	(15)	228000
		(26)	300000
		(27)	42000
本期发生额	500000	本期发生额	570000
		期末余额	180000

应付股利

		期初余额0	
		(49)	60000
本期发生额	0	本期发生额	60000
		期末余额	60000

应交税费——应交所得税

(32)	140000	期初余额	30000
		(45)	140000
本期发生额	140000	本期发生额	140000
		期末余额	30000

应交税费——应交增值税

(5)	95534	期初余额	0
(7)	16966	(35)	51000
(30)	100000	(36)	119000
		(42)	42500
本期发生额	212500	本期发生额	212500

存货跌价准备

		期初余额	0
		(46)	8000
本期发生额	0	本期发生额	8000
		期末余额	8000

应交税费——城市维护建设税

(30)	7000	期初余额	0
		(29)	7000
本期发生额	7000	本期发生额	7000
		期末余额	0

应交税费——应交教育费附加

(30)	2000	期初余额	6600
		(29)	2000
本期发生额	2000	本期发生额	2000
		期末余额	6600

应付利息

(23)	12500	期初余额	1000
		(28)	11500
本期发生额	12500	本期发生额	11500
		期末余额	0

长期借款

(31)	1000000	期初余额	1600000
		(16)	150000
		(22)	400000
		(28)	10000
本期发生额	1000000	本期发生额	560000
		期末余额	1160000

股　本

		期初余额	5000000
		(34)	5000000
		期末余额	10000000

资本公积

		期初余额	13000
		(34)	2920000
本期发生额	0	本期发生额	2920000
		期末余额	2933000

盈余公积——法定盈余公积

		期初余额	100000
		(48)	39330
本期发生额	0	本期发生额	39330
		期末余额	139330

盈余公积——任意盈余公积

		期初余额	50000
		(48)	39330
本期发生额	0	本期发生额	39330
		期末余额	89330

利润分配——提取盈余公积

期初余额	0	(50)	78660
(48)	78660		
本期发生额	78660	本期发生额	78660

利润分配——应付股利

期初余额	0	(50)	60000
(49)	60000		
本期发生额	60000	本期发生额	60000

利润分配——未分配利润

(50)	138660	期初余额	200000
		(50)	393300
本期发生额	138660	本期发生额	393300
		期末余额	454640

本年利润

(47)	1138200	期初余额	0
(50)	393300	(47)	1531500
本期发生额	1531500	本期发生额	1531500

主营业务收入

(47)	1250000	期初余额	0
		(35)	300000
		(36)	700000
		(42)	250000
本期发生额	1250000	本期发生额	1250000

主营业务成本

期初余额	0	(47)	750000
(45)	750000		
本期发生额	750000	本期发生额	750000

销售费用

期初余额	0	(47)	20000
(38)	10000		
(41)	10000		
本期发生额	20000	本期发生额	20000

营业税金及附加

期初余额	0	(47)	9000
(29)	9000		
本期发生额	9000	本期发生额	9000

管理费用

期初余额	0	(47)	107100
(20)	20000		
(26)	15000		
(27)	2100		
(37)	10000		
(37)	10000		
(43)	50000		
本期发生额	107100	本期发生额	107100

制造费用

期初余额	0	(39)	233900
(8)	50000		
(9)	2500		
(20)	80000		
(26)	10000		
(27)	1400		
(37)	90000		
本期发生额	233900	本期发生额	233900

财务费用

期初余额	0	(47)	41500
(3)	20000		
(28)	21500		
本期发生额	41500	本期发生额	41500

营业外收入

(47)	25000	期初余额	0
		(19)	50000
		(33)	200000
本期发生额	50000	本期发生额	50000

营业外支出

期初余额	0	(47)	19700
(18)	19700		
本期发生额	19700	本期发生额	19700

所得税费用

期初余额	0	(47)	140000
(45)	140000		
本期发生额	140000	本期发生额	140000

固定资产清理

期初余额	0	(18)	800
(18)	20000	(18)	19700
(18)	500	(19)	300000
(19)	250000		
(19)	50000		
本期发生额	320500	本期发生额	320500

投资收益

		期初余额	0
(47)	31500	(11)	30000
本期发生额	31500	本期发生额	31500

资产减值损失

		期初余额	0
(4)	900		
(46)	50000	(47)	50900
本期发生额	50900	本期发生额	50900
		期末余额	0

5. 编制科目余额表。

表 14—2

科目余额表

2007 年 12 月 31 日

单位:元

科目名称	借方余额	科目名称	贷方余额
库存现金	9315	短期借款	54000
银行存款	8942034	交易性金融负债	0
其他货币资金	33000	应付票据	100000
交易性金融资产	10000	应付账款	1311299
应收票据	46000	预收账款	0
应收账款	300000	应付职工薪酬	180000
预付账款	100000	应交税费	36600
其他应收款	5000	应付利息	0
坏账准备	-1815	应付股利	60000
材料采购	961965	其他应付款	59000
原材料	395000	长期借款	1160000
材料成本差异	47300	应付债券	0
库存商品	1032400	长期应付款	0
周转材料	650000	专项应付款	0
存货跌价准备	-8000	预计负债	0
长期股权投资	460000	递延所得税负债	0
长期股权投资减值准备	-8000	股本	10000000
固定资产	2609000	资本公积	2933000
累计折旧	-390000	盈余公积	228660
固定资产减值准备	-25000	本年利润	0
在建工程	728000	利润分配	454640
无形资产	800000		
累计摊销	-210000		
无形资产减值准备	-9000		
长期待摊费用	100000		

续表

科目名称	借方余额	科目名称	贷方余额
递延所得税资产	0		
合　计	16577199	合　计	16577199

6. 编制资产负债表。

表 14—3 **资产负债表**

2007 年 12 月 31 日　　会企 01 表

编制单位:东海公司　　单位:元

资　　产	行次	期末余额	年初余额	负债及股东权益	行次	期末余额	年初余额
流动资产:				流动负债:			
货币资金	1	8984349	1424315	短期借款	68	54000	304000
交易性金融资产	2	10000	25000	交易性金融负债	69	–	–
应收票据	3	46000	246000	应付票据	70	100000	200000
应收账款	4	298200	299100	应付账款	71	1311299	953800
预付款项	5	100000	100000	预收款项	72	–	–
应收利息	6	–	–	应付职工薪酬	73	180000	110000
应收股利	7	–	–	应交税费	74	36600	36600
其他应收款	8	4985	4985	应付利息	75	–	1000
存货	9	3078665	2680000	应付股利	80	60000	–
一年内到期的非流动资产	10	–	–	其他应付款	81	59000	59000
其他流动资产	11	–	–	一年内到期的非流动负债	82	–	–
流动资产合计	21	12522199	4779400	其他流动负债	83	–	–
非流动资产:	24			流动负债合计	86	1780899	1664400
可供出售金融资产	31	–	–	非流动负债:	90		
持有至到期投资		–	–	长期借款	100	1160000	1600000
长期应收款	32	–	–	应付债券		–	–
长期股权投资	34	452000	250000	长期应付款	101	–	–

续表

资　　产	行次	期末余额	年初余额	负债及股东权益	行次	期末余额	年初余额
投资性房地产	38	–	–	专项应付款	102	–	–
固定资产		2194000	1298000	预计负债	103	–	–
在建工程	39	728000	1500000	递延所得税负债	106	–	–
工程物资	40	–	–	其他非流动负债	108	–	–
固定资产清理	41	–	–	非流动负债合计	110	1160000	1600000
生产性生物资产	42	–	–	负债合计	111	2960899	3264400
油气资产	43	–	–	所有者权益（或股东权益）：	112		
无形资产	44	581000	600000	实收资本（或股本）	114	10000000	5000000
开发支出	45	–	–	资本公积		2933000	13000
商誉	46	–	–	减：库存股	115	–	–
长期待摊费用	50	100000	200000	盈余公积	116	228660	150000
递延所得税资产		–	–	未分配利润	117	454640	200000
其他非流动资产	51	–	–	股东权益合计	122	13436300	5183000
非流动资产合计	52	3875000	3668000				
资产总计	67	16577199	8627400	负债与股东权益总计	135	16577199	8627400

第二节　利润表

一、利润表的概念及作用

利润表是反映企业在一定会计期间经营成果的报表。它通过把一定期间的收入与其相关费用进行配比，以计算企业一定期间的净利润（或亏损）。

通过利润表所提供的信息，有助于报表使用者了解企业生产经营的收益和成本耗费情况，了解企业的获利能力和经营业绩，分析企业利润增减变化的原因，预测企业未来的获利趋势，判断对企业投资的报酬和风险。

二、利润表的内容和格式

（一）利润表的内容

利润表是以“收入 - 费用 = 利润”这一会计等式为理论依据编制的。利润表中如何填列当期利润，有两种不同的观点。一种是“本期经营成果观念”，这种观点主张利润表只反映报告期正常经营业务的经营成果，调整以前年度损益的事项和非常项目应列入利润分配表，作调整期初未分配利润处理。如果将它们计入报告期损益，不利于了解企业正常经营的成果，也不利于不同会计期间损益的比较；另一种是“总括观念”，这种观点主张除股利和企业与股东间其他经济业务外，利润表应全面反映报告期一切影响所有者权益变化的项目，使报表使用者能够对各个项目的重要性及其对经营成果的影响作出更好的评价。我国以“总括观念”在利润表中反映净利润的构成情况，并按照各项收入、费用以及构成利润的各个项目分类分项列示。

（二）利润表的格式

利润表的格式主要有单步式利润表和多步式利润表两种。其中单步式利润表是将本期所有收入加计在一起，然后再把所有费用加计在一起，两者相减，通过一次计算求得本期损益；多步式利润表是按收入与相关费用的配比关系，通过多个步骤计算求得当期损益。计算步骤是：

1. 以营业收入为基础，减去营业成本、营业税金及附加、销售费用、管理费用、财务费用、资产减值损失，加上公允价值变动收益和投资净收益，计算出营业利润；

2. 以营业利润为基础，加上营业外收入，减去营业外支出，计算出利润总额；

3. 以利润总额为基础，减去所得税费用，计算出净利润（或亏损）。

4. 列示每股收益，包括基本每股收益和稀释每股收益。

我国企业的利润表采用多步式，利润表格式如表 14—5 所示。

三、利润表的编制方法

利润表反映企业在一定期间内利润（或亏损）的实际情况。本表“上年金额”栏内各项数字，应根据上年度利润表“本年金额”栏内所列数字填列。如果上年度利润表规定的各个项目的名称和内容同本年度不相一致，应对上年度利润表各项目的名称和数字按本年度的规定进行调整，填入本表“上年金额”栏内。本表“本年金额”栏内各项数字一般应反映以下内容：

1. “营业收入”项目，反映企业经营主要业务和其他业务所确认的收入总额。

2. “营业成本”项目，反映企业经营主要业务和其他业务发生的实际成本总额。

3. “营业税金及附加”项目，反映企业经营业务应负担的营业税、消费税、城市维护建设税、资源税、土地增值税和教育费附加等。

4. “销售费用”项目，反映企业在销售商品过程中发生的包装费、广告费等费用和为销售本企业商品而专设的销售机构的职工薪酬、业务费等经营费用。

5. “管理费用”项目，反映企业为组织和管理生产经营发生的管理费用。

6. “财务费用”项目，反映企业为筹集生产经营所需资金等而发生的筹资费用。企业发生勘探费用的，应在“管理费用”和“财务费用”项目之间，增设“勘探费用”项目反映。

7. “资产减值损失”项目，反映企业各项资产发生的减值损失。

8. “公允价值变动净收益”项目，反映企业按照相关准则规定应当计入当期损益的资产或负债公允价值变动净收益，如交易性金融资产当期公允价值的变动额。如为净损失，以“－”号填列。

9. “投资净收益”“项目，反映企业以各种方式对外投资所取得的收益。如为净损失，以“－”号填列。企业持有的交易性金融资产处置和出售时，处置收益部分应自“公允价值变动损益”项目转出时列入本项目。

10. “营业外收入”、“营业外支出”项目，反映企业发生的与其经营活动无直接关系的各项收入和支出。其中，处置非流动资产净损失，应当单独列示。

11. “利润总额”项目，反映企业实现的利润总额。如为亏损总额，以“－”号填列。

12. “所得税费用”项目，反映企业根据所得税准则确认的应从当期利润总额中扣除的所得税费用。

13. “基本每股收益”和“稀释每股收益”项目，应当根据每股收益准则的规定计算的金额填列。

【例14—2】 现仍以东海公司的经济业务为例说明利润表的编制方法。

(1) 东海公司2007年有关损益类账户发生额资料如表14—4所示。

表 14—4 **损益类账户发生额表**

2007 年度 单位:元

科目编码	科目名称	借方发生额	贷方发生额
6001	主营业务收入		1250000
6111	投资收益		31500
6301	营业外收入		250000
6401	主营业务成本	750000	
6403	营业税金及附加	9000	
6601	销售费用	20000	
6602	管理费用	107100	
6603	财务费用	41500	
6701	资产减值损失	50900	
6711	营业外支出	19700	
6801	所得税费用	140000	

（2）编制利润表。

表 14—5 **利 润 表**

2007 年 12 月 会企 02 表

编制单位:东海公司 单位:元

项目	行次	本期金额	上期金额
一、营业收入	1	1250000	1052600
减:营业成本	2	750000	678000
营业税金及附加	3	9000	6800
销售费用	4	20000	18500
管理费用	5	107100	96700
财务费用	6	41500	39800
资产减值损失	7	50900	915
加:公允价值变动收益(损失以“－”号填列)	8	－	－
投资收益(损失以“－”号填列)	9	31500	28400
其中:对联营企业和合营企业的投资收益	10	－	－
二、营业利润(亏损以“－”号填列)	15	303000	240285

续表

项　　目	行次	本期金额	上期金额
加:营业外收入	16	250000	40000
减:营业外支出	16	19700	18500
其中:非流动资产处置损失	18	19700	5000
三、利润总额(亏损总额以"－"号填列)	19	533300	261785
减:所得税费用	20	140000	86300
四、净利润(净亏损以"－"号填列)	22	393300	175485
五、每股收益	23		
(一)基本每股收益	24		
(二)稀释每股收益	25		

第三节　现金流量表

一、现金流量表的概念和作用

现金流量表是指反映企业在一定会计期间现金和现金等价物流入和流出的报表。

现金流量表以收付实现制为基础,提供一定时期现金流入和流出的渠道和数量的信息,易于被报表使用者所理解,而且弥补了通货膨胀对传统会计信息真实性的冲击,是对资产负债表和利润表的有效补充,是联系资产负债表和利润表的桥梁和纽带。它不仅能有效地反映企业的财务状况,而且能够揭示企业盈利的质量,更能满足报表使用者的需要。

二、现金流量表的编制基础

(一)现金的概念

现金流量表是以现金为基础编制的,这里的现金是指企业库存现金、可以随时用于支付的存款,以及现金等价物。具体包括以下内容:

1. 库存现金。是指企业持有可随时用于支付的现金限额,即与会计核算中"库存现金"科目所包括的内容一致。

2. 银行存款。是指企业存在金融企业随时可以用于支付的存款,即与会计核算中“银行存款”科目所包括的内容基本一致。

3. 其他货币资金。是指企业存在金融企业有特定用途的资金，如外埠存款、银行本票存款、银行汇票存款、信用证保证金存款、信用卡存款、在途货币资金等。

4. 现金等价物。现金等价物是指企业持有的期限短、流动性强、易于转换为已知金额的现金、价值变动风险很小的交易性金融资产。现金等价物虽然不是现金，但其支付能力与现金的差别不大，可视为现金。一项投资是否能够作为现金等价物的主要标志是其购入日至到期日在3个月或更短时间内转换为已知金额的现金。

（二）现金流量的概念

现金流量是指企业在一定期间内现金和现金等价物的流入和流出。现金流量表以“现金流入量－现金流出量＝现金流量净额”为理论依据。但是并不是把企业所有的现金流入量与所有的现金流出量直接对比计算出现金流量净额，而是应当按照经营活动、投资活动和筹资活动的现金流量分类分项列示。其中，经营活动、投资活动和筹资活动的定义及列示应当遵循下列规定：

1. 经营活动，是指企业投资活动和筹资活动以外的所有交易和事项。从经营活动的定义可以看出，经营活动的范围很广，它包括了除投资活动和筹资活动以外的所有交易和事项。对于工商企业而言，经营活动主要包括：销售商品、提供劳务、购买商品、接受劳务、支付税费，等等。

一般来说，经营活动产生的现金流入项目主要有：(1) 销售商品、提供劳务收到的现金；(2) 收到的税费返还；(3) 收到的其他与经营活动有关的现金。经营活动产生的现金流出项目主要有：(1) 购买商品、接受劳务支付的现金；(2) 支付给职工以及为职工支付的现金；(3) 支付的各项税费；(4) 支付的其他与经营活动有关的现金。

各类企业由于行业特点不同，对经营活动的认定存在一定差异，在编制现金流量表时，应根据企业的实际情况，对现金流量进行合理的归类。由于金融保险企业比较特殊，金融企业可以根据行业特点和现金流量实际情况，合理确定现金流量项目的类别。在现金流量表上，经营活动的现金流量应按照其经营活动的现金流入和流出的性质分项列示。

2. 投资活动，是指企业长期资产的购建和不包括在现金等价物范围的投资及其处置活动。其中，长期资产是指固定资产、无形资产、在建工程、其他资产等持有期限在一年或一个营业周期以上的资产。

需要注意的是，这里所讲的投资活动，既包括实物资产投资，也包括金融资产投资，它与《企业会计准则第2号——长期股权投资》所讲的“投资”是两个不同的概念。“投资”是指企业为通过分配来增加财富，或为谋求其他利益而将资产让渡给其他单位所获得的另一项资产。购建固定资产不是“投资”，但属于投资活动。这里之所以将“包括在现金等价物范围内的投资”排除在外，是因为已经将包括在现金等价物范围内的投资视同现金。

一般来说，投资活动产生的现金流入项目主要有：(1) 收回投资所收到的现金；(2) 取得投资收益所收到的现金；(3) 处置固定资产、无形资产和其他长期资产所收回的现金净额；(4) 处置子公司及其他营业单位产生的现金收入净额；(5) 收到的其他与投资活动有关的现金。投资活动产生的现金流出项目主要有：(1) 购建固定资产、无形资产和其他长期资产所支付的现金；(2) 投资所支付的现金；(3) 购买子公司及其他营业单位产生的现金支出净额；(4) 支付的其他与投资活动有关的现金。在现金流量表上，投资活动的现金流量应当按照其投资活动的现金流入和流出的性质分项列示。

3. 筹资活动，是指导致企业资本及债务规模和构成发生变化的活动。这里所说的资本，既包括实收资本(股本)，也包括资本溢价(股本溢价)；这里所说的债务，指对外举债，包括向银行借款、发行债券以及偿还债务等。应付账款、应付票据等商业应付款等属于经营活动，不属于筹资活动。

一般来说，筹资活动产生的现金流入项目主要有：(1) 吸收投资所收到的现金；(2) 取得借款所收到的现金；(3) 收到的其他与筹资活动有关的现金。筹资活动产生的现金流出项目主要有：(1) 偿还债务所支付的现金；(2 分配股利、利润或偿付利息所支付的现金；(3) 支付的其他与筹资活动有关的现金。在现金流量表上，筹资活动的现金流量应按照其筹资活动的现金流入和流出的性质分项列示。

(三) 影响现金流量的因素

在企业经济活动中，并不是所有的经济业务都会引起现金流量的变化，如现金与银行存款之间的划转，以及转账业务都不会导致现金流量的变化，只有现金各项目与非现金各项目之间的增减变动才会导致现金流量的变动。图14—1说明了现金流量变化的具体情况。

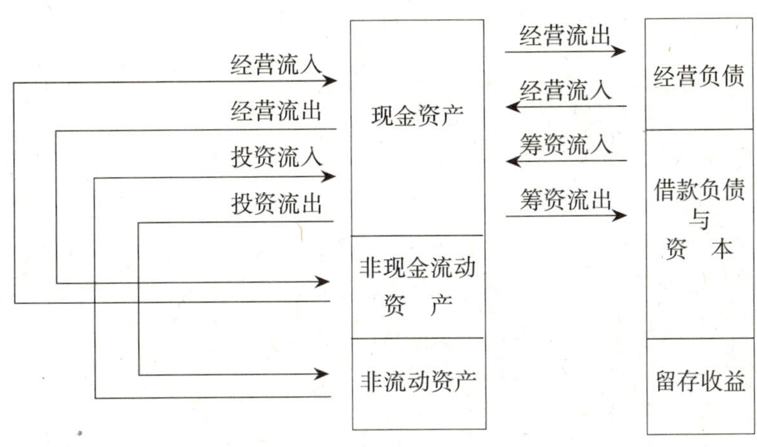

图 14—1　现金流量变动因素图

由图 14—1 可见，留存收益与现金资产不发生直接联系，但它是企业实现的净利润留存在企业的部分，这一部分中有多少涉及现金流量的变化，必须通过利润表进行分析。鉴于利润表是以权责发生制为基础编制的，因此，要分析留存收益里面有多少现金流量的成分，必须把利润表中以权责发生制反映的各项收入、收益和费用、损失按收付实现制进行调整。

前面分析了影响现金流量的经济业务类型，由此可以看出，经营活动产生的现金流量是企业通过运用自身所拥有的资产创造的现金流量，经营活动的现金流量主要与企业的净利润有关，但企业在某一会计期间内实现的净利润，并不一定都构成经营活动产生的现金流量，这也正是在确认现金流量时，要对以权责发生制为基础编制的利润表进行收付实现制转换的主要原因；投资活动产生的现金流量是企业广义投资活动所产生的现金流量，包括对内长期资产的购建和处置以及对外投资的增加和收回；筹资流动产生的现金流量是企业资本和借款增减变化产生的现金流量。影响现金流量经济业务的揭示和利润表编制基础的转换实际上就是现金流量表的编制过程。

三、现金流量表的基本格式

现金流量表分为正表和补充资料两个组成部分，正表按现金流量的性质分别以现金流入量和现金流出量的差额来反映各种活动产生的现金流量净额。补充资料除了按间接法把净利润调整为经营活动的现金额外，还提供对分析未来现金流量有用的不影响当期现金流量的有关信息，两部分之间存在相互勾稽关系，以检验现金流量表编制的正确性。现金流量表的格式如表12—9所示。

四、现金流量表的编制原则

1. 现金流量表应当分别反映经营活动产生的现金流量、投资活动产生的现金流量和筹资活动产生的现金流量以及它们相抵后的结果。

2. 现金流量一般应按照现金流量总额反映，但并不是所有的项目都必须以总额反映。对于周转快、金额大、期限短的项目，某些金额不大的项目，以及不反映企业自身的交易或事项的现金流量项目以净额反映。

3. 合理划分经营活动、投资活动和筹资活动。

4. 外币现金流量应当折算为人民币反映。

5. 在采用直接法编制现金流量表的情况下，与净利润有关的经营活动产生的现金流量的过程在表外补充资料中反映。

6. 不涉及现金的投资和筹资活动不应反映在现金流量表内，而应在补充资料中反映。

7. 现金流量表正表分别为一般企业、商业银行、保险公司、证券公司等规定了现金流量表格式，企业应当根据其经营活动的性质，确定适合本企业的现金流量表格式。其中，信托投资公司、租赁公司、财务公司、典当公司应当执行商业银行现金流量表格式及附注规定，如有特别需要，可以结合本企业的实际情况，进行必要的调整和补充后实施。担保公司应当执行保险公司现金流量表格式及附注规定，如有特别需要，可以结合本企业的实际情况，进行必要调整和补充后实施。基金公司应当执行证券公司现金流量表格式及附注规定，如有特别需要，可以结合本企业的实际情况，进行必要调整和补充后实施。

8. 现金流量表附注适用于一般企业、商业银行、保险公司、证券公司等各类企业，不按行业分别规定。

五、现金流量表的编制方法

（一）表内项目的填列

按照《企业会计准则第31号——现金流量表》，经营活动产生的现金流量，在表内用直接法填列，在补充资料中再用间接法把净利润调整为经营活动产生的现金流量净额。至于投资活动和筹资活动产生的现金流量项目的填列不存在

间接法的问题,都是直接根据有关对应非现金账户的发生额资料分析填列的。表内项目可以运用以下两类方法来填列:

第一类方法:根据企业会计记录直接填列法。

这种方法需要设置多栏式现金流量账簿,通过分析有关非现金账户引起现金账户的增减变化来填列现金流量表。它是编制现金流量表的基本方法。采用这种方法,要求按现金流量表的具体项目设置一张多栏式现金流量账簿,也可以根据企业经营管理的需要把现金流量表中的有关项目分解为若干个专栏,以便为企业加强经营管理提供详细的资料。平时发生现金流入和流出业务,在登记现金和银行存款日记账的同时,及时登记现金流量账簿,积累有关现金流量的资料,这样不仅可以随时向企业管理人员提供有关现金流量信息,而且也为编制现金流量表奠定了基础。对于没有实现会计电算化但拥有计算机的企业,借助电子表格,可以很方便地设置多栏式现金流量账簿,逐笔输入有关数据后,便可以自动生成现金流量表。在会计信息化的环境下,可以通过项目管理实现流量表的编制。现金流量账簿的简化格式如表14—6、表14—7和表14—8所示。

采用直接填列法,关键是要熟悉现金流量的归属。现将现金流量表内每个项目的具体内容列示如下:

1. 经营活动产生的现金流量项目的填列。

(1)"销售商品、提供劳务收到的现金"项目,反映企业本期销售商品、提供劳务收到的现金,以及前期销售商品、提供劳务本期收到的现金(包括销售收入和应向购买者收取的增值税销项税额)和本期预收的款项,减去本期销售本期退回的商品和前期销售本期退回的商品支付的现金。企业销售材料和代购代销业务收到的现金,也在本项目反映。本项目可以根据"库存现金"、"银行存款"、"应收账款"、"应收票据"、"预收账款"、"应交税费－应交增值税(销项税额)"、"主营业务收入"、"其他业务收入"等科目的记录分析填列。

(2)"收到的税费返还"项目,反映企业收到返还的增值税、营业税、所得税、消费税、关税和教育费附加返还款等各种税费。本项目可以根据"库存现金"、"银行存款"、"营业税金及附加"、"补贴收入"、"应收补贴款"等科目的记录分析填列。

(3)"收到的其他与经营活动有关的现金"项目,反映企业收到的罚款收入、经营租赁收到的租金等其他与经营活动有关的现金流入,金额较大的应当单独列示。本项目可以根据"库存现金"、"银行存款"、"其他应收款"、"营业外收入"等科目的记录分析填列。

(4)“购买商品、接受劳务支付的现金”项目,反映企业本期购买商品、接受劳务实际支付的现金(包括增值税进项税额),以及本期支付前期购买商品、接受劳务的未付款项和本期预付款项,减去本期发生的购货退回收到的现金。本项目可以根据“库存现金”、“银行存款”、“应付账款”、“应付票据”、“预付账款”等科目的记录分析填列。

(5)“支付给职工以及为职工支付的现金”项目,反映企业本期实际支付给职工的工资、奖金、各种津贴和补贴等职工薪酬,但是应由在建工程、无形资产负担的职工薪酬以及支付的离退休人员的职工薪酬除外。企业支付给离退休人员的各项费用,包括支付的统筹退休金以及未参加统筹的退休人员的费用,在“支付的其他与经营活动有关的现金”项目中反映;支付的在建工程人员的工资,在“购建固定资产、无形资产和其他长期资产所支付的现金”项目反映。本项目可以根据“应付职工薪酬”、“库存现金”、“银行存款”等科目的记录分析填列。

企业为职工支付的养老、失业等社会保险基金,补充养老保险、住房公积金、支付给职工的住房困难补助,以及企业支付给职工或为职工支付的其他福利费用等,应按职工的工作性质和服务对象,分别在本项目和在“购建固定资产、无形资产和其他长期资产所支付的现金”项目反映。

(6)“支付的各项税费”项目,反映企业按规定支付的各种税费,包括本期发生并支付的税费,以及本期支付以前各期发生的税费和预交的税金。如支付的教育费附加、矿产资源补偿费、印花税、房产税、土地增值税、车船使用税、预交的营业税等。不包括计入固定资产价值、实际支付的耕地占用税等。也不包括本期退回的增值税、所得税,本期退回的增值税、所得税在“收到的税费返还”项目反映。本项目可以根据“应交税费”、“库存现金”、“银行存款”等科目的记录分析填列。

(7)“支付的其他与经营活动有关的现金”项目,反映企业支付的罚款支出,支付的差旅费、业务招待费、保险费、经营租赁支付的现金等其他与经营活动有关的现金流出,金额较大的应单独列示。本项目可以根据“库存现金”、“银行存款”、“营业外支出”、“管理费用”、“销售费用”等有关科目的记录分析填列。

2. 投资活动产生的现金流量项目的填列。

(1)“收回投资所收到的现金”项目,反映企业出售、转让或到期收回除现金等价物以外的交易性金融资产、长期股权投资而收到的现金,以及收回长期债权投资本金而收到的现金,但长期债权投资收回的利息除外。本项目可以根据“库存现金”、“银行存款”、“交易性金融资产”、“长期股权投资”、“持有至到期投资”等科目的记录分析填列。

(2)“取得投资收益所收到的现金”项目,反映企业因股权性投资而分得的现金股利,从子公司、联营企业或合营企业分回利润而收到的现金,以及因债权性投资而取得的现金利息收入,但股票股利除外。本项目可以根据“库存现金”、“银行存款”、“投资收益”等科目的记录分析填列。

(3)“处置固定资产、无形资产和其他长期资产所收回的现金净额”项目,反映企业出售、报废固定资产、无形资产和其他长期资产所取得的现金(包括因资产毁损而收到的保险赔偿收入),减去为处置这些资产而支付的有关费用后的净额,但现金净额为负数的除外。本项目可以根据“固定资产清理”、“库存现金”、“银行存款”等科目的记录分析填列。

(4)“处置子公司及其他营业单位收到的现金净额”项目,反映企业处置子公司及其他营业单位所取得的现金减去相关处置费用后的净额。本项目可以根据“银行存款”、“长期股权投资”等科目的记录分析填列。

(5)“收到的其他与投资活动有关的现金”项目,反映企业除了上述各项以外,收到的其他与投资活动有关的现金流入。其他现金流入如价值较大的,应单列项目反映。本项目可以根据“应收股利”、“应收利息”等有关科目的记录分析填列。

(6)“购建固定资产、无形资产和其他长期资产所支付的现金”项目,反映企业购买、建造固定资产、取得无形资产和其他长期资产所支付的现金及增值税款、支付的应由在建工程和无形资产负担的职工薪酬现金支出,但为购建固定资产而发生的借款利息资本化部分、融资租入固定资产所支付的租赁费除外。本项目可以根据“固定资产”、“在建工程”、“无形资产”、“研发支出”、“库存现金”、“银行存款”等科目的记录分析填列。

(7)“投资所支付的现金”项目,反映企业取得的除现金等价物以外的权益性投资和债权性投资所支付的现金以及支付的佣金、手续费等附加费用。本项目可以根据“长期股权投资”、“持有至到期投资”、“交易性金融资产”、“可供出售金融资产”、“库存现金”、“银行存款”等科目的记录分析填列。

企业购买股票和债券时,实际支付的价款中包含已宣告而尚未领取的现金股利或已到付息期但尚未领取的债券的利息,应在投资活动的“支付的其他与投资活动有关的现金”项目反映;收回购买股票和债券时支付的已宣告但尚未领取的现金股利或已到付息期但尚未领取的债券的利息,在投资活动的“收到的其他与投资活动有关的现金”项目反映。

(8)“取得子公司及其他营业单位支付的现金净额”项目,反映企业购买子公司及其他营业单位购买出价中以现金支付的部分,减去子公司或其他营业单位持有的现金和现金等价物后的净额。

(9)“支付的其他与投资活动有关的现金”项目,反映企业除了上述各项以外,支付的其他与投资活动有关的现金流出。其他现金流出如价值较大的,应单列项目反映。本项目可以根据“应收股利”、“应收利息”等有关科目的记录分析填列。

3. 筹资活动产生的现金流量项目的填列。

(1)“吸收投资所收到的现金”项目,反映企业以发行股票、债券等方式筹集资金实际收到的款项,减去直接支付给金融企业的佣金、手续费、宣传费、咨询费、印刷费等发行费用后的净额。本项目可以根据“实收资本(或股本)”、“应付债券”、“库存现金”、“银行存款”等科目的记录分析填列。

(2)“借款所收到的现金”项目,反映企业举借各种短期、长期借款而收到的现金。本项目可以根据“短期借款”、“长期借款”、“库存现金”、“银行存款”等科目的记录分析填列。

(3)“收到的其他与筹资活动有关的现金”项目,反映企业除上述各项目外,收到的其他与筹资活动有关的现金流入,如接受现金捐赠等。其他现金流入如价值较大的,应单列项目反映。本项目可以根据有关科目的记录分析填列。

(4)“偿还债务所支付的现金”项目,反映企业以现金偿还债务的本金,包括偿还金融企业的借款本金、债券本金等。企业偿还的借款利息、债券利息,在“分配股利、利润或偿付利息所支付的现金”项目反映,不包括在本项目内。本项目可以根据“短期借款”、“长期借款”、“库存现金”、“银行存款”等科目的记录分析填列。

(5)“分配股利、利润或偿付利息所支付的现金”项目,反映企业实际支付的现金股利、支付给其他投资单位的利润或用现金支付的借款利息、债券利息。本项目可以根据“应付股利”、“财务费用”、“长期借款”、“库存现金”、“银行存款”等科目的记录分析填列。

(6)“支付的其他与筹资活动有关的现金”项目,反映企业除了上述各项外,支付的其他与筹资活动有关的现金流出,如捐赠现金支出、融资租入固定资产支付的租赁费等。其他现金流出如价值较大的,应单列项目反映。本项目可以根据有关科目的记录分析填列。

(7)“汇率变动对现金的影响”项目,反映下列项目的差额:①企业外币现金流量及境外子公司的现金流量折算为记账本位币时，所采用的现金流量发生日的即期汇率或按照系统合理的方法确定的、与现金流量发生日即期汇率近似的汇率折算的金额；②“现金及现金等价物净增加额”中外币现金净增加额按期末汇率折算的金额。

根据上述直接填列法的基本原理，以【例 14—1】为数据源，记录现金流量登记簿，并编制现金流量表。

表 14—6 现金流量登记簿（经营活动部分） 单位：元

业务号	摘要	销售商品提供劳务收到的现金	收到的税费返还	收到其他与经营活动有关的现金	现金流入小计	购买商品接受劳务支付的现金	支付给职工以及为职工支付的现金	支付的各项税费	支付其他与经营活动有关的现金	现金流出小计	经营活动产生的现金流量净额
1	收回货款	200000									
2	收回货款	351000									
3	票据贴现	272500									
5	支付货款					300000					
6	支付货款					116766					
21	支付票款					100000					
25	支付工资						300000				
30	交纳税金							109000			
32	交纳税金							140000			
36	收销货款	819000									
38	付展览费								10000		
41	付广告费								10000		
43	付劳保费								50000		
	合计	1642500	0	0	1642500	516766	300000	249000	70000	1135766	506734

表14—7　　现金流量登记簿（投资活动部分）　　单位：元

业务号	摘要	收回投资收到的现金	取得投资收益收到的现金	处置固定资产无形资产和其他长期资产收回的现金净额	处置子公司及其他营业单位收到的现金净额	收到其他与投资活动有关的现金	现金流入小计	购建固定资产无形资产和其他长期资产支付的现金	投资支付的现金	购买子公司及其他营业单位支付的现金净额	支付其他与投资活动有关的现金	现金流出小计	投资活动产生的现金流量净额
10	收回投资	16500											
11	收到股利		30000										
13	购建设备							101000					
14	购工程物资							250000					
18	报废设备			300									
19	出售设备			300000									
25	支付工资							200000					
	合计	16500	30000	300300	0	0	346800	551000	0	0	0	551000	－204200

表14—8　　现金流量登记簿（筹资活动部分）　　单位：元

业务号	摘要	吸收投资收到的现金	取得借款收到的现金	收到其他与筹资活动有关的现金	现金流入小计	偿还债务支付的现金	分配股利或偿付利息支付的现金	支付其他与筹资活动有关的现金	现金流出小计	筹资活动产生的现金流量净额
22	取得借款		400000							
23	偿还本息					250000	12500			
31	偿还借款					1000000				
33	接受捐款			200000						
34	发行股票	7920000								
	合计	7920000	400000	200000	8520000	1250000	12500	0	1262500	7257500

表 14—9　　　　现金流量表

会企 03 表

编制单位:东海公司　　　　2007 年度　　　　单位:元

项　　目	行次	本期金额	上期金额
一、经营活动产生的现金流量			
销售商品、提供劳务收到的现金	1	1642500	1260000
收到的税费返还	3	—	—
收到的其他与经营活动有关的现金	8	—	—
现金流入小计	9	1642500	1260000
购买商品、接受劳务支付的现金	10	516766	334685
支付给职工以及为职工支付的现金	12	300000	254000
支付的各项税费	13	249000	215000
支付的其他与经营活动有关的现金	18	70000	45000
现金流出小计	20	1135766	848685
经营活动产生的现金流量净额	21	506734	411315
二、投资活动产生的现金流量			
收回投资收到的现金	22	16500	17340
取得投资收益所收到的现金	23	30000	28000
处置固定资产、无形资产和其他资产所收回的现金净额	25	300300	234600
处置子公司及其他营业单位收到的现金净额	26	—	—
收到的其他与投资活动有关的现金	28	—	—
现金流入小计	29	346800	279940
购建固定资产、无形资产和其他长期资产所支付的现金	30	551000	387600
投资所支付的现金	31	—	—
取得子公司及其他营业单位支付的现金净额	32	—	—
支付的其他与投资活动有关的现金	35	—	—
现金流出小计	36	551000	387600
投资活动产生的现金流量净额	37	-204200	-107660

续表

项　目	行次	本期金额	上期金额
三、筹资活动产生的现金流量			
吸收投资所收到的现金	38	7920000	—
借款所收到的现金	40	400000	800000
收到的其他与筹资活动有关的现金	43	200000	500000
现金流入小计	44	8520000	1300000
偿还债务所支付的现金	45	1250000	650000
分配股利、利润或偿付利息所支付的现金	47	12500	10860
支付的其他与筹资活动有关的现金	52	—	—
现金流出小计	53	1262500	660860
筹资活动产生的现金流量净额	54	7257500	639140
四、汇率变动对现金的影响	55	—	—
五、现金及现金等价物净增加额	56	7560034	942795
加:期初现金及现金等价物余额		1424315	481520
六、期末现金及现金等价物余额		8984349	1424315
补充资料			
1. 将净利润调节为经营活动现金流量			
净利润	57	393300	175485
加:资产减值准备	58	50900	915
固定资产折旧、油气资产折耗、生产性生物资产折旧	59	100000	78000
无形资产摊销	60	10000	10000
长期待摊费用摊销	61	100000	100000
处置固定资产、无形资产和其他长期资产的损失(收益以“-”号填列)	64	-50000	23500
固定资产报废损失(收益以“-”号填列)	65	19700	12600
公允价值变动损失(收益以“-”号填列)	66	—	—
财务费用(收益以“-”号填列)	67	21500	18300

续表

项 目	行次	本期金额	上期金额
投资损失(收益以"－"号填列)	68	－31500	－21400
递延所得税资产减少(增加以"－"号填列)	69	—	—
递延所得税负债增加(减少以"－"号填列)	70	—	—
存货的减少(增加以"－"号填列)	71	－406665	－147885
经营性应收项目的减少(增加以"－"号填列)	72	200000	156000
经营性应付项目的增加(减少以"－"号填列)	73	299499	165800
其 他	74	－200000	－160000
经营活动产生的现金流量净额	75	506734	411315
2. 不涉及现金收支的重大投资和筹资活动			
债务转为资本	76	—	—
一年内到期的可转换公司债券	77	—	—
融资租入固定资产	78	—	—
3. 现金及现金等价物净变动情况			
现金的期末余额	79	8984349	1424315
减:现金的期初余额	80	1424315	481520
加:现金等价物的期末余额	81	—	—
减:现金等价物的期初余额	82	—	—
现金及现金等价物净增加额	83	7560034	942795

第二类方法:根据资产负债表、利润表和有关资料分析填列法。

这种方法是在不改变权责发生制原则与企业账户体系的基础上,以资产负债表、利润表和有关资料为依据,通过一定的手段,把权责发生制下的数据转换成收付实现制下现金流量的方法。这种方法是一种理论状态下编制现金流量表的方法,无法及时为企业经营管理人员有效调度资金,为提高资金使用效益提供信息。在《企业会计准则第31号——现金流量表》中指出企业可以根据下列项目对利润表中的营业收入、营业成本以及其他项目进行调整:(1) 当期存货及经营性应收和应付项目的变动;(2) 固定资产折旧、无形资产摊销、计提资产减值准备等其他非现金项目;(3) 属于投资活动或筹资活动现金流量的其他非现金项目。

工作底稿法、T形账户法,以及综合分析法就属于此类方法,现把这三种方法的主要程序分述如下：

1. 工作底稿法。采用工作底稿法编制现金流量表，就是以工作底稿为手段，以利润表和资产负债表数据为基础，对每一项目进行分析并编制调整分录，从而编制出现金流量表。运用工作底稿法编制现金流量表的步骤如下：

第一步，将资产负债表的期初数和期末数过入工作底稿的期初数栏和期末数栏。

第二步，对当期业务进行分析并编制调整分录。编制调整分录时，要以利润表项目为基础，从“主营业务收入”开始，结合资产负债表项目逐一进行分析。

第三步，将调整分录过入工作底稿的相应部分。

第四步，核对调整分录，借方、贷方合计数均已经相等，资产负债表项目期初数加减调整分录中的借贷金额以后，也已等于期末数。

第五步，根据工作底稿中现金流量表项目部分编制正式的现金流量表。

2. T形账户法。采用T形账户法，就是以T形账户为手段，以利润表和资产负债表数据为基础，对每一项目进行分析并编制调整分录，从而编制出现金流量表。运用T形账户法编制现金流量表的步骤如下：

第一步，为所有的非现金项目（包括资产负债表项目和利润表项目）分别开设T形账户，并将各自的期末期初变动数过入各该账户。如果项目的期末数大于期初数，则将差额过入和项目余额相同的方向；反之，过入相反的方向。

第二步，开设一个大的“现金及现金等价物”T形账户，每边分为经营活动、投资活动和筹资活动三个部分，左边记现金流入，右边记现金流出。与其他账户一样，过入期末期初变动数。

第三步，以利润表项目为基础，结合资产负债表分析每一个非现金项目的增减变动，并据此编制调整分录。在实际工作中，若采用T形账户法，企业可省去一些不涉及现金的调整分录，以简化编制现金流量表的工作量。

第四步，将调整分录过入各T形账户，并进行核对，该账户借贷相抵后的余额与原先过入的期末期初变动数应当一致。

第五步，根据大的“现金及现金等价物”T形账户编制正式的现金流量表。

3. 综合分析法。这种方法就是直接从利润表出发，将利润表中以权责发生制为基础的收入和费用，转换为收付实现制为基础的现金流入和现金流出，并列示各项现金流入的来源和现金流出的去向。通常是从利润表中各项收入、费用的数据出发，调整资产负债表中与收入、费用有关的资产负债项目的增减变化，据以分析推算出各项现金流入和现金流出的数额编制现金流量表。一般来说，采用这种方法编制现金流量表的效率比较高，工作量相对较少，平时不用增加额外的准备工作。然而，这种方法下某些项目数据的分析计算比较复杂，对编表人员的业务水平要求比较高，而且也不能及时为企业加强经营管理提供现金流量的信息。现把综合分析法下各主要项目的计算过程分述如下：

（1）销售商品、提供劳务收到的现金＝营业收入＋应交增值税销项税额＋（应收账款期初余额－应收账款期末余额）－应收账款本期计提的坏账准备＋（应收票据期初余额－应收票据期末余额）－本期票据的贴现息＋（预收账款期末余额－预收账款期初余额）－债务人以非现金资产偿还的应收账款及应收票据。

（2）收到的税费返还＝本期返还收到的增值税＋本期返还收到的消费税＋本期返还收到的营业税＋本期返还收到的关税＋本期返还收到的所得税＋本期返还收到的教育费附加。

（3）收到的其他与经营活动有关的现金＝营业外收入（罚款等）收现＋其他应收款中与经营活动有关项目的减少（收回存出保证金、备用金等）收现＋其他应付款中与经营活动有关项目的增加（存入保证金等）收现＋流动资产损失中由个人赔偿的现金收入。

（4）购买商品接受劳务支付的现金＝营业成本＋应交增值税进项税额＋（存货期末余额－存货期初余额）＋本期计提的存货跌价准备－本期列入制造费用的折旧费－本期列入制造费用的固定资产修理费－本期列入生产成本和制造费用的工资费用－本期提取的列入生产成本和制造费用的职工福利费－存货盘盈及固定资产清理报废收回残料＋管理部门、福利部门和在建工程领用的存货＋（应付账款期初余额－应付账款期末余额）＋（应付票据期初余额－应付票据期末余额）＋（预付账款期末余额－预付账款期初余额）－本期以非现金资产偿还的应付账款和应付票据。

（5）支付给职工和为职工支付的现金＝生产成本、制造费用、管理费用、销售费用中工资、福利费＋（应付职工薪酬期初余额－应付职工薪酬期末余额）－（应付职工薪酬期初余额中包含的应付工程人员的工资和福利费－应付职工薪酬期末余额中包含的应付工程人员的工资和福利费）。

（6）支付的其他与经营活动有关的现金＝支付的代垫运杂费＋其他应收款中与经营活动有关项目的增加（存出的保证金、备用金等）付现＋长期待摊费用中经营租入固定资产的增加付现＋其他应付款中与经营活动有关项目的减少（退还存入保证金等）付现＋销售费用中有关项目增加付现＋管理费用中与经营活动有关项目(劳动保险费、业务招待费、差旅费等)的增加付现 + 营业外支出(支付违约金、罚款等)付现。

(7) 收回投资所收到的现金项目:反映企业出售、转让或到期收回除现金等价物以外的交易性金融资产、可供出售金融资产、长期股权投资而收到的现金,以及收回持有至到期投资本金而收到的现金,不包括持有至到期投资中收回的利息。本项目可以根据“交易性金融资产”、“长期股权投资”、“持有至到期投资”、“投资收益”等项目的资料分析填列。

(8) 取得投资收益所收到的现金项目:反映企业因股权性投资而收到的现金股利,以及从子公司、联营企业、合营企业分回的利润收到的现金以及因债权性投资而收到的利息。本项目可以根据“应收股利”、“投资收益”“交易性金融资产”、“应收利息”、“持有至到期投资”、“可供出售金融资产”等项目的资料分析填列。

(9) 处置固定资产、无形资产和其他资产收到的现金净额:反映企业处置固定资产、无形资产和其他长期资产所收到的现金,减去为处置这些资产而支付的有关费用后的净额。

(10) 购建固定资产、无形资产和其他长期资产所支付的现金项目:反映企业购买、建造固定资产,取得无形资产和其他长期资产支付的现金,不包括为购建固定资产而发生的借款利息资本化的部分,以及融资租入固定资产支付的租赁费。本项目可以根据“固定资产”、“在建工程”、“无形资产”、“研发支出”等项目的资料分析填列。

(11) “吸收投资所收到的现金”项目,反映企业以发行股票、债券等方式筹集资金实际收到的款项,减去直接支付给金融企业的佣金、手续费、宣传费、咨询费、印刷费等发行费用后的净额。

(12) “借款所收到的现金”项目,反映企业举借各种短期、长期借款而收到的现金。

(13) “收到的其他与筹资活动有关的现金”项目,反映企业除上述各项目外,收到的其他与筹资活动有关的现金流入,如接受现金捐赠等。其他现金流入如价值较大的,应单列项目反映。

(14) “偿还债务所支付的现金”项目,反映企业以现金偿还债务的本金,包括偿还金融企业的借款本金、债券本金等。企业偿还的借款利息、债券利息,在“分配股利、利润或偿付利息所支付的现金”项目反映,不包括在本项目内。

(15) “分配股利、利润或偿付利息所支付的现金”项目,反映企业实际支付的现金股利、支付给其他投资单位的利润或用现金支付的借款利息、债券利息。

（16）“支付的其他与筹资活动有关的现金”项目，反映企业除了上述各项外，支付的其他与筹资活动有关的现金流出，如捐赠现金支出、融资租入固定资产支付的租赁费等。其他现金流出如价值较大的，应单列项目反映。

（二）补充资料项目的内容及填列

补充资料的填列方法，可以根据有关明细账户记录分析填列，也可以根据资产负债表、利润表及有关明细账的数据分析填列。在实现会计信息化的条件下，可以通过项目管理在经济业务发生时归集相关数据直接填列。补充资料的编制原理是把权责发生制原则计算得出的净利润转化为收付实现制原则下的经营活动产生的现金流量净额的过程。基本思路是：净利润－非经营活动收入＋非经营活动费用－未收现金经营活动收入＋未支付现金的经营活动费用＋已收现金未实现的经营活动收入－已支出现金未确认经营活动费用＝经营活动产生的现金流量净额。下面分别对补充资料三个部分的填列方法进行说明。

1．“将净利润调节为经营活动的现金流量”各项目。

（1）“资产减值损失”项目，反映企业本期计提的坏账准备、存货跌价准备、长期股权投资减值准备、持有至到期投资减值准备、投资性房地产减值准备、固定资产减值准备、在建工程减值准备、无形资产减值准备、生产性生物资产减值准备、油气资产减值准备等资产减值准备。

（2）“固定资产折旧”、“油气资产折耗”、“生产性生物资产折旧”项目，分别反映企业本期计提的固定资产折旧、油气资产折耗、生产性生物资产折旧。

（3）“无形资产摊销”项目，分别反映企业本期计提的无形资产摊销。

（4）“长期待摊费用摊销”项目，反映企业资产负债表“长期待摊费用”项目的期初余额与期末余额的差额。

（5）“处置固定资产、无形资产和其他长期资产的损失”项目，反映企业本期处置固定资产、无形资产和其他长期资产发生的损益。

（6）“公允价值变动损失”项目，反映企业持有的金融资产、金融负债以及采用公允价值计量模式的投资性房地产的公允价值变动损益。

（7）“财务费用”项目，反映企业利润表“财务费用”项目中投资和筹资活动的金额。

（8）“投资损失”项目，反映企业利润表“投资收益”项目的金额。

（9）递延所得税资产减少“项目，反映企业资产负债表“递延所得税资产”项目的期初余额与期末余额的差额。

(10)“递延所得税负债增加”项目,反映企业资产负债表“递延所得税负债”项目的期初余额与期末余额的差额。

(11)“存货的减少”项目,反映企业资产负债表“存货”项目的期初余额与期末余额的差额。

(12)“经营性应收项目的减少”项目,反映企业本期经营性应收项目(包括应收票据、应收账款、预付账款、长期应收款和其他应收款中与经营活动有关的部分及应收的增值税销项税额等)的期初余额与期末余额的差额。

(13)“经营性应付项目的增加”项目,反映企业本期经营性应付项目(包括应付票据、应付账款、预收账款、应付职工薪酬、应交税费、应付利息、应付股利、长期应付款、其他应付款中与经营活动有关的部分及应付的增值税进项税额等)的期初余额与期末余额的差额。

(14)“其他”项目,反映除上述项目之外的与经营活动无关但对利润有影响的项目。如接受捐赠的资产等。

2. “不涉及现金收支的投资和筹资活动”,反映企业一定期间内影响资产或负债但不形成该期现金收支的所有投资和筹资活动的信息。

(1)“债务转为资本”项目,反映企业本期转为资本的债务金额。

(2)“一年内到期的可转换公司债券”项目,反映企业一年内到期的可转换公司债券的本息。

(3)融资租入固定资产“项目,反映企业本期融资租入固定资产的最低租赁付款额扣除应分期计入利息费用的未确认融资费用的净额。

3. “现金及现金等价物净增加额”与现金流量表中的“现金及现金等价物净增加额”项目的金额应相等。对于经济业务相对比较单一,特殊业务很少,管理者日常对现金流量信息没有强烈要求的企业,准则指出也可以根据下列项目对利润表中的主营业务收入、营业成本以及其他项目进行调整填列现金流量表:(1)当期存货及经营性应收和应付项目的变动;(2)固定资产折旧、无形资产摊销、计提资产减值准备等其他非现金项目;(3)属于投资活动或筹资活动现金流量的其他非现金项目。

仍以【例14—1】的资料运用综合分析法计算主要的现金流量项目。

1. 销售商品、提供劳务收到的现金 = 营业收入 + 应交增值税销项税额 + (应收账款期初余额 - 应收账款期末余额) - 应收账款本期计提的坏账准备 + (应收票据期初余额 - 应收票据期末余额) - 本期票据的贴现息 + (预收账款期末余额 - 预收账款期初余额) - 债务人以非现金资产偿还的应收账款及应收票据－本期核销的坏账损失＝1250000＋212500＋（299100－298200）－900＋（246000－46000）－20000＝1642500（元）

2. 收到的税费返还＝本期收到返还的增值税＋本期返还收到的消费税＋本期返还收到的营业税＋本期返还收到的关税＋本期返还收到的所得税＋本期返还收到的教育费附加。

3. 收到的其他与经营活动有关的现金＝营业外收入（罚款等）收现＋其他应收款中与经营活动有关项目的减少（收回存出保证金、备用金等）收现＋其他应付款中与经营活动有关项目的增加（存入保证金等）收现＋流动资产损失中由个人赔偿的现金收入＋银行存款利息收现

4. 购买商品支付的现金＝营业成本＋应交增值税进项税额＋（存货期末余额－存货期初余额）＋本期计提的存货跌价准备－本期列入制造费用的折旧费－本期列入制造费用的待摊费用摊销额－本期列入生产成本和制造费用的工资费用－本期提取的列入生产成本和制造费用的职工福利费－存货盘盈及固定资产清理报废收回残料＋管理部门、福利部门和在建工程领用的存货＋（应付账款期初余额－应付账款期末余额）＋（应付票据期初余额－应付票据期末余额）＋（预付账款期末余额－预付账款期初余额）－本期以非现金资产偿还的应付账款和应付票据＝750000＋112500＋（2978665－2580000）＋8000－80000－90000－275000－10000－38500－1400＋（200000－100000）＋（953800－1311299）＝516766（元）

5. 支付给职工和为职工支付的现金＝生产成本、制造费用、管理费用、销售费用中工资、福利费＋（应付职工薪酬期初余额－应付职工薪酬期末余额）－（应付职工薪酬期初余额中包含的应付工程人员的工资和福利费－应付职工薪酬期末余额中包含的应付工程人员的工资和福利费）＝275000＋10000＋15000＋38500＋1400＋2100＋（10000－80000）－[0－28000]＝300000（元）

6. 支付的各项税费＝所得税费用＋营业税金及附加＋应交税费－应交增值税（已交税金）＋（应交税费期初余额－应交税费期末余额）＝（36600－36600）＋140000＋9000＋100000＋（0－0）＝249000（元）

7. 支付的其他与经营活动有关的现金＝支付的代垫运杂费＋其他应收款中与经营活动有关项目的增加（存出的保证金、备用金等）付现＋长期待摊费用中经营租入固定资产租金的增加付现＋其他应付款中与经营活动有关项目的减少（退还存入保证金等）付现＋销售费用中有关项目增加付现＋管理费用中与经营活动有关项目（劳动保险费、业务招待费、差旅费等）的增加付现＋营业外

支出（支付违约金、罚款等）付现 = 10000 + 10000 + 50000 = 70000（元）

8. 收回投资所收到的现金项目 = 15000 + 1500 = 16500（元）

9. 取得投资收益所收到的现金项目 = 30000（元）

10. 处置固定资产、无形资产和其他资产收到的现金净额：反映企业处置固定资产、无形资产和其他长期资产所收到的现金，减去为处置这些资产而支付的有关费用后的净额 = （800 - 500） + 300000 = 300300（元）

11. 购建固定资产、无形资产和其他长期资产所支付的现金 = 101000 + 250000 + 200000 = 551000（元）

12. 吸收投资收到的现金 = （实收资本（股本）的期末余额 - 实收资本（股本）的期初余额） + （资本公积期末余额 - 资本公积期初余额） + （应付债券期末余额（债券面值） - 应付债券期初余额（债券面值）） - 非现金增资额 = （10000000 - 5000000） + （2933000 - 13000） = 7920000（元）

13. 借款所收到的现金 = 短期借款收到的现金 + 长期借款收到的现金 = 400000（元）

14. 收到的其他与筹资活动有关的现金 = 接受现金捐赠 + 其他筹资收到的现金 = 200000（元）

15. 偿还债务支付的现金 = 偿还短期借款本金支付的现金 + 偿还长期借款本金支付的现金 + 偿还债券本金支付的现金 = 250000 + 1000000 = 1250000（元）

16. 分配股利、利润或偿付利息所支付的现金 = 分配现金股利支付的现金 + 分配利润支付的现金 + 偿还借款和债券利息支付的现金 = 12500（元）

补充资料部分根据资产负债表、利润表和有关账户资料分析填列如下：

1. 将净利润调节为经营活动的现金流量净额项目。可以根据有关账户发生额记录分析填列。如："计提的资产减值准备"项目，可以根据"管理费用"、"投资收益"、"营业外支出"科目的借方发生额分析填列；"固定资产折旧"项目可以根据"累计折旧"账户贷方发生额资料分析填列，等等。但财务费用、存货的减少、经营性应收项目的减少（减增加）项目、经营性应付项目的增加（减减少）项目，几个项目的填列应特别注意。

2. 将净利润调节为经营活动现金流量各项目计算分析如下：

（1）计提的资产减值准备 = 900 + 8000 + 8000 + 25000 + 9000 = 50900（元）

（2）固定资产折旧 = 20000 + 80000 = 100000（元）

（3）无形资产摊销 = 10000（元）

（4）长期待摊费用 = 100000（元）

（5）处置固定资产、无形资产和其他长期资产的损失（减：收益）= -50000（元）

（6）固定资产报废损失 = 19700（元）

（7）财务费用 = 41500 - 20000 = 21500（元）

（8）投资损失（减收益）= -31500（元）

（9）存货的减少（减增加）= 2680000 -（3078665 + 8000）= -406665（元）

（10）经营性应收项目的减少 =（246000 - 46000）+（300000 - 300000）= 200000（元）

（11）经营性应付项目的增加 =（100000 - 200000）+（1311299 - 953800）+〔（180000 - 110000）- 28000〕= 299499（元）

（12）其他 = -200000（元）

（三）现金流量表的内部勾稽关系

现金流量表编制完毕之后，要利用内部勾稽关系进行检验。现金流量表内部存在两对勾稽关系：表内采用直接法填列得出的"经营活动产生的现金流量净额"，与补充资料中采用间接法将净利润调节为经营活动的现金流量得出的"经营活动产生的现金流量净额"必须相等。表内通过"经营活动产生的现金流量净额"、"投资活动产生的现金流量净额"以及"筹资活动产生的现金流量净额"之和得出的"现金及现金等价物净增加额"，与补充资料中通过"现金"、"银行存款"、"其他货币资金"账户期末、期初余额之差，再分析"短期投资"中的现金等价物得出的"现金及现金等价物净增加额"必须相等。这两对平衡关系为检验现金流量表编制的正确性，提供了重要的依据。

第四节 所有者权益变动表

一、所有者权益变动表的概念和作用

所有者权益变动表是反映构成所有者权益的各组成部分当期的增减变动情况的报表。当期损益、直接计入所有者权益的利得和损失，以及与所有者（或股东，下同）的资本交易导致的所有者权益的变动，应当分别列示。本表在一定程度上体现企业综合收益的特点，除列示直接计入所有者权益的利得和损失外，同时包含最终属于所有者权益变动的净利润，从而构成企业的综合收益，揭示所有者权益总额及各项目增减变动的原因。

二、所有者权益变动表的结构和格式

所有者权益变动表至少应当单独列示反映下列信息的项目:

(一)净利润;

(二)直接计入所有者权益的利得和损失项目及其总额;

(三)会计政策变更和差错更正的累计影响金额;

(四)所有者投入资本和向所有者分配利润等;

(五)按照规定提取的盈余公积;

(六)实收资本(或股本)、资本公积、盈余公积、未分配利润的期初和期末余额及其调节情况。

所有者权益变动表格式如表14—10所示。

三、所有者权益变动表的编制方法

本表各项目应当根据当期净利润、直接计入所有者权益的利得和损失项目、所有者投入资本和向所有者分配利润、提取盈余公积等情况分析填列。在本表中,直接计入当期损益的利得和损失应包含在净利润中;直接计入所有者权益的利得和损失主要包括:可供出售金融资产公允价值变动净额、现金流量套期工具公允价值变动净额等,单列项目反映。

本表各项目根据所有者权益各账户明细账的发生额记录分析填列。

根据【例14—1】的有关资料,编制所有者权益变动表。

表 14—10

所有者权益变动表

会企 04 表

编制单位：华夏股份有限公司　　　　2007 年度　　　　单位：元

项　目	本年金额						上年金额					
	实收资本（或股本）	资本公积	减：库存股	盈余公积	未分配利润	所有者权益合计	实收资本（或股本）	资本公积	减：库存股	盈余公积	未分配利润	所有者权益合计
一、上年年末余额	5000000	13000	–	150000	200000	5363000	4000000	7000	–	96000	128000	4231000
加：会计政策变更				–	–	–				–	–	–
前期差错更正				–	–	–				–	–	–
二、本年年初余额	5000000	13000	–	150000	200000	5363000	4000000	7000	–	96000	128000	4231000
三、本年增减变动金额（减少以“－”号填列）	5000000	2920000	–	–	393300	8313300	1000000	6000	–	–	175485	1181485
（一）净利润					393300	393300					175485	175485
（二）直接计入所有者权益的利得和损失						–					–	–
1. 可供出售金融资产公允价值变动净额		–				–		–			–	–
2. 权益法下被投资单位其他所有者权益变动的影响		–				–		–			–	–
3. 与计入所有者权益项目相关的所得税影响		–				–		–			–	–
4. 其他		–				–		–			–	–
上述（一）和（二）小计	–	–	–	–	393300	393300	–	–	–	–	175485	175485
（三）所有者投入和减少资本	5000000	2920000	–	–	–	7920000	1000000	6000	–	–	–	1006000
1. 所有者投入资本	5000000	2920000				7920000	1000000	6000				1006000
2. 股份支付计入所有者权益的金额		–				–		–				–
3. 其他		–				–		–				–
（四）利润分配	–	–	–	78660	-138660	-60000	–	–	–	54000	-103485	-49485
1. 提取盈余公积				78660	-78660	–				54000	-54000	–
2. 对所有者（或股东）的分配				–	-60000	-60000				–	-49485	-49485
3. 其他				–	–	–				–	–	–
（五）所有者权益内部结转	–	–	–	–	–	–	–	–	–	–	–	–
1. 资本公积转增资本（或股本）	–	–				–		–				–
2. 盈余公积转增资本（或股本）	–			–		–	–			–		–
3. 盈余公积弥补亏损				–	–	–				–	–	–
4. 其他				–	–	–				–	–	–
四、本年年末余额	10000000	2933000	–	228660	454640	13616300	5000000	13000	–	150000	200000	5363000

第五节　财务报表附注

一、财务报表附注的作用

财务报表附注是对在资产负债表、利润表、所有者权益变动表和现金流量表等报表中列示项目的文字描述或明细资料，以及对未能在这些报表中列示项目的说明等。附注是财务报表不可或缺的组成部分，报表使用者要了解企业的财务状况、经营成果和现金流量，应当全面阅读附注，附注相对于报表而言，同样具有重要性。

二、财务报表附注的内容

根据企业会计准则规定，附注应当按照一定的结构进行系统合理的排列和分类，有顺序地披露信息。一般企业在财务报表附注中至少披露下列内容，但是，非重要项目除外。

（一）企业的基本情况

1. 企业注册地、组织形式和总部地址。

2. 企业的业务性质和主要经营活动。

3. 母公司以及集团最终母公司的名称。

4. 财务报告的批准报出者和财务报告批准报出日。

（二）财务报表的编制基础

（三）遵循企业会计准则的声明

企业应当声明编制的财务报表符合企业会计准则的要求，真实、完整地反映了企业的财务状况、经营成果和现金流量等有关信息。

（四）重要会计政策和会计估计

企业应当披露采用的重要会计政策和会计估计，不重要的会计政策和会计估计可以不披露。在披露重要会计政策和会计估计时，应当披露重要会计政策的确定依据和财务报表项目的计量基础，以及会计估计中所采用的关键假设和不确定因素。

（五）会计政策和会计估计变更以及差错更正的说明

企业应当按照《企业会计准则第 28 号——会计政策、会计估计变更和差错更正》及其应用指南的规定，披露会计政策和会计估计变更以及差错更正的有关情况。

（六）报表重要项目的说明

企业对报表重要项目的说明，应当按照资产负债表、利润表、现金流量表、所有者权益变动表及其项目列示的顺序，采用文字和数字描述相结合的方式进行披露。一般包括下列内容：

1. 交易性金融资产；
2. 应收款项；
3. 存货；
4. 可供出售金融资产；
5. 持有至到期投资；
6. 长期股权投资；
7. 投资性房地产；
8. 固定资产；
9. 无形资产；
10. 商誉；
11. 递延所得税资产和递延所得税负债；
12. 资产减值准备；
13. 所有权受到限制的资产；
14. 交易性金融负债；
15. 职工薪酬；
16. 应交税费；
17. 短期借款和长期借款；
18. 应付债券；
19. 长期应付款；
20. 营业收入；
21. 公允价值变动收益；
22. 投资收益；
23. 资产减值损失；
24. 营业外收入；
25. 营业外支出；
26. 所得税费用；
27. 每股收益；

28. 企业可以按照费用的性质分类披露利润表；

29. 非货币性资产交换；

30. 股份支付；

31. 债务重组；

32. 借款费用；

33. 外币折算；

34. 企业合并；

35. 租赁；

36. 终止经营；

37. 分部报告。

（七）或有事项

按照《企业会计准则第13号——或有事项》第十四条和第十五条的相关规定进行披露。

（八）资产负债表日后事项

每项重要的资产负债表日后非调整事项的性质、内容，及其对财务状况和经营成果的影响。无法作出估计的，应当说明原因。资产负债表日后，企业利润分配方案中拟分配的以及经审议批准宣告发放的股利或利润。

（九）关联方关系及其交易

本企业母公司与子公司有关信息及母公司对本企业的持股比例和表决权比例；本企业的合营企业有关信息以及本企业与关联方有关信息。

思考题

1. 编制财务报告的目的是什么？财务报告主要有哪几个组成部分？
2. 会计报表是如何分类的？
3. 如何编制资产负债表？编制时应注意哪些问题？
4. 如何编制利润表？编制时应注意哪些问题？
5. 现金流量表的编制方法主要有哪些？你认为哪种方法比较合理？为什么？

练习题

一、单项选择题

1. 某企业年末应收账款总账借方余额 70000 元,其明细账户中除有一贷方余额为 30000 元外,其余均为借方余额。年末调整坏账准备前,坏账准备账户借方余额为 100 元,坏账准备以应收账款余额的 5‰计提,则资产负债表中“应收账款”项目的金额为(　　)。

A. 69650 元　　B. 99400 元　　C. 99500 元　　D. 99550 元

2. 将于一年内到期的长期借款在资产负债表中填列的方法是(　　)。

A. 列入长期借款项目　　B. 列入短期借款项目

C. 列入其他非流动负债项目　　D. 在流动负债内单列项目反映

3. 2007 年 12 月 31 日,某上市公司“长期应付款”总账贷方余额为 3000000 元,“未确认融资费用”总账借方余额为 600000 元,“长期应付款——华光公司”明细科目中将于一年内到期的部分为 200000 元,则资产负债表中“长期应付款”项目的金额为(　　)。

A. 3000000 元　　B. 3400000 元　　C. 2200000 元　　D. 3800000 元

4. 下列项目中,引起现金流量净额变动的项目是(　　)。

A. 将现金存入银行

B. 用银行存款购买 2 个月到期的债券

C. 用固定资产抵偿债务

D. 用银行存款偿还应付账款

5. 下列业务中,不属于筹资活动现金流出的有(　　)。

A. 支付现金股利　　B. 支付借款利息

C. 用银行存款购买股票　　D. 用银行存款偿还借款

二、多项选择题

1. 资产负债表中“存货”项目的金额,应包括下列(　　)账户的余额。

A. 发出商品　　B. 委托加工物资

C. 工程物资　　D. 材料采购

2. 下列各项中,应在资产负债表“固定资产原价”项目反映的有(　　)。

A. 经营租入固定资产的原价　　B. 经营租出固定资产的原价

C. 融资租入固定资产的原价　　D. 大修理停用的固定资产原价

3. 下列项目中,应根据若干个明细科目期末余额分析、计算填列的有(　　)。

A. 预收账款　　B. 应收账款　　C. 预付账款　　D. 应付账款

4. 下列现金流量表项目中,属于投资活动产生的现金流量的有(　　)。

A. 购买固定资产支出　　B. 购买专利权支付的现金

C. 支付在建工程人员的工资　　D. 支付离退休人员的工资

5. 下列项目应在财务报表附注中披露的有(　　)。

A. 企业合并日的确定依据　　B. 当期资本化的借款费用金额

C. 换出资产的公允价值和账面价值　D. 与关联方交易的定价政策

三、实务题

1. 某企业2007年3月31日有关账户的期末余额如下表所示:

单位:元

账　户	期末余额	
	借　方	贷　方
库存现金	1200	
银行存款	320000	
应收账款——A工厂	10300	
——B工厂		64600
——C工厂	253000	
预付账款——E工厂	15900	
——丙工厂	274000	
——F工厂		96850
固定资产	1586000	
累计折旧		485000
坏账准备		4650
存货跌价准备		12400
原材料	354000	
库存商品	465000	
生产成本	263000	

续表

账户	期末余额	
	借方	贷方
预收账款——甲公司	405690	
——乙公司		57420
应付账款——D公司		345700
——丁公司	56800	
本年利润		596000
利润分配——提取盈余公积	56000	
——应付股利	162200	
——未分配利润		200000

要求:根据上述资料,计算资产负债表中下列项目的填列金额:(1)货币资金;(2)存货;(3)预付账款;(4)固定资产;(5)应收账款;(6)预收账款;(7)应付账款;(8)未分配利润。

2. 某企业为增值税一般纳税企业,适用的增值税税率为17%、所得税税率为33%,采用资产负债表债务法核算所得税,不考虑其他相关税费。商品销售价格中均不含增值税额,商品销售成本按发生的经济业务逐项结转,销售商品及提供劳务均为主营业务。资产销售(出售)均为正常的商业交易,采用公允的交易价格结算。除特别指明外,所售资产均未计提减值准备。该企业2007年12月发生下列经济业务:

(1)12月1日,向A公司销售商品一批,增值税专用发票上注明销售价格为1000000元,增值税额为170000元。提货单和增值税专用发票已交A公司;款项尚未收取。为及时收回货款,给予A公司的现金折扣条件如下:2/10,1/20,n/30(假定现金折扣按销售价格计算)。该批商品的实际成本为750000元。

(2)12月3日,收到B公司来函,要求对当年11月5日所购商品在销售价格上给予5%的折让(该批商品售出时,已确认销售收入2000000元,但款项尚未收取)。经查核,该批商品存在外观质量问题。该企业同意了B公司提出的折让要求。当日收到B公司交来的税务机关开具的索取折让证明单,并开具红字增值税专用发票。

(3)12月10日,收到A公司支付的货款,并存入银行。

(4)12月15日,与C公司签订一项专利技术使用权转让合同。合同规定,

C公司有偿使用该项专利技术，使用期为2年，一次性支付使用费1000000元。与该项交易有关的手续已办妥，从C公司收取的使用费已存入银行。

（5）12月16日，与D公司签订一项为其安装设备的合同。合同规定，该设备安装期限为2个月，合同总价款为351000元（含增值税额）。合同签订日预收价款250000元。至12月31日，已实际发生安装费用140000元（均为安装人员工资），预计还将发生安装费用60000元。该企业按实际发生的成本占总成本的比例确定安装劳务的完工程度。假定该合同的结果能够可靠地估计。

（6）12月20日，收到E公司退回的商品一批。该批商品系当年11月10日售出，销售价格为500000元，实际成本为450000元；售出时开具了增值税专用发票并交付E公司，但未确认该批商品的销售收入，货款也尚未收取。经查核，该批商品的性能不稳定，同意E公司的退货要求。当日办妥了退货手续，并将开具的红字增值税专用发票交给了E公司。

（7）12月20日，与F公司签订协议销售商品一批，销售价格为8000000元。根据协议，协议签订日预收价款4000000元，余款于2008年1月31日交货时付清。当日，收到F公司预付的款项，并存入银行。

（8）12月21日，收到先征后返的增值税340000元，并存入银行。

（9）12月23日，收到国家拨入的专门用于技术研究的款项500000元，并存入银行。

（10）12月31日，财产清查时发现原材料和固定资产盘亏。盘亏的原材料实际成本为100000元；盘亏的固定资产原价为1000000元，累计折旧为700000元，已计提的减值准备为100000元。原材料盘亏系计量不准所致，固定资产盘亏系管理不善所致。

（11）除上述经济业务外，本月发生的其他经济业务发生额如下表所示：

单位：元

账户名称	借方发生额	贷方发生额
其他业务成本	200000	
销售费用	150000	
管理费用	122000	
财务费用	103000	
营业税金及附加	65000	
投资收益		142000

续表

账户名称	借方发生额	贷方发生额
营业外收入		80000
营业外支出	122000	

要求:(1) 根据上述资料,编制相关会计分录("应交税费"科目要求写出明细科目及专栏名称)。(2) 根据有关资料,编制该企业 2007 年 12 月份的利润表(金额单位用万元表示)。

利润表(简表)

编制单位: 2007 年 12 月 单位:万元

项　　目	本期金额
一、营业收入	
减:营业成本	
营业税金及附加	
销售费用	
管理费用	
财务费用	
加:投资收益	
二、营业利润	
加:营业外收入	
减:营业外支出	
三、利润总额	
减:所得税费用	
四、净利润	

3. 某企业 2007 年有关资料如下:

(1) 资产负债表有关账户年初、年末余额和部分账户发生额如下表所示:

单位:万元

账户名称	年初余额	本年增加	本年减少	年末余额
应收账款	2340			4680
应收票据	585			351

续表

账户名称	年初余额	本年增加	本年减少	年末余额
交易性金融资产	300		50(出售)	250
应收股利	20	10		5
坏账准备	200	200		400
存货	2500			2400
长期股权投资	500	100(以无形资产投资)		600
应付账款	1755			2340
应交税费				
应交增值税	2500		308(已交) 272(进项税额)	180
应交所得税	30	100		40
短期借款	600	300		700

（2）利润表有关账户本年发生额如下表所示：

单位：万元

账户名称	借方发生额	贷方发生额
营业收入		3000
营业成本	1700	
投资收益		
出售交易性金融资产		20

（3）其他有关资料如下：交易性金融资产均为非现金等价物；出售交易性金融资产已收到现金；应收、应付款项均以现金结算；坏账准备增加额为本期计提的坏账准备数额；不考虑该企业本年度发生的其他交易和事项。

要求：计算以下现金流入和流出（列出计算过程）：（1）销售商品、提供劳务收到的现金；（2）购买商品、接受劳务支付的现金；（3）支付的各项税费；（4）收回投资所收到的现金；（5）取得投资收益所收到的现金；（6）借款所收到的现金；（7）偿还债务所支付的现金。

后 记

本书是根据财政部最新颁布的《企业会计准则》和有关规定编写而成的。全书共十四章,均由浙江财经学院会计学院的老师编写,具体分工为:第一、二章由权艺卿同志编写;第三、七、八章由刘菁同志编写;第四、十三章由罗照华同志编写;第五、九、十章由张爱珠同志编写;第六、十二章由赵敏同志编写;第十一章由张颖同志编写;第十四章由郭德贵同志编写。最后由刘菁同志负责对全书的总纂。

由于编者水平有限,书中难免有疏漏和不当之处,恳请读者指正。

编 者

2007 年 6 月

图书在版编目(CIP)数据

会计学/刘菁主编.—杭州:浙江人民出版社,
2007.9(2013.8重印)
(新会计审计准则系列教程)
ISBN 978-7-213-03580-7

Ⅰ.会… Ⅱ.刘… Ⅲ.会计学-教材 Ⅳ.F230

中国版本图书馆CIP数据核字(2007)第118656号

书　　名	会计学
作　　者	刘　菁　主　编
出版发行	浙江人民出版社
	杭州市体育场路347号
	市场部电话:(0571)85061682　85176516
责任编辑	王放鸣
责任校对	朱晓阳　叶　宇
封面设计	黄业成
电脑制版	杭州兴邦电子印务有限公司
印　　刷	杭州万方印务有限公司
开　　本	710×1000毫米　1/16
印　　张	23.25
字　　数	40万
插　　页	2
版　　次	2007年9月第1版
	2013年8月第5次印刷
书　　号	**ISBN 978-7-213-03580-7**
定　　价	36.00元